Ich bin, wie ich bin

Joan Borysenko

Ich bin, wie ich bin

Das Aufbauprogramm
für ein intaktes
Selbstbewußtsein

Scherz

Erste Auflage 1992
Einzig berechtigte Übersetzung
aus dem Amerikanischen von Sabine Steinberg.
Die Originalausgabe erschien unter dem Titel
"Guilt Is The Teacher – Love Is The Lesson"
bei Warner Books, Inc., New York.
Copyright © 1990 by Joan Borysenko.
Alle deutschsprachigen Rechte beim Scherz Verlag,
Bern, München, Wien.

Dem Gedenken meiner Eltern
Edward Zakon
und
Lillian Rubenstein Zakon
im Bewußtsein ihrer lebendigen Gegenwart

Nichts ist wertvoll
außer dem Teil von dir, der in anderen Menschen lebt,
und dem Teil von anderen, der in dir lebt.
Dort oben,
im Himmel,
ist alles eins.

Pierre Teilhard de Chardin

Inhalt

Dritter Teil
Mitgefühl: Die Blume der psychospirituellen Reife

Eine persönliche Einführung
in die Problematik der Schuld
und ihrer Heilung

Dieses Buch handelt von der Erinnerung daran, was wir verloren haben. Wie oft sind Sie morgens schon aufgewacht und haben laut geseufzt beim Gedanken an einen Tag voller Arbeit, Ängste und Schwierigkeiten? Wie oft haben Sie die Versäumnisse von gestern bedauert und die Ängste von heute bereits erwartet, noch ehe der neue Tag überhaupt begonnen hatte? Die Morgen, an denen wir die Welt voll Überdruß und Sorge begrüßen, erinnern uns in ganz besonderem Maße an das, was die meisten von uns mit zunehmendem Alter verloren haben: den natürlichen Zustand von Neugierde, Verwunderung, Dankbarkeit und Begeisterung, der Kinder so einzigartig macht.

Ich erinnere mich daran, wie herrlich es war, meine Kinder morgens aus dem Bettchen zu nehmen, wenn sie voller Lebendigkeit den neuen Tag erwarteten. Sie lebten immer für den Augenblick und nahmen das Leben mit Verwunderung, Freude und Ehrlichkeit an. Wenn sie hungrig oder naß waren, dann weinten oder schrien sie. Wenn sie zufrieden waren, lachten oder lächelten sie. Sie waren Menschen in ihrer ganzen Ursprünglichkeit, frei, sich in einer Art auszudrücken, die Erwachsene oft nicht mehr beherrschen. Während wir älter werden, gewinnen Pflichten, Verantwortlichkeiten und zu erfüllende Rollenerwartungen zu oft die Kontrolle über uns. Da wir unsere Stimmungen, Bedürfnisse und unsere Impulsivität nicht länger frei ausdrücken können, suchen wir oft Sicherheit darin, anderen zu gefallen. Unsere natürlichen Stimmungen und Impulse kommen uns beschämend vor. Also lernen wir nach und nach, sie abzublocken, und sind dann dazu verurteilt, in einem Zustand „ungesunder Schuld" zu leben, in dem die vergebliche Anstrengung vorherrscht, jedem zu gefallen, alles gut zu machen, „perfekt" zu sein. Da wir uns in diesem Zustand sicher und geschützt fühlen, machen wir uns selbst zu Gefangenen: Wir tun das, von dem wir glauben, daß wir es tun sollten, weil man es von uns erwartet. Indem wir ja zur Schuld sagen, sagen wir nein zum Leben.

Vor einigen Jahren wurde mir eines Abends plötzlich bewußt, was ich durch meine ständigen Schuldgefühle verloren hatte. Der Winter hatte begonnen, und ich steckte in einer kritischen Phase meiner Arbeit. Ich hatte mich endlos um Patienten gekümmert, hatte Freunden geholfen, die in Not waren, und hatte versucht, mit meinen Forschungsvorhaben weiterzukommen. Jeden Morgen stand ich um halb sechs oder sechs Uhr auf, um meine Gymnastik zu machen und zu meditieren – das gab mir zumindest die Illusion, daß ich mir trotzdem Zeit für mich selbst nahm. Doch ich litt unter ständiger Müdigkeit. Über die Tatsache, daß ich nicht genug Zeit für meine Familie hatte, konnte ich nicht mehr hinwegsehen. Ich fühlte mich schuldig und gestreßt. Trotz halbherziger Anstrengungen kürzerzutreten saß ich in der Falle. Das Karussell drehte sich zu schnell, und ich konnte nicht mehr abspringen. Obwohl ich versuchte, meine Gefühle zu verdrängen, war ich unglücklich. Die Bühne war frei für eine Katastrophe. Als ich eines Abends in einem Zustand völliger Erschöpfung heimfuhr, wurde ich plötzlich von dem unvergeßlichen Geräusch quietschender Reifen aufgeschreckt: Ich war frontal mit einem anderen Auto zusammengestoßen. Kurze Zeit später fuhr mich der Rettungswagen, der sonst doch immer andere unglückliche Personen beförderte, mit Blaulicht und heulender Sirene zurück in das Krankenhaus, in dem ich schon so lange arbeitete. Zwei Sani-

12

täter brachten mich in die Notaufnahme. Ich lag festgeschnallt auf einer Spezialtrage, für den Falll, daß meine Wirbelsäule verletzt sein sollte, was – Gott sei Dank – nicht der Fall war. Wunderbarerweise konnte der Fahrer des anderen Wagens, kurz nachdem man ihn untersucht hatte, das Krankenhaus mit geringfügigen Verletzungen wieder verlassen. Zum Glück hatte auch ich fast nichts abbekommen – nur ein kleiner Teil meines Körpers. Meine Nase war regelrecht zerstört – offen wie eine Motorhaube und fast abgerissen.

„Wie schlimm ist es?" fragte ich den Chirurgen, nachdem er sich den Schaden besehen hatte. „Auf einer Skala von eins bis zehn wäre zehn das Schlimmste", fügte ich hinzu, in der Hoffnung, mit Hilfe konkreter Informationen die Kontrolle über meine Situation wiederzuerlangen.

„Für Sie", erwiderte er, „ist es eine Eins. Sie befinden sich nicht in Lebensgefahr und werden wieder ganz gesund. Für Ihre Nase ist es eine Acht. Ich habe seit Jahren nicht mehr etwas so Schlimmes gesehen."

Mein Mut sank. „Kann man noch was machen? Können Sie sie wieder zusammenflicken?"

„Ich hoffe es", entgegnete er und fügte hinzu: „Glauben Sie an Gott?" Ich bejahte. „Nun, er hat sicher heute abend auf Sie aufgepaßt. Es ist ein Wunder, daß nur Ihre Nase verletzt ist. Warum sprechen Sie kein Gebet?" Er lächelte mich sehr nett an, injizierte das Betäubungsmittel und begann mit der schmerzhaften Prozedur, meine Nase von den zertrümmerten Teilen zu säubern.

Da der Chirurg ein kluger Mann war, dem die tiefere Bedeutung meines Unfalls nicht entgangen war, redete er mir wegen meines „zu schnellen Lebens" ernsthaft ins Gewissen. Dort auf dem Operationstisch, völlig wehrlos, wurden mir Teile meiner selbst bewußt, die ich immer noch versuchte zu leugnen, und das war dem Arzt ebenso klar wie der Zustand meiner Nase. Seit Jahren hatte er mich aus der Entfernung beobachtet, wie ich tagsüber durch die Krankenhausflure eilte und oft erst spätabends

heimfuhr. Als ich darüber nachdachte, mußte ich zuge- ben, daß ich manchmal starke psychosomatische Techni- ken eingesetzt hatte, um mir zu ermöglichen, so viel und so schnell zu arbeiten. Ich hatte die Kopfschmerzen und den hohen Blutdruck, die einmal ein Warnsignal für mei- nen Streß gewesen waren, kuriert, indem ich diese „Pan- nenmechanismen" der Natur einfach außer Kraft setzte. Die Zeit, die ich nach der Operation zu Hause verbrachte, um mich zu erholen, war eine bittersüße Phase der Selbst- beobachtung und Neuentscheidung. Ich sah die Welt mit anderen Augen und verstand besser, was ich verlor, wenn ich mein Leben von „ungesunder Schuld" dominieren ließ – ein Begriff, den wir in diesem Buch erforschen werden. Es war wundervoll, daheim zu sein, wenn meine Kinder aus der Schule kamen, und mit ihnen wichtige und unwichtige Dinge zu teilen – eine mißlungene Klas- senarbeit, ein Lob der Lehrerin oder die täglichen Kabbe- leien. Es war großartig, Zeit zu haben, um zu kochen, zu lesen oder Freunde zu besuchen. Aber es war auch schmerzhaft, seelisch schmerzhaft, mich mit der Frage auseinanderzusetzen, warum dieser schlimme Unfall ge- schehen war. Ich gelangte zu der Auffassung, daß ich die Wahl hatte: Entweder konnte ich den Unfall optimistisch als einen Akt der Gnade werten, der mir die Möglichkeit einer Heilung bot, indem er mich zu Ruhe und Selbstbe- sinnung veranlaßte. Oder ich konnte ihn pessimistisch als Beweis dafür deuten, daß – trotz all meiner Bemühungen, das Gegenteil zu beweisen – meine tiefsten Ängste wahr waren und ich als Mensch ein Versager war.
Ich entschied mich für die optimistische Alternative und nahm diesen kosmischen Schlag auf meine Nase als An- laß, mein Leben zu ändern. Aber zuerst mußte ich einen kritischen Blick auf die schwere Last von Schuldgefühlen werfen, die ich mit mir herumtrug. Trotz einer jahrelangen akademischen Karriere, zahlreicher wissenschaftlicher Veröffentlichungen und einer erfolgreichen klinischen Tätigkeit am Lehrkrankenhaus von Harvard schien

nichts, was ich tat, je meinen Erwartungen an mich selbst zu genügen. Trotz jahrelanger Meditation, Therapie und innerer Entdeckungsreisen fühlte ich mich noch unsicher. Ich entschuldigte mich ständig für mich selbst und hoffte stets, ich würde nichts tun, das jemanden ärgern könnte. „Schuld" war mein zweiter Vorname, obwohl ich das bis zum Tod geleugnet hätte – was ich ja auch fast getan hatte.

Mein Unfall riß ein Loch in das tägliche Einerlei, schaffte Raum für einen neuen Blickwinkel. Wie die meisten Krebs- und Aids-Patienten, mit denen ich seit einigen Jahren als Leiterin einer psychosomatischen Klinik arbeite, entdeckte ich, wie wertvoll es ist, mit der Sterblichkeit konfrontiert zu werden. Als mir der Tod ins Auge blickte, setzte ich meine Prioritäten neu und glasklar: Es gibt drei wichtige Dinge im Leben – Glaube, Familie und Freunde. Dort ist die Liebe. Sechs Monate nach dem Unfall fand ich endlich den Mut, auf meinen anstrengenden Job und die akademische Sicherheit, die er mir bot, zu verzichten. Mein Mann und ich gründeten ein Institut, das unsere Erfahrungen in Medizin, Verhaltensforschung, Psychologie und dem seelischen Reifeprozeß kombinierte. Das Grundprinzip unseres Unternehmens ist unser eigenes – die Heilung der Gesellschaft durch die Heilung von einzelnen voranzutreiben. Und diese Heilung beginnt zu Hause. Daher halten wir uns, obwohl wir öffentliche Workshops und Seminare abhalten und Firmen besuchen, viel Zeit frei für die drei wesentlichen Dinge des Lebens.

Mit meinem Problem der „ungesunden" Schuld, das mich so unglücklich machte, stehe ich bei weitem nicht allein. Ich habe diese Wirkung von Schuldgefühlen – den Drang, mehr zu tun, es besser zu machen, die Welt zu retten und jedem zu gefallen – bei vielen meiner Mitarbeiter bemerkt, und auch bei zahlreichen meiner Patienten fiel dieses Problem mir auf. Aber nie habe ich mich in dieser Hinsicht ernsthaft mit mir selbst beschäftigt. Und ist nicht jeder irgendwie schuldig? Leider sind es tatsächlich viele.

Leider findet fast jeder irgendeinen Grund, das zu beja-
hen, und er geht daran zugrunde: wenn schon nicht körperlich, dann zumindest seelisch. Ich stieß rundum auf
Zustimmung, als ich anderen erzählte, daß ich gerade an
einem Buch über Schuld schreibe. Meist lautete der Kom-
mentar: „Gott sei Dank. Bitte beeilen Sie sich!" oder
„Schicken Sie meiner Mutter ganz schnell eine Kopie!"
Sie mögen überrascht sein von der Spannweite dessen,
was wir in den vor uns liegenden Seiten gemeinsam entdecken werden. Das Thema „ungesunde Schuld" ist faszinierend. Es bezieht die emotionale Betroffenheit weit
mehr ein als den Verstand, den Körper und die individuelle Vergangenheit. Von der Schuld zu genesen ist
ebensosehr ein spiritueller Prozeß wie ein seelischer. Auf
den folgenden Seiten werden wir zahlreiche Wissensge-
biete durchstreifen – die Naturwissenschaften, die Philosophie, die Medizin, die Psychologie, die alten religiösen
Texte, das Leben von Mystikern und die unglaublich reichen Lebensgeschichten eines jeden von uns selbst –,
während wir gemeinsam die uralte Frage ergründen: Wer
bin ich?
Die Frage, wer wir sind, umspannt drei Sphären des Wissens, die in der Gliederung dieses Buches zum Ausdruck
kommen. Der erste Teil untersucht den weltlichen Bereich von Raum und Zeit, der durch unsere persönliche,
unsere Psyche bestimmende Geschichte umschrieben
wird. Der zweite Teil erforscht den ewigen Bereich von
Seele und Geist, in dem wir jetzt leben – ob wir uns dieses
Einflusses bewußt sind oder nicht. Der dritte Teil ergründet das Gebiet der zwischenmenschlichen Beziehung,
das unser psychisches und unser spirituelles Selbst zusammenführt, indem wir Mitleid entwickeln und Vergebung üben.
Die erste Sphäre des Wissens ist psychologischer Art.
Wenn man die Psychologie von Schuld und Scham versteht, beginnt die Heilung. In dem kindlichen Bedürfnis,
den Eltern zu gefallen und sich sicher zu fühlen, teilt sich

die in der Entwicklung begriffene Psyche in ein öffentli-
ches Selbst – die Maske – und ein privates Selbst – den
Schatten –, das uns nicht bewußt ist. Bei diesem Bruch
verlieren wir allerdings das Gefühl unseres authentischen
Selbst und die Fähigkeit, unsere natürlichen Impulse auszudrücken. Wir verlieren das Bewußtsein des Friedens
und das Bewußtsein der Macht, die unser Geburtsrecht
sind. Wir werden ängstlich, fühlen uns schuldig, bar jeder
Vitalität und sind geneigt, zu denken und zu handeln wie
Opfer. Oft werden wir physisch krank.

Heilung erreichen wir, indem wir uns erinnern, uns buchstäblich zurückbringen in die Ganzheit unseres Selbst,
das wir verloren haben, indem wir es vor uns versteckten.
Die Wiedererlangung des Bewußtseins und das Akzeptieren aller Emotionen als wertvolle Boten über unseren
Umgang mit der Welt ist der Anfangspunkt der Gewin-
nung eines neuen Verständnisses von uns selbst. Die Re-
paratur unserer Beziehung zu uns selbst kann unterstützt
werden durch die Entdeckung und die Arbeit mit dem
„Inneren Kind" unserer Vergangenheit, das fortfährt, unsere Gedanken, Gefühle und Handlungen als Erwachse-
ner zu beeinflussen. Im Laufe dieses Buches werden wir
uns gemeinsam mit dem Inneren Kind beschäftigen.

Die zweite Sphäre des Wissens ist seelisch-geistiger Art.
Wir erspähen sie intuitiv, in „heiligen Momenten", wenn
die Welt plötzlich stillsteht und wir uns einem höheren
Geist verbunden fühlen, und durch die Liebe, die interpersonelle Brücke zwischen zwei Seelen. Wir erhaschen
sie in Träumen, in den gemeinsamen Erinnerungen des
Seelenwachstums, die Mythen genannt werden, in persönlichen Visionen und mystischen Erfahrungen, die viel
mehr Menschen haben, als gemeinhin angenommen
wird. Diese Einblicke führen oft zu einem „spirituellen
Optimismus", einem inneren Wissen, daß die universale
Energie die Liebe ist, daß unsere Fehler nicht zu verdammen sind, sondern uns die Gelegenheit zum Lernen geben, und daß die dunkelsten Passagen im Leben die

17

Chance bieten, diese Liebe zu erkennen. Während Religionen ursprünglich dazu da waren, uns mit dem Spirituellen zu verbinden, versagen sie doch oft gerade dabei. Schlimmer noch – Religiosität, die auf richtenden oder strafenden „Gott"-Gestalten basiert, kann psychologisch negative Auswirkungen haben und zu dem führen, was ich „spirituellen Pessimismus" nenne. Der New-Age-Gedanke, „unsere eigene Realität zu schaffen", anstatt an dieser Schöpfung *teilzuhaben*, ist nicht weniger pessimistisch. Er pflastert den Weg für Schuldgefühle, indem er das pathologische Verlangen, unser Schicksal zu kontrollieren, mit der Verantwortung verwechselt, unser Leben authentisch zu leben.

Die dritte Sphäre des Wissens betrifft die Beziehung. Eine Beziehung ist sowohl eine psychologische als auch eine spirituelle Chance, wenn sie auf Mitleid basiert – dem Band emphatischen Verstehens, das die Dualität von Ich und Du durch die Einheit Wir ersetzt. Diese Einheit führt zu Weisheit – sowohl psychologisch als auch spirituell –, wenn sie in der gegenwartsbezogenen Lebensform, die Vergebung genannt wird, ruht. Vergebung bedeutet nicht die Entlassung aller Kriminellen aus den Gefängnissen; Vergebung ist vielmehr ein Verhalten, das es uns erlaubt, das Leid nachzuempfinden, das sie zu ihren Irrtümern verleitet hat, und ihr Verlangen nach Liebe zu erkennen. Während jedes Richten sich auf Mängel konzentriert, konzentriert sich Vergebung auf das Ganze. Wenn wir lernen, in all unseren Beziehungen aus der Sphäre der Vergebung zu handeln, werden wir offen für eine größere Energie, eine Lebenskraft, die wir als Liebe, Frieden, Mitleid, Macht, Weisheit und eine begeisterte Dankbarkeit für das Leben spüren.

Dieses Buch des Erinnerns basiert ebensosehr auf Psychologie, Naturwissenschaft, Philosophie und Medizin wie auf den intimen, persönlichen Geschichten unseres Lebens. Bei allen Fallgeschichten und Beispielen – außer denen, die mich und meine Familie betreffen – habe ich die Namen und jedes charakteristische Merkmal der Betroffenen geändert, um ihre Privatsphäre zu schützen und Anonymität zu gewährleisten. Manchmal sind die Erfahrungen von zwei oder drei verschiedenen Menschen zusammengefaßt. Ich hoffe, daß ich diesen Geschichten Gerechtigkeit widerfahren ließ und die Würde und den Geist, die sie enthalten, bewahrt habe. Beim Lesen dieser Geschichten und indem Sie ihnen erlauben, sich mit Ihrer eigenen Geschichte zu vermischen, sie voranzutreiben und zu beleuchten, finden Sie vielleicht heraus, daß sich Ihnen neue Wege der Heilung erschließen. Heilung ist gewöhnlich ein schmerzhafter Prozeß, weil sie einen Blick auf unsere Schattenseiten und schlimmsten Ängste einschließt. Aber nur dadurch, daß wir durch die Finsternis tappen, können wir eventuell zum Licht finden, und dann wird unser Schmerz in Weisheit und Freude umgewandelt.

Indem wir alles daransetzen, unsere Schuldgefühle zu heilen, suchen und finden wir unsere eigentliche Menschlichkeit in einer Welt, die viel zu oft ein Ort sinnlosen Leidens scheint. Indem wir dieses Leiden als Katalysator für ein erneuertes Selbstbewußtsein benutzen, könnten wir letztlich unsere wahre Natur als Ausdruck eines höheren Wesens entdecken. Und wenn unsere Erfahrung uns dahingehend überzeugt, daß eine ewige Ernte des Friedens, der Weisheit, der Liebe und der Freude aus der Saat unserer Probleme aufgeht, können wir den Mut für diesen schwierigen und schmerzhaften Prozeß der Selbsterforschung aufbringen.

Scituate, Massachusetts
21. Juni 1989
Sommersonnenwende

Erster Teil

Psychologische Ursprünge

Du bist nicht allein mit deinen Kämpfen,
noch wirst du je allein sein.
Vom Anbeginn der Zeit hat das menschliche Herz
seinen Ursprung in der Liebe gesucht.
Schuld ist einer von vielen Führern zurück zu diesem
Ursprung.

Wir können einander nur lieben und helfen,
wie wir selbst geliebt worden sind.
Daher die Angst, die „Sünden" des Vaters
würden das Kind heimsuchen,
das sein angeborenes Recht der Einzigartigkeit und Freude
vergißt,
wenn er ihm seine Liebe entzieht.

Die Reise ins Erwachen
ist eine Erinnerung daran, wer wir wirklich sind.
Dort wird Furcht durch Liebe geheilt,
und die Maske, die wir getragen haben, um Zuneigung
bettelnd,
schmilzt durch den Willen, sich an unserem Schatten
ebenso zu erfreuen wie an unserem Licht.

Nur dann können wir weiterschreiten
zu einer Verbundenheit in Fürsorge, Mitleid und Liebe.
Und dann werden wir unsere eigenen Lieder singen und
danksagen,
jubeln in unserer Würde
als Gottes Kinder.

Körperverstand und Seele:
Eine psychospirituelle Perspektive
der Schuld

Früher hielt ich es für die schlimmste Sache der Welt, einen Fehler zu machen. Fehler bedeuteten, daß ich nicht gut genug war und daß die Menschen mich nicht mögen würden. Ich könnte ausgelacht, zurückgestoßen oder verlassen werden. Einen Fehler zu machen bedeutete, daß ich sofort alles, was ich jemals gut gemacht hatte, vergessen und mich auf diesen einen Irrtum konzentrieren würde, bis er mich total ausfüllte.

Fehler waren eine offene Einladung zu Selbstkritik, Angstgefühlen, Depressionen und Verfolgungswahn. Die allgegenwärtige Furcht davor, Fehler zu begehen, führte zu körperlicher Anspannung, zu Streß, gelegentlich gar zu Krankheit; und jederzeit war die Angst da, daß die nächste Bombe gleich platzen würde. Das schuf eine Art von „ungesunder Schuld", die in keinerlei Beziehung steht zu der ursprünglichen Reue, die uns unser Gewissen bei „gesunder Schuld" als emotionale Konsequenz eines verletzenden Verhaltens lehrt und die eine durchaus wichtige Funktion hat.

Ungesunde Schuld ließ mich nahezu alles, was ich tat, als schlecht empfinden, weil ich es schließlich hätte besser machen können. Der Anspruch, perfekt zu sein, hinderte mich daran, Risiken einzugehen, und dämpfte meine Kreativität. Er machte mich ehrgeizig, gab mir ein ständiges Gefühl des Gekränktseins, und ich nahm mich schrecklich ernst. Er ließ mich andauernd Vergleiche zwischen mir und anderen ziehen, wobei ich immer höchst genau darauf achtete, ob ich besser oder schlechter abschnitt. Ich reagierte übersensibel auf Kritik, die ich sogar dann heraushörte, wenn es gar keine war. Ich verschanzte mich hinter einer Festung, ständig auf Angriffe vorbereitet.

Was noch schlimmer war: Ich war die meiste Zeit über böse (und nette Leute sollten nicht böse sein, stimmt's?). Unfähig, mir selbst oder anderen zu vergeben, war ich eine Gefangene von Schuld und Groll. Ich tat mein Bestes, um das alles hinter einem Lächeln zu verbergen, wurde aber schließlich von meinem Körper verraten, der eine streßbedingte Krankheit nach der anderen entwickelte – von Bluthochdruck und Migräne bis zu Darmkrämpfen und dauernden Atemwegsinfektionen. Quer durch das gesamte Buch werde ich viele Geschichten von Patienten anführen, deren Schuldgefühle in körperlichem, emotionalem und seelischem Unwohlsein kulminierten – aber ein genauerer Blick auf den Ursprung meiner eigenen Probleme scheint mir als Anfang genauso gut zu sein.

Der Körperverstand

Ich wurde gegen Ende des Zweiten Weltkrieges in Boston geboren. In meiner Kindheit war ich zum größten Teil ein Muster an Bravheit. Ich erinnere mich daran, wie ich unter einem Sonnenschirm stand und Verwandten ein Lied vorsang, als ich noch sehr klein war. Obwohl ich furchtbar schüchtern war, zwang ich mich dazu, vor all diesen erwartungsvollen erwachsenen Gesichtern aufzutreten und zu singen. Es wäre mir nie in den Sinn gekommen, nein zu sagen. Ich tat, worum man mich gebeten hatte. In der Grundschule gab ich den anderen Kindern Unterricht im Lesen, strickte komplizierte Pullover mit

Zopfmuster und war die erste in meinem Block, die das Freischwimmerabzeichen hatte. Mein Bruder behauptet, daß ich meine Hausaufgaben einen Monat im voraus gemacht hätte! (Er übertreibt natürlich, aber nur leicht.) Ich war jedoch eine miserable Ballettänzerin. Man muß fähig sein, sich zu entspannen und sich gehenzulassen, wenn man gut tanzen will, aber ich hatte zuviel Angst davor, einen Fehler zu machen. Ich kann mich noch gut daran erinnern, wie eine Klassenkameradin – diese rothaarige Charlotte mit den großen Füßen und den graziösen Pirouetten – sich kranklachte, als meine größten Anstrengungen auf dem Fußboden des Studios endeten – mit schwindeligem Kopf und ineinander verknoteten Gliedmaßen. Mein verletzter Stolz schmerzte mehr als mein Hinterteil. Mein Gesicht nahm die Farbe von Charlottes Haar an, und ich fühlte mich bloßgestellt, demaskiert als hoffnungslos nichtswürdige und wertlose Kreatur. Ich wünschte, der Boden würde sich vor mir auftun und mich verschlingen. Ich machte an diesem Tag zum erstenmal bewußt die Erfahrung eines Gefühls, das wir Scham nennen. Es begleitete die plötzliche Verletzlichkeit und das Gefühl der Bedrohung, die wir erfahren, wann immer die Brücke des Vertrauens zwischen uns und den anderen plötzlich abbricht.

Ich flehte meine Mutter an, die Ballettstunden aufgeben zu dürfen – aber sie waren in den fünfziger Jahren Teil des Erziehungsplans für anständige kleine Damen. Woche für Woche schleppte ich mich zur Stunde und empfand mich als schrecklichen Versager. Ich fühlte hundert Augen auf mir ruhen, wenn ich meine verkrampften, steifen Pliés vorführte. Selbst jetzt wird mein Atem noch flach, wenn ich mich daran erinnere, wie klein und isoliert ich mich damals fühlte. Weder mochte ich mich, noch traute ich mir. Die meiste Energie verschwendete ich darauf, die anderen Kinder zu beeindrucken. Ironischerweise fiel ich, je mehr ich versuchte, die Situation zu kontrollieren, um so härter auf die Nase – buchstäblich. Gewöhnlich hatte ich hämmernde, nervenerschütternde Kopfschmerzen, wenn ich heimging.

Manchmal begrüßte ich meine zeitweise auftretenden Migräneanfälle regelrecht. Zumindest boten sie mir gelegentlich die willkommene Ausrede, der Ballettstunde fernzubleiben! In früher Kindheit hatte ich so den „Streß" und seine körperlichen Auswirkungen entdeckt. Als ich vierundzwanzig Jahre alt war und mein Medizinstudium an der Harvard Medical School kurz vor dem Abschluß stand, war der kombinierte Streß von Leistungsdruck an der Hochschule, einer Ehe, die in die Brüche zu gehen drohte, und einem kleinen Sohn, für den ich sorgen mußte, zuviel für mich. Mein Körper reagierte mit Migräne, Bluthochdruck, Angstgefühlen, nervösen Darmbeschwerden, chronischer Bronchitis, Ohnmachtsanfällen und verschiedenen Wehwehchen. Ein Kommilitone kam zu dem Schluß, daß meine Symptome verschwinden würden, wenn ich lernte, mich zu entspannen, und er ermutigte mich dazu, Yoga und Meditation zu praktizieren. Diese Techniken retteten mir vorerst das Leben und führten mich dann langsam zu der psychologischen und spirituellen Gesundung, die bei mir noch immer in Gang ist. Das psychologische, physische und spirituelle Verständnis für die Verbindung zwischen Körper und Geist wurde zum Zentrum meines Lebenswerks – sowohl persönlich als auch beruflich. In meinem ersten Buch *Minding the Body, Mending the Mind* (dt. *Gesundheit ist lernbar*) berichtete ich von meinen eigenen Heilungserfahrungen und von denen anderer Menschen, die zu Tausenden in der Klinik für Ganzheitliche Medizin, die ich mitgegründet habe, Hilfe gegen streßverursachtes Unwohlsein und chronische Krankheiten suchten.

Es handelt sich dabei um Magengeschwüre, nervöse Darmleiden, Migräne, Schlaflosigkeit, Asthma, erhöhten Blutdruck, Schmerzen und Erschöpfungszustände. Bereits ein Gedanke wie „Ich werde dieses Buch nie zu Ende bringen, und dann kriege ich garantiert Ärger" kann das

Nervensystem geradezu in Aufruhr versetzen. Nur das Tippen dieser Worte brachte meine Schultern dazu, sich zu verspannen, erhöhte meinen Puls, ließ mich schneller und unregelmäßiger atmen und meinen Blutdruck in die Höhe schnellen!

Ängstliche Gedanken rufen den „Kampf-oder-Flucht"-Mechanismus auf den Plan, der uns vor Gefahren schützen soll, indem er Energie für Verteidigung oder Flucht bereitstellt. Das erweist sich zwar als nützlich, um uns gelegentlich aus einer prekären Situation zu befreien, doch es ist wie mit einem Auto: Fahren wir es die ganze Zeit über mit erhöhter Geschwindigkeit, wird der Verschleiß der Einzelteile bald eine Vielzahl mechanischer Probleme verursachen. Beim Menschen werden diese Probleme im allgemeinen Streß oder angstbezogene Krankheiten genannt.

Ich habe einmal während eines Kurses in Biofeedback, den ich vor ein paar Jahren absolvierte, auf beeindruckende Weise erfahren, wie ängstliches, unsicheres Denken den Körper beeinträchtigen kann. Der Kursleiter hatte ein Gerät, das – ähnlich einem Lügendetektor – den Grad der An- oder Entspannung der betreffenden Person registrierte, indem es die elektrische Spannung auf der Gesichtshaut maß und sie auf einer Skala anzeigte. Je höher die Spannung, desto stärker war der „Kampf-oder-Flucht"-Mechanismus. Als der Kursleiter einen Mann namens John quasi als Versuchskaninchen an das Gerät anschloß und ihn fragte: „Wie heißen Sie?", löste Johns Antwort auf der Skala keine Reaktion aus. Gleichermaßen riefen die Antworten auf die Fragen „Wo wohnen Sie?" und „Welchen Beruf üben Sie aus?" keine Wirkung hervor. Schließlich fragte der Kursleiter: „Welche sexuellen Phantasien haben Sie?" Während wir alle nervös kicherten, reagierte John sofort auf diese Reizfrage, und die Nadel wanderte die Skala empor!

Ich war als nächste dran. Ich spürte aller Augen auf mir. „Wie heißen Sie?" fragte der Kursleiter. Und das genügte:

Die Skala reichte gar nicht aus, um meine Anspannung anzuzeigen! Mir wurde klar, daß mein Kampf-oder-Flucht-Mechanismus bei *jeder* Befragung sofort in Verteidigungsstellung ging. Mein einziges Lebensziel war es anscheinend, mich zu verteidigen. Obwohl ich es nie zugegeben hätte (weil ich es, wie viele schuldbeladene Menschen, nicht merkte), wurde ich von Furcht beherrscht. Furcht ist das eigentliche Herzstück ungesunder Schuld. Zu lernen, den Kampf-oder-Flucht-Mechanismus auszuschalten, ist der erste Schritt zur Gesundung von der Schuld.

In den vierziger Jahren entdeckte der Nobelpreisträger Walter Hesse, daß er zwei diametral entgegengesetzte Energiezustände erzeugen konnte, wenn er verschiedene Zonen im Hypothalamus einer Katze stimulierte. Der eine Zustand setzte hohe Energie frei und resultierte aus dem Kampf-oder-Flucht-Mechanismus; der andere war ein Zustand niedriger Energieausschüttung, geprägt von tiefer Ruhe und Entspannung. Erst kürzlich haben Dr. R. Keith Wallace und Dr. Herbert Benson einen ähnlichen Zustand gelassener Ruhe bei Menschen dokumentiert, die transzendentale Meditation betreiben. Benson zeigte weiter auf, daß dieser Zustand gelassener Ruhe jede Form mentaler Konzentration begleitet, mit der sich der einzelne von seinen Ängsten, Befürchtungen und sonstigen Belangen abzulenken vermag. Er nannte diesen angeborenen Mechanismus im Hypothalamus den Entspannungsmechanismus.

Wenn der Entspannungsmechanismus ausgelöst wird, wird der Streß reduziert. Herzschlag und Blutdruck sinken ab. Atmungsaktivität und Sauerstoffaufnahme werden geringer, weil der Körper weniger Energie benötigt. Die Gehirnströme wechseln von einem wachen Beta-Rhythmus in einen entspannten Alpha- und Theta-Rhythmus. Die Muskeln werden weniger durchblutet; statt dessen wird das Blut zum Gehirn und in die Haut gepumpt, wo es ein Gefühl der Wärme und wacher Ausgeruhtheit produziert. Die Körperschichten werden weniger empfindsam für das Streßhormon Adrenalin, und das Immunsystem wird aktiviert. Der Körper lebt im Frieden mit sich selbst. Der Verstand ebenso. Die Gedanken verlangsamen sich, und es entsteht ein Gefühl von Zufriedenheit und Behaglichkeit.

Je mehr Patientengeschichten ich erfuhr, desto mehr gelangte ich zu der Überzeugung, daß ein Großteil der Menschen mit streßbedingten Krankheiten in Wirklichkeit an demselben Gefühl litten, das mich in der Ballettstunde gequält hatte – einem tiefinnerlichen Gefühl der eigenen Wertlosigkeit, das eine beachtliche Zahl von Verhaltensstrategien hervorbrachte, die alle auf Selbstschutz ausgerichtet waren. Wie wir sehen werden, ist die sich „einheitlich" gebende Person, die wir mit „Ich" bezeichnen, in Wirklichkeit vielmehr eine Versammlung von Unterpersonen, die alle ihr Bestes tun, um uns vor Situationen zu schützen, die uns in der Vergangenheit bedrohten. Während unser Körper und unser Intellekt erwachsen werden, beherbergen die meisten von uns immer noch die emotionellen Geister unserer Kindheit – ängstlich und unsicher wie die kleine Joanie, die im Ballett über ihre eigenen Füße stolperte. Von der Schuld zu genesen schließt ein, daß man diese Geister zur Ruhe bettet, indem man ihnen die Liebe gibt, die sie brauchen, um ihre dem Selbstschutz dienende Angst zu überwinden.

Verstand-Körper-Techniken können als Schlüssel zur Heilung von Schuld benutzt werden. Sie wirken auf mehreren Ebenen, die aufeinander aufbauen und einander unterstützen. Auf einer bestimmten Körperebene lösen sie den Entspannungsmechanismus aus, und man kann sie als eine Art Medikament betrachten, das den Kampf-oder-Flucht-Mechanismus herunterschraubt und das natürliche Körpergleichgewicht wiederherstellt. Im psychischen Bereich stellen sie ein kraftvolles System dar, das das Selbstbewußtsein fördert. Wenn Sie nur einmal Ihre Augen schließen, ein paarmal tief Luft holen und in Gedanken Ihren Körper nach verspannten und entspannten Zonen oder solchen mit niedriger oder hoher Energie abtasten, erweitert sich Ihr Bewußtsein von Ihrem inneren Zustand und gestattet Ihnen die bewußte Entscheidung, ob Sie angespannte Zonen entspannen oder mit mehr Energie versorgen wollen. Gleichermaßen führt Meditation zu einer bewußten Wahrnehmung von Emotionen, die sonst kaum auffallen, und bringt Denk- und Verhaltensmuster ans Licht, die körperliche und seelische Leiden hervorrufen können.

In den folgenden Kapiteln werden wir Meditation und Übungen dazu benutzen, den Entspannungsmechanismus zu produzieren und Selbstbewußtsein und Selbstbilligung zu verstärken. Wir werden diese Techniken auch dazu verwenden, die verängstigen „Inneren Kinder" aufzusuchen, deren Furcht uns schon lange nicht mehr nutzt. Indem wir diese lange vergessenen Teile unseres Selbst verstehen und trösten, können wir Scham und ungesunde Schuld, Streß und die Krankheiten, die er erzeugt, überwinden.

Obwohl die körperlichen und psychischen Ebenen der Verstand-Körper-Techniken ausgesprochen weit reichen, tritt ihre volle Wirkung erst dann ein, wenn man sie mit einer Wesenheit kombiniert, die normalerweise sowohl in der medizinischen als auch in der psychologischen Behandlung vergessen wird. Diese Wesenheit ist die Seele, unsere persönliche Wiedergabe des Göttlichen oder der Lebenskraft, die die Energie bildet, aus der Körper und Geist emporsteigen. Ohne die Seele und das Göttliche einzubeziehen, ist unsere Genesung von Schuld und Streß, von Ängstlichkeit, Hilflosigkeit, Depressionen und deren körperlichen Symptomen nicht vollständig. Einer meiner Patienten hat es so ausgedrückt: „Ich habe acht Jahre Therapie und die bestmögliche medizinische Behandlung hinter mir, aber es gibt immer noch einen Ort in mir, den nichts je berührt hat." Dieser Ort ist die Seele, und unsere Genesung muß tief genug gehen, um auch sie zu erreichen. Obwohl die Verbindung zwischen Körper, Verstand, Seele und Schuld im zweiten Teil dieses Buches näher beleuchtet wird, möchte ich hier einige Überlegungen über die Seele, das Göttliche und den Heilungsprozeß vorstellen, die für die Entwicklung meines Ansatzes von Bedeutung sind.

Seele und göttlicher Geist – individueller Bewußtseinszustand oder ein einziger Geist?

Das Wort Psychologie ist aus den griechischen Wörtern *psyche* und *logos* zusammengesetzt. Es bedeutet „Seelenkunde", aber die Psychologie hat sich traditionell eher mit dem Geist befaßt. Die ursprüngliche Trennung der Medizin und dann der Psychologie von der „Seelenkunde" geschah aus der Notwendigkeit heraus, daß Heiler Konflikte mit den Vorschriften der früheren christlichen Kirche vermeiden wollten. In einer Zeit, da Häresie und Hexerei im christlichen Europa für gewöhnlich mit dem Tod bestraft wurden, lernten Wissenschaftler und Ärzte es schnell, die Seele den Theologen zu überlassen, da sie sonst in ihrer Ausübung der Heilkünste als Hexen oder Teufel denunziert worden wären. Ärzte wurden zu Mechanikern des Körpers, die Psychologen zu Mechanikern des Verstandes – und der Klerus zum manchmal eifersüchtigen Hüter der Seele.

Diese künstliche Trennung von Verstand, Körper und Seele erreichte im 20. Jahrhundert ihre höchste Blüte. Der Arzt, Dozent und Schriftsteller Dr. Larry Dossey bezeichnet die Ausübung der Medizin in den letzten hundert Jahren als Ära I oder „materialistische Medizin", in der „die Betonung auf der Körpermaterie liegt, die größtenteils als komplexe Maschinerie angesehen wird. Die Medizin der Ära I wird von den Gesetzen über Energie und Materie geleitet, die Newton vor über dreihundert Jahren

festgelegt hat. Danach sind das Universum und alles, was sich darin befindet – der Körper eingeschlossen –, ein gigantisches Uhrwerk, das nach bestimmten Prinzipien funktioniert. Auswirkungen des Bewußtseins und des Verstandes gelten als nicht vorhanden, und alle Formen der Therapie müssen daher ihrer Natur nach körperlicher Art sein – Medikamente, Chirurgie, Bestrahlung usw."
(Recovering the Soul)

Die Medizin der Ära I hat fraglos die Qualität des Lebens verbessert und seine Dauer verlängert. Schließlich sind z. B. Vitamine wie Antibiotika erst vor relativ kurzer Zeit entdeckt worden. Ohne sie wären viele von uns heute nicht mehr am Leben. Die technischen Fortschritte in der Chirurgie und der Pharmakologie sind wahrhaftig unglaublich gewesen. Natürlich wäre es mir nicht gelungen, meine Nase nach dem Unfall wieder zurück ins Gesicht zu meditieren! Ich bin den Fertigkeiten meines Chirurgen und der Technologie, die ihm dabei half, sehr verpflichtet. Doch vor etwa zwanzig Jahren wurden die Grenzen der Ära-I-Medizin sichtbar. So wundervoll ihre Errungenschaften auch waren, erwiesen sie sich doch oft als nicht zufriedenstellend. Statistiken bewiesen, daß mehr als neunzig Prozent der Patienten als Grund für ihre Besuche beim Hausarzt streß- oder angstbezogene Probleme angaben. Da Pillen nur zeitweilige Erleichterung verschaffen konnten, waren sie gewissermaßen nur ein „Pflaster", weil der wirkliche Grund der Krankheit nicht angegangen wurde. An mir selbst hatte ich dieses Problem erfahren, als ich Hilfe gegen meine Kopf- und Magenschmerzen, den hohen Blutdruck und die chronische Bronchitis suchte. Tabletten verschafften mir nur begrenzte Erleichterung. Ich fing erst an zu genesen, als ich mit einer ganzheitlichen Annäherung begann, die aus häufigen Meditationen und autogenem Training, kombiniert mit Einsicht in das Verhalten, das meinen Körper aus dem Gleichgewicht gebracht hatte, bestand.
Die wissenschaftliche Forschung der letzten zwanzig

Jahre durchziehen Beispiele von Verstand-Körper-Zusammenhängen. Wenn unser Zimmer im Krankenhaus den Blick auf einen Baum bietet, dann genesen wir schneller, als wenn wir auf eine Steinmauer schauen. Wenn wir einsam sind, leiden unser Immunsystem und unser Herz. Verwitwete, geschiedene oder alleinlebende Männer, die rauchen, sterben eher als verheiratete. Diese Beobachtungen lassen vermuten, daß Körper und Verstand keine voneinander unabhängigen Größen sind, sondern eine Einheit darstellen, den Körperverstand, der ebenso physisch wie emotional auf andere Größen und die Natur selbst reagiert.

Dossey bezeichnet das Erscheinen der Verstand-Körper-Medizin, die in Verbindung mit angemessenen technischen Errungenschaften benutzt wird, als die Medizin der Ära II. Aber selbst die Ära-II-Medizin besitzt inhärente Grenzen, weil sie auf dem Konzept beruht, daß der Körperverstand eine isolierte Einheit ist – ein einziges Bewußtsein, das in einem einzigen Körper lebt –, die zwar von jeder anderen Bewußtseinsquelle beeinflußt werden kann, aber naturgemäß nicht mit ihr verbunden ist. Bewußtsein oder Verstand wird als eine Funktion des Gehirns betrachtet. Wenn das Gehirn stirbt, stirbt auch das Bewußtsein.

Ich hatte Gelegenheit, an dieser Annahme zu zweifeln, als ich vor Jahren bei einer jungen Frau saß, die im Sterben lag. Sie hieß Sally, und sie hatte in dem einen Jahr, seit wir uns kannten, mit einer schnellwuchernden und seltenen Form von Darmkrebs gelebt. Meditation und autogenes Training halfen Sally, die Nebenwirkungen der Behandlung leichter zu ertragen, und brachten ihr etwas Frieden. Wir sprachen über Gefühle, über Vergebung und Trauer und arbeiteten alte Erfahrungen auf. Wir redeten auch über Sallys Vorstellung vom Tod, der der Ära-II-Perspektive entsprach – das Bewußtsein stirbt mit dem Gehirn und lebt nicht außerhalb des Körpers weiter.

An dem Tag, als Sally schließlich sterben sollte, besuchte

ich sie im Krankenhaus. Ich hatte Angst, denn ich war nie zuvor bei einer sterbenden Person gewesen und wußte daher nicht, was mich erwarten würde. Ihre Eltern hatten meine Anwesenheit genutzt, um zu Mittag zu essen. So blieb ich fünfundvierzig Minuten mit Sally allein. Zu meiner Erleichterung schien es ihr ganz gut zu gehen, während sie immer wieder kurz zu sich kam, um dann wieder in Bewußtlosigkeit zu versinken. Wir saßen schweigend beieinander. Dann, nach einer Weile, faßte ich mir ein Herz und fragte: „Wohin treiben Sie, Sally? Ihr Gesicht sieht so friedlich aus."

Sie schlug die Augen auf und drehte sich um, um mich anzusehen. Ihre Augen waren voller Liebe und Verwunderung. Mit leiser, weicher Stimme und in fast belustigtem Ton sagte sie: „Sie werden es mir wahrscheinlich nicht glauben, aber ich bin umhergeschwebt, habe eine kleine Reise durch das Krankenhaus gemacht. Ich war gerade in der Cafeteria und habe meinen Eltern beim Mittagessen zugesehen. Dad hat sich ein überbackenes Käsesandwich bestellt, und Mom ißt Thunfisch. Sie sind so traurig, daß sie kaum essen können. Ich werde ihnen sagen müssen, daß mein Körper ja vielleicht sterben mag, aber *ich* sicher nicht. Es ist mehr, als neugeboren zu werden – mein Bewußtsein ist so frei und friedlich."

Sally wurde kurz ohnmächtig, und als sie zurückkam, erzählte sie mir: „Es ist so wunderschön, Joan. Ich schwebe aus meinem Körper hinauf zu einer Art lebendigem Licht. Es ist sehr hell. Warm und liebevoll." Sie drückte meine Hand ein wenig. „Haben Sie keine Angst vor dem Sterben", meinte sie und blickte mich an. „Ihre Seele stirbt überhaupt nicht, wissen Sie. Sie geht nur nach Hause. Von hier aus geht es weiter."

Dieser Augenblick, als ich in Sallys Augen sah und sie den Beginn ihrer Seelenreise mit mir teilte, barg einen besonderen Zauber für mich. Sallys Erfahrung – daß ihr individuelles Bewußtsein nicht an ihren Körper gebunden war – liegt den meisten spirituellen Traditionen zugrunde.

Das Ziel des spirituellen Lebens ist, sich darauf zu besinnen, daß unsere scheinbar abgetrennte Seele überhaupt nicht abgetrennt ist, sondern Teil eines größeren Geistes – in den Worten des Dichters Khalil Gibran eine der „Söhne und Töchter des Lebens mit der Sehnsucht nach sich selbst". Mit dieser Vergegenwärtigung, dieser Erinnerung an ihr Einssein mit dem Ursprung des Lebens ist die Seele geheilt – geheilt von ihrer weltlichen Trauer, wenn sie gelegentlich ihre wahre Identität als Weisheit, Bewußtsein und Liebe ahnt.

Die persönlichen Erfahrungen von Menschen wie Sally, auf die wir in Teil zwei näher eingehen werden, haben eine Revolution im Denken herbeigeführt, die die stärksten Dogmen der Medizin, der Psychologie und der Religion herausgefordert hat. Ergebnisse von empirischen wissenschaftlichen Studien stellten unsere bisherigen Annahmen über die Natur des Verstandes und darüber, wie wir einander durch gemeinsames Bewußtsein beeinflussen können, in Frage. Der Kardiologe Randolph Byrd zum Beispiel zeigte auf, daß Patienten, die mit Herzattakken eingeliefert wurden, wesentlich besser auf die Medikamente ansprachen, wenn für sie gebetet wurde, als wenn dies nicht der Fall war! Da die Patienten in Byrds Studie willkürlich entweder der Gruppe, für die gebetet wurde, oder der Gruppe, für die nicht gebetet wurde, zugeordnet wurden, und weder Personal noch Patienten wußten, welcher Gruppe sie angehörten, können die Ergebnisse nicht durch Einbildung zustande gekommen sein. Zu vergleichbaren Resultaten gelangten Wissenschaftler, die sich in mehr als dreißig Studien mit transzendentaler Meditation beschäftigten. Sie zeigten einen Rückgang von Verbrechen und Gewalt in Städten auf, in denen mehr als ein Prozent der Bewohner meditierte.

Wie kann es sein, daß unser Verstand einen anderen über eine gewisse Entfernung hinweg beeinflussen kann? Das mechanistische Konzept, daß ein Verstand auf seinen jeweiligen Körper beschränkt ist, von dem die Medizin und die Psychologie im letzten Jahrhundert ausgegangen sind, kann ein solches Phänomen nicht erklären. Dossey schlägt vor, daß die Medizin der Zukunft – die Medizin der Ära III – die spirituelle Dimension, den größeren Geist, von dem wir alle ein Teil sind, mit einbeziehen sollte.

Gebet und Meditation sind meist nicht nur geeignet, um die körperliche Genesung voranzutreiben, sondern auch als ein Mittel zur Wiederentdeckung der Verbindung mit diesem höheren Geistwesen. Dieser tiefergehende Heilungsprozeß umfaßt die uralten Fragen: Was bedeutet das Leben? Wer bin ich? Was ist Bewußtsein? Was ist Göttlichkeit? Wie sieht ein Menschenleben aus, das gut gelebt wird? Medizin, Psychologie und Spiritualität überschneiden sich in der Beantwortung dieser Fragen, die traditionell zum Zuständigkeitsbereich der Religion gehören. Religion aber wurde, wie wir später sehen werden, durch Anschauungen tief beeinflußt – und manchmal auch korrumpiert –, die auf Schuld basierten.

Religion versus Spiritualität

An dieser Stelle möchte ich eine wichtige Unterscheidung zwischen Religion und Spiritualität treffen. Für mich wird dieser Unterschied am treffendsten in der folgenden Erläuterung der Ärztin und Psychotherapeutin Rachel Naomi Remen zum Ausdruck gebracht. Sie sagt:
„Das Spirituelle ist nicht das Religiöse. Eine Religion ist ein Dogma, eine Zusammenstellung der Glaubenssätze über das Spirituelle und eine Anzahl von Riten, die aus diesen Glaubenssätzen erwachsen. Es gibt viele Religionen, und sie tendieren dazu, sich wechselseitig auszuschließen. Das heißt, jede Religion tendiert zu dem Denken, daß sie Anspruch auf das Spirituelle hat – das heißt dann ,Der Weg'. Doch das Spirituelle ist etwas Einschlie-

ßendes. Es ist der tiefste Sinn von Zueinandergehörigkeit und Anteilnahme ... Man könnte sagen, daß das Spirituelle der Bereich der menschlichen Erfahrung ist, mit dem die Religion uns durch Dogma und Ritual verbinden will. Manchmal gelingt es ihr, und manchmal schlägt es fehl." Die Religion ist eine Brücke zum Spirituellen, aber das Spirituelle liegt jenseits der Religion."

Religionen, die uns am leichtesten mit dem Göttlichen verbinden, basieren auf der Psychologie und Philosophie eines spirituellen Optimismus, dem wir uns in diesem Buch später zuwenden werden. Religionen, die versuchen, uns zu kontrollieren, indem sie Furcht erzeugen – daß wir schlecht sind, daß wir unsere Seelen verlieren könnten und daß nur sie (oder die besondere Form von Gott, die sie verehren) uns retten können –, führen zu spirituellem Pessimismus, der Angst, seelische Krankheiten, Minderwertigkeits- und Schuldgefühle nährt. Diese Art von Glauben belastet unsere psychische und physische Gesundheit. Obwohl Medizin und Psychologie in den letzten zweitausend Jahren der Religion aus dem Weg gegangen sind, halte ich es für an der Zeit, die drei Gebiete wiederzuvereinigen, um eine neue Psychologie des spirituellen Optimismus voranzutreiben, die ein wahrer Heiler von Körper, Verstand und Seele sein wird.

Ein exzellentes Beispiel dafür, wie Spiritualität und Medizin sich auf dem Spielplatz der Schuld begegnen können, erfuhr ich in der Klinik für Ganzheitliche Medizin. Ich arbeitete mit einem siebenunddreißigjährigen Patienten namens Bob, der, obwohl er sein Leben völlig umgestellt hatte, weiter an schwerer Migräne litt. Er meditierte mindestens dreimal die Woche, joggte täglich und verzichtete völlig auf Alkohol, Zucker, Koffein und das gelegentliche Rauchen von Marihuana. Ich bewunderte seine Disziplin und sein Verantwortungsbewußtsein – aber die Kopfschmerzen blieben. Irgend etwas fehlte.

Schließlich fragte ich Bob: „Worin liegt für Sie der Sinn des Lebens?" Nachdenklich geworden, wandte sich Bob sofort dem Thema Religion zu. Seine Eltern waren strenge Katholiken, die zutiefst Angst vor der Sünde hatten und von Gott als schrecklichem Richter sprachen. Besonders der Beichtstuhl hatte bei Bob ein Trauma erzeugt, und er fühlte sich eher bedroht als erleichtert, wenn er seine „sündigen" Taten einem Priester gebeichtet hatte. Schon Jahre bevor ich ihn kennenlernte, hatte er seine religiös geprägte Kindheit zunächst hinterfragt und dann abgelehnt. Trotzdem erzählte er mir, daß er immer noch tief an „eine Art höherer Macht" glaube, obwohl er nicht viel darüber nachdachte. Als er diese „höhere Macht" beschrieb, stellte sie sich als eine Art übelwollender Weihnachtsmann heraus, der gutes Verhalten belohnte und schlechtes bestrafte. Bob hatte die Religion seiner Kindheit zwar hinter sich gelassen, aber sie hatte ihn nicht verlassen.

Bob charakterisierte sich selbst als „genesenden Katholiken". Wenngleich viele Menschen, die katholisch aufwuchsen, positive, liebevolle Erfahrungen damit gemacht haben – Bob gehörte nicht dazu. Das Verhalten seiner Eltern, die Strenge der Nonnen, die seine Klosterschule leiteten, und die Betonung von Hölle und Verdammnis durch die Kirche: Diese Kindheitserfahrungen waren für Bobs Selbstwertgefühl vernichtend. Wir könnten ihn sogar als Opfer eines spirituellen Mißbrauchs bezeichnen. Wie bei jeder Art von Mißbrauch brachte Bobs strenge religiöse Erziehung das gleiche hilflose, pessimistische Verhalten hervor, das für ungesunde Schuld charakteristisch ist. In unseren gemeinsamen Sitzungen beschrieb mir Bob sein Talent, nahezu alles zu ruinieren – seine Ehe, seine Verkaufserfolge im Beruf (die normalerweise hervorragend waren, aber – wie alles – nicht immer „perfekt" sein konnten), sogar seine Kinder, die „in der Schule nicht gut genug waren". Alles war nur sein Fehler, und alles war hoffnungslos schiefgegangen. Das war die Geschichte seines Lebens. Bob glaubte, daß sein unerfülltes Leben vielleicht nicht direkt das Resultat einer Strafe

Gottes wäre, daß es aber zumindest die Folge einer Abweisung durch Gott war: Die Gnade hatte ihn verlassen. Bobs psychischer Pessimismus wurde durch seinen spirituellen Pessimismus verschlimmert. Mir wurde klar, daß Bobs körperliche Heilung so lange nicht vollständig sein würde, bis er nicht wieder mit seinem inneren Kern des Friedens und der Würde verbunden wäre, mit dem Ursprung, von dem seine Seele getrennt worden war. Daher schickte ich Bob zu einem Priester, der die Philosophie des spirituellen Optimismus vertrat. Die Prämisse dieser Philosophie lautet, daß Menschen von Natur aus gut sind, ein Teil des göttlichen Bewußtseins, also nicht schlecht sind und folglich keiner Buße bedürfen. Als Bob anfing, sich selbst für gut zu halten, seiner eigenen Liebe wert, und seine Verbindung zu einer größeren Quelle der Liebe, des Friedens und der Weisheit wiederherstellte, hörten seine Kopfschmerzen endlich auf.

Ungesunde Schuld als seelische Krankheit

In einem spirituell optimistischen Arbeitsbuch wird irgendwo die Frage gestellt: „Möchte ich recht haben, oder will ich glücklich sein?" Einer meiner Patienten bemerkte einmal dazu: „Ich möchte recht haben, weil mich das glücklich macht."
Recht haben gibt uns Sicherheit. Es beschützt uns vor der Angst, daß wir es nicht wert sind, geliebt zu werden. Diese Angst und dieser Zweifel bringen schuldbedingte Verhaltensweisen unterschiedlicher Art hervor wie Perfektionismus, übertriebenen Leistungswillen, Mangel an selbstbewußtem Vorgehen, das „Helfer-Syndrom" – das uns dazu bringt, uns um jeden zu kümmern, nur nicht um uns selbst –, und die Abhängigkeit von Rauschmitteln wie Drogen oder Alkohol oder die Sucht zu arbeiten oder sich zu verlieben, was unseren Schmerz über unsere kriti-

schen Selbstzweifel dämpft. Ängstlichkeit und Depression – Zustände, in denen wir denken, daß alles unser Fehler ist, und glauben, daß das Leben hoffnungslos ist – gehören ebenfalls zu den Symptomen ungesunder Schuld. Ebenso verhält es sich mit dem Zorn: Er erwächst aus dem Schmerz, den wir fühlen, wenn wir uns ungeliebt glauben.

Ungesunde Schuld ist eine Autoimmunkrankheit der Seele, die uns buchstäblich dazu bringt, unseren eigenen Wert als menschliches Wesen zurückzuweisen. Es handelt sich um ein Leiden, das die Lebensfreude raubt. Anstatt aus Liebe und Begeisterung heraus zu handeln, werden wir dazu gebracht, nur noch aus Selbstschutz zu agieren. Ungesunde Schuld schafft es, daß sich das Leben darum dreht, Angst zu vermeiden, statt um den Wunsch, Liebe zu empfinden. Schuld schafft eine Art optische Täuschung, die einen Kreislauf von Fehlern und Furcht verursacht, während Vergnügen und Glück in den Hintergrund treten. In der Folge verlieren sich auch Freude und Dankbarkeit, was wiederum Erschöpfung, negative Lebenseinstellung und Depressionen hervorbringt. In der Schuld sagen wir nein zum Leben.

Diesem Syndrom der ungesunden Schuld, das ich im nächsten Kapitel näher charakterisieren werde, hat man viele Namen gegeben. Ich habe Perfektionismus und übersteigerten Leistungsdrang bereits genannt, aber es gibt auch noch den Narzißmus, die scham- oder streßanfällige Persönlichkeit und die abhängige Persönlichkeit. In der Psychologie ist das als Charakterstörung bekannt, ein Problem, das durchdringender ist als eine Neurose, denn es ist eingewoben in das Netz unseres Denkens und unserer Entscheidungen. Schuld wird zu dem Stoff, aus dem wir gemacht sind, wird mehr als eine vorübergehende Verirrung wie etwa die neurotische Angst vor Hunden oder eine Phobie vor dem Überqueren von Brücken. Charakterstörungen werden im allgemeinen als chronische Verhaltensweisen angesehen. Wir können lernen, mit ihnen zu leben, aber sie sind gewöhnlich unheilbar. Wie ein Süchtiger können wir immer wieder rückfällig werden.

Ich stimme der Endgültigkeit dieser Anschauung nicht zu. Ich glaube, daß ungesunde Schuld heilbar ist – aber dazu ist ein psychologisches Äquivalent zur medizinischen Methode der Ära III nötig. Mittel der Ära-I-Methode, etwa Antidepressiva oder andere Medikamente, könnten die Depressionen, die manchmal mit ungesunder Schuld einhergehen, erleichtern. Eine Annäherung gemäß der Ära II – eine Form der Selbstbewertung und ein neues Bewußtsein für das Körper-Verstand-System wie Lesen, Tagebuchschreiben oder eine individuelle Gruppentherapie – könnte ebenfalls helfen. Aber diese Methoden allein reichen nicht. Wie in Bobs Fall muß auch die spirituelle Dimension in die Heilung mit einbezogen werden, wenn man dieses Äquivalent der chronischen Krankheit heilen will.

Mir ging ein Licht auf, als ich im Laufe meiner Forschungen einen Brief las, den der bekannte Psychiater C. G. Jung vor vielen Jahren an Bill W., einen der Gründer der Anonymen Alkoholiker, geschrieben hatte. Darin stellte Jung fest, daß Alkoholismus zu tief sitzt, als daß man ihn nur mit psychoanalytischen Methoden heilen könnte, und daß Bill W.'s einzige Chance in einer „spirituellen Umkehr" gelegen habe. Aus dieser Umkehr, die Bill W. erlebt hatte, entstanden die Zwölf-Punkte-Programme, nach denen die Anonymen Alkoholiker und andere Selbsthilfegruppen vorgehen und die als größte spirituelle Kraft im heutigen Amerika bezeichnet worden sind.

Ebenso wie viele Menschen, die ihrem Alkoholismus in gewisser Weise „dankbar" sind, weil die Befreiung davon sie dazu brachte, ihr Leben tiefer zu erfahren und mehr Freude daran zu finden, war ich dankbar für meine ungesunde Schuld. Ein uraltes Prinzip mahnt uns, in den dunkelsten, schmerzlichsten Zeiten unseres Lebens nach dem Heil Ausschau zu halten. Wir stoßen nicht ins Licht vor, indem wir unsere Schmerzen leugnen, sondern indem wir durch diese Phase hindurchgehen. Mein Frontalzusammenstoß war eine solche Phase. Sie führte mich in die dunkelsten Schlupfwinkel meiner selbst.

Der Arzt und Wissenschaftler William James, der Vater der amerikanischen Psychologie um die Jahrhundertwende, wählte den Ausdruck „Seelenkrankheit", um das Syndrom von ungesunder Schuld, chronischem Streß, Perfektionismus und den dabei auftretenden physischen Symptomen zu beschreiben. Wie Jung betonte er das Bedürfnis des Menschen nach spiritueller Umkehr, nach einer totalen Überprüfung unserer Stellung im Universum, damit eine Heilung der Seelenkrankheit und eine Rückkehr zu dem Zustand, den er „gesunde Gesinnung" nannte, stattfindet.

1901 wurde James gebeten, die berühmten Gifford-Vorlesungen in Religion an der Universität von Edinburgh zu halten. Das war die höchste Ehrung für einen Philosophen jener Tage. Die Vorlesungsreihe wurde unter dem Titel *The Varieties of Religious Experience* („Die Mannigfaltigkeit religiöser Erfahrungen") veröffentlicht. In diesem Werk diskutiert James die *New-Thought*-Bewegung, ins Leben gerufen von Dr. Phineas Parkhurst, dessen berühmteste Patientin, Mary Baker Eddy, einige seiner Prinzipien als *Christian Science* weiterentwickelte. Die *New-Thought*-Bewegung Mitte des achtzehnten Jahrhunderts weist verblüffende Ähnlichkeiten mit dem auf, was wir heute als *New-Age*-Bewegung bezeichnen. Doch schon damals waren diese Ideen nicht neu. Sie basieren auf der uralten Weisheit, daß das Ziel des Lebens darin liegt, die ewige Verbindung des individuellen Bewußtseins mit dem größeren Ganzen – der Seele Gottes – zu erkennen. James zitiert den Brief einer Frau, die durch die Prinzipien des *New Thought* geheilt worden war. Er klingt erstaunlich zeitgemäß. Das Verhalten, das diese Frau von den körperlichen und psychischen Beschwerden ihrer seelischen Krankheit heilte, ist eine gute Be-

schreibung der spirituellen anstelle einer religiösen Umkehr, die C. G. Jung als wesentlich für die Heilung tiefsit-
zender Abhängigkeiten oder Charakterkrankheiten bezeichnete. Die Frau schrieb an James:
„Das Leben erschien mir zeitweise schwierig. Ich brach
ständig zusammen und hatte einige Anfälle von der Art,
die man als nervöse Erschöpfung bezeichnet, mit
schrecklicher Schlaflosigkeit, die mich an den Rand des
Wahnsinns trieb; daneben hatte ich noch andere Probleme, besonders mit den Verdauungsorganen. Ich wurde
auf Rat der Ärzte von daheim fortgeschickt, habe alle
Arten von Medikamenten genommen, mit aller Arbeit
aufgehört, wurde aufgepäppelt und kannte wahrhaftig
alle Ärzte in meiner Nähe. Aber ich genas nie vollständig,
bis dieser ‚New Thought‘ von mir Besitz ergriff. Am meisten beeindruckte es mich, zu lernen, daß wir in einer
absolut konstanten Verbindung oder mentalen Berührung (dieses Wort scheint mir treffender zu sein) mit jener
Essenz des Lebens sein müssen, die alles durchdringt und
die wir Gott nennen. Das ist nahezu nicht zu erkennen,
wenn wir es nicht wirklich in uns leben, das heißt solange
wir uns nicht andauernd dem innersten, tiefsten Bewußtsein unseres wirklichen Selbst oder Gott in uns zuwenden, um von innen her erleuchtet zu werden – genauso
wie wir uns der Sonne zuwenden, um Licht, Wärme und
Stärkung zu empfangen.“
Die Beschreibung dieser Frau von ihrer erneuerten Verbindung mit dem Göttlichen ist ein wundervolles Beispiel
für eine spirituelle Umkehr, die von körperlicher Heilung
begleitet war. Wie wir später noch sehen werden, ist die
körperliche Genesung in manchen Fällen mit der spirituellen Heilung verbunden, obwohl beide nicht direkt aufeinander bezogen sind. Erleuchtete spirituelle Lehrer
sterben ebenso an Herzkrankheiten und Krebs wie wir
alle, während streitsüchtige Pessimisten, die Zigaretten
rauchen und Unmengen von ungesunden Hamburgern
essen, manchmal hundert Jahre alt werden. Und wir alle

werden, ganz gleich wie viele Sojabohnenkeime wir zu uns nehmen, wie viele Meilen wir joggen, wie viele Stunden wir meditieren und beten, irgendwann einmal sterben. Die Frage ist nicht, ob wir sterben, sondern wie wir leben.

Seelische Krankheiten heilen

Der folgende Witz wurde mir von einem klugen Freund und früheren Kollegen erzählt. Ich gebe diese Geschichte wieder als Metapher für unsere eigene Genesung.

Jesus und Moses sind beim Golfspielen. Sie stehen am Abschlag eines sehr langen Loches, und Jesus durchsucht seine Golftasche. Völlig überraschend zieht er ein Siebenereisen heraus.

„Jesus", sagt Moses, „das schaffst du nie mit einem Siebenereisen. Nimm doch lieber einen Driver."

Jesus lächelt und entgegnet: „Arnold Palmer schafft es." Dann schlägt er den Ball mit einem donnernden Schlag ab; er landet in der Mitte eines Wasserlochs. Moses bietet ihm großzügig an, den Ball zu holen und dem Freund einen Schlag zu schenken. Also schlendert Moses zu dem Wasserloch, teilt mit großer Geste das Wasser und holt den Ball heraus. Jesus stellt sich wieder an den Abschlag und nimmt abermals das Siebenereisen.

Moses jammert: „Du hast es doch schon mit dem Schläger probiert, Jesus. Glaube mir, das klappt nicht. Hier ist ein Driver."

Jesus schüttelt geduldig den Kopf und geht zu dem Ball. „Arnold Palmer schafft das", sagt er. Dann schlägt er den Ball scharf ab, und er segelt hoch und kurz, um wieder in dem gleichen Wasserloch zu landen. Diesmal geht Jesus selbst den Ball holen. Er geht zu dem Wasserloch, wandelt über das Wasser und holt den Ball heraus. Mittlerweile haben die nächsten vier Spieler zu ihnen aufgeschlossen und sehen sich das Spiel erstaunt an.

„Wer glaubt er denn, wer er ist?" fragt ein Mann. „Jesus Christus?"

„Nein", entgegnet Moses traurig. „Leider hält er sich für Arnold Palmer."

Wie der Jesus in dieser Geschichte verlieren viele von uns die Fühlung mit der uns innewohnenden göttlichen Natur – das unbegrenzte schöpferische Potential an Liebe, das uns der wirkliche Jesus zusicherte, könnte buchstäblich Berge versetzen. Statt dessen identifizieren wir uns mit unseren Fehlern und unserem Verlangen, „gut", „perfekt" oder zumindest „akzeptabel" zu sein. Wir suchen nach dem Wert dessen, was wir erreicht haben. Wir setzen verschiedene Masken und Haltungen auf, durch die wir uns liebenswert und aufgewertet fühlen – doch es bleibt immer eine innere Leere. Unsere Selbstkritik ist ein strenger Richter, indem sie uns sagt, daß wir nie gut genug, nie unserer eigenen Liebe würdig sind. Trotz allem, was wir erreicht haben, bleiben Frieden und Selbstakzeptanz schwer faßbar, und wir sind schuldbewußt und gestreßt. Wir haben vergessen, wer wir wirklich sind.

In den folgenden Kapiteln wollen wir die Wurzeln dieser mißverstandenen Identität freilegen und Wege suchen, unser Verhalten zu korrigieren. Ich glaube fest daran, daß der Schmerz der Schuld nichts anderes ist als ein Zeichen der Gnade, ein Anzeichen dafür, daß wir am falschen Ort nach unserer Wertschätzung suchen. Wir sind wie der Mann, der unter einer Straßenlaterne nach seinen Schlüsseln suchte. Als ein hilfsbereiter Passant ihm bei der Suche hilft und ihn fragt, wo genau er die Schlüssel verloren habe, deutet der Mann auf eine leere Parklücke auf der anderen Straßenseite. Als der Passant ihn daraufhin verständlicherweise fragt: „Warum suchen Sie dann hier nach den Schlüsseln?", erwidert der Mann: „Weil hier die Beleuchtung besser ist."

Die Genesung von der Schuld führt notwendigerweise unsere Aufmerksamkeit von der äußeren Welt in die innere. Diesen Zugang zu unserer Identität, wie viele Psychologen und Philosophen das Selbst nennen, finden wir, wann immer unsere Seele zur Ruhe kommt und wir im Augenblick verharren. Die Freude am Skifahren, Segeln, Gärtnern, Lesen oder Wandern lebt in uns und nicht in der jeweiligen Tätigkeit. Wenn wir Angst haben oder mit unseren Gedanken anderweitig beschäftigt sind, verliert die schönste Freizeitbeschäftigung ihren Reiz. Aber wann immer unser Selbstschutz-Panzer Risse bekommt – indem wir der Majestät eines Sonnenuntergangs, der Liebkosung unseres Körpers durch den Wind, der Herzlichkeit einer Umarmung die Ehre erweisen –, erfahren wir erneut das innere Vorhandensein von Freude und Liebe, die immer präsent sind. Unser Selbst ist wie ein Kieselstein, der auf dem Grunde eines Teiches liegt. Wenn das Wasser bewegt ist, können wir ihn nicht sehen, aber er ist trotzdem immer da.

Die Suche nach dem Selbst ist schon in den ältesten Überlieferungen als Ziel des Lebens bezeichnet worden. Sie wurde wieder und wieder in den Sagen, Märchen und religiösen Gleichnissen jeder Kultur thematisiert. In der Religion suchen wir nach dem Königreich Gottes, dem Himmel und dem ewigen Frieden. In den Sagen sehnen wir uns nach Camelot, suchen nach dem Goldenen Vlies und streben nach dem Heiligen Gral. Wir treffen auf die Urkräfte Gut und Böse, die gegeneinander kämpfen, und erkennen, daß auch wir dunkle und versteckte Aspekte in uns haben, gegen die wir kämpfen. Wir verstehen die Metapher, daß das Beste in uns sich nur dann entwickeln kann, wenn wir uns der Dunkelheit stellen.

Was kann uns sonst so anregen und uns helfen, die hypnotische Trägheit des alltäglichen Lebens zu überwinden? Sind nicht die Krise und der Schmerz die universellen Wecker? Indem wir uns unseren „dunklen" Seiten stellen, von denen wir dachten, daß sie der Liebe nicht würdig wären, lernen wir, ein ganzes, ein authentisches Leben zu leben. Wir nehmen uns die Energie aus dem, was C. G. Jung den „Schatten" nannte – diesen Seesack, der angefüllt ist mit abgelegten Teilen unseres Selbst und den wir unbewußt das ganze Leben lang hinter uns herziehen. In dem „Schatten" finden wir die Kraft, die es uns erlaubt, unser Leben voller Begeisterung, Erregung und Freude zu erfahren – den natürlichen Impulsen, die wir in der Kindheit verloren haben.

Indem wir die fehlenden Teile unseres Selbst wiederentdecken und zu einem psychologischen Ganzen werden, verändern wir gleichzeitig unsere Seele und werden auch spirituell vollständig. Die Blume des psychospirituellen Wachstums besteht aus liebevoller Freundlichkeit und Mitgefühl, der Fähigkeit mitzuleiden, die begrenzte Sphäre der persönlichen Betroffenheit zu verlassen und sich in das Leben eines anderen zu begeben. Im Mitgefühl – wie wir später entdecken werden – enthüllt der Geist in der Verbindung zweier Seelen seine Natur als Liebe, und wir erinnern uns daran, wer wir wirklich sind.

Sich zu erinnern bedeutet zurückzukehren – sich wiederzuvereinigen. In diesem Leben sind wir dazu aufgerufen, die Kräfte von Licht und Dunkelheit, Gut und Böse, der öffentlichen Maske und dem verborgenen Schatten wiederzuvereinigen. Das ist keine leichte Aufgabe. Es ist das, was Joseph Campbell die Reise eines Helden nannte. Wir sind alle potentielle Helden unseres eigenen Lebens. Am Ende der Reise – hoffentlich in diesem Leben – werden wir das innere Königreich erkennen. Wir werden uns daran erinnern, daß die Liebe die Quelle und der Grund unseres Seins ist. Wir werden uns daran erinnern, daß unser Selbst innig und ewig mit dieser Quelle verbunden ist. Unsere Freude, unsere Begeisterung und unsere Kreativität werden sich dann im Engagement für das Leben – mitsamt seinen unausweichlichen Schmerzen und seinen Freuden – ausdrücken.

Vielleicht hilft Ihnen dieses Buch, sich zu erinnern. Vielleicht werden Sie, während wir unsere Erfahrungen miteinander teilen, erkennen, daß Sie nicht allein sind.

Schuldgefühle, Scham und Selbstachtung

Eines Sonntags überreichten mir, unabhängig voneinander, sechs Patienten, zwei Freunde und mein Mann einen Zeitungsausschnitt, der das ernste Thema der ungesunden Schuld auf eine erfrischend leichte Art anging. Der Artikel trug die Überschrift: „Ein Reisender in Sachen Schuld".

Es geht um einen Mann, der in ein Ledergeschäft geht, um sich einen neuen Koffer für seine Schuldgefühle zu kaufen. Der alte war nämlich voll. Der Mann fand genau das richtige Gepäckstück, ein wunderschönes Exemplar: Es besaß Fächer für jede Art von Schuldgefühlen, die man sich vorstellen kann – Schuldgefühle, weil man zu hart gearbeitet oder Mist gebaut hat, Schuldgefühle, weil man nicht genug Geld verdient oder weil man zuviel Geld verdient, Schuldgefühle wegen erfolgreicher Geschäfte und Schuldgefühle wegen Mißerfolgen. Ich wurde ganz aufgeregt. Ich fragte mich, ob es wohl Platz genug für meine Lieblingsschuldgefühle gab wie zuviel Schokolade und nicht genug Sojabohnenkeime gegessen zu haben. Glücklich las ich weiter und erfuhr, daß dieser Koffer genug Platz für alle möglichen Schuldgefühle hatte. Er besaß sogar Räder, damit man ihn durch den Flughafen ziehen konnte!

„Gesunde" Schuld

Leider hat der Autor vergessen, uns zu sagen, wo er diese fabelhafte Erfindung gekauft hat – aber mir war sofort klar, daß ein paar Arten von Schuld nicht in den Koffer gepackt werden sollten. Manche Arten von Schuld sind eher als Aktivposten zu verbuchen. Sie verdienen unsere Aufmerksamkeit.

Schauen wir uns die Geschichte von Jennifer an, einer Studentin, die ich vor Jahren kennenlernte, als ich Mikroskopische Anatomie für Studenten der Medizin und Zahnmedizin lehrte. Während der ersten Klausur ertappte ich Jennifer bei dem Versuch, eine Antwort von dem Studenten am Pult vor ihr abzuschreiben. Ich ging zu ihr und bat sie, auf ihr eigenes Blatt zu schauen. Ein paar Stunden später erschien sie niedergeschlagen in meinem Büro. Mit zitternder Stimme erklärte sie mir, wie sehr sie sich dafür schäme, gepfuscht zu haben. Und das ist „gesunde Schuld".

Unsicher über ihre Leistungen im Medizinstudium, hatte Jennifer zugelassen, daß ihre Furcht ihre Urteilskraft dominierte. Wir redeten über den Druck des Studiums, das Verlangen vorwärtszukommen, wie man studieren und wann man um Hilfe bitten sollte. Wir redeten auch über Jennifers Motive für das Abschreiben und kamen auf ihre Unsicherheit zu sprechen, in der dieser Vorfall begründet lag. Jennifers gesunde Schuld und der psychische Schmerz, der sich dazu gesellte, ließen sie die Verantwortung für den Vorfall übernehmen: Sie gab zu, daß sie gepfuscht hatte. Sie machte sich ehrlich Gedanken über die Gründe ihres Tuns und kam letztlich zu dem Entschluß, so etwas nicht wieder zu tun.

Dieser Prozeß von Verantwortungsbewußtsein, Selbstbefragung und Verarbeitung der Vergangenheit erneuert und vertieft die Selbstachtung. Er wird Vergebung genannt. Vergebung schafft eine Veränderung in der Wahrnehmung, die es uns erlaubt, unsere Fehler als Chance zum Lernen zu betrachten und nicht als einen Beweis dafür, wie „schlecht" wir sind. Wie wir später diskutieren werden, sorgt die Vergebung dafür, daß die Früchte gesunder Schuld nicht in unseren „Seesäcken" lagern, sondern in dem, was die Familientherapeutin Virginia Satir unsere „Weisheitsschachteln" genannt hat. Indem wir den Schmerz, der die gesunde Schuld ermöglicht, zulassen, gelangen wir zu tieferer Selbsterkenntnis, Einfühlungsvermögen und spirituellem Wachstum.

In dem Maße, wie gesunde Schuld uns den Weg weist, unser Selbstbewußtsein zu vergrößern, unsere Schwierigkeiten zu lösen, unsere Partnerschaften zu verbessern und unsere Seele wachsen zu lassen, hält uns ungesunde Schuld in einer andauernden Bestätigung unserer vermeintlichen Unwürdigkeit fest. Ungesunde Schuld ist unproduktiv und Gift für unseren Seelenfrieden und die Fähigkeit, sich um uns und andere zu kümmern. Im Zustand ungesunder Schuld resultiert das schlechte Gewissen nicht aus einer konkreten Unterlassung oder einer bestimmten Handlung, sondern wir leben *dauernd* in einem Gefühl der Minderwertigkeit, ganz gleich, was wir tun oder nicht tun.

Der schmerzliche Zustand des Seins, in dem wir uns unzulänglich, verlogen, fehlerhaft oder unwürdig fühlen, wird „Scham" genannt. Menschen, die diese schmerzlichen Gefühle der Scham ständig vor sich selbst oder anderen zu verstecken suchen, leben im Zustand ungesunder Schuld. Sie tadeln sich für Dinge, die nicht ihre Fehler sind, nicht ihrer Verantwortlichkeit unterliegen oder sie nichts angehen. Lassen Sie uns im folgenden einen Blick werfen auf die Scham, die sowohl der gesunden als auch der ungesunden Schuld als Grundlage dienen kann.

„Gesunde" Scham als angeborene Reaktion

Jeder von uns kann sich an Ereignisse in seinem Leben erinnern, wo er bzw. sie sich geschämt hat. Folgendes geschah, als ich vierzehn war. Als ich an der Bushaltestelle vor der High-School stand, spürte ich plötzlich ein Rucken. Das entsetzliche Gefühl von rutschendem Nylon auf der Haut ließ mich knallrot werden. Ich war wie gelähmt vor Angst: Meine Unterhose rutschte mir unaufhaltsam die Beine hinunter. Im Geiste sah ich schon, wie alle auf mich zeigten: ein Depp, ein Trottel, ein Blödmann für alle Zeit. Zwei oder drei schreckliche Minuten lang – eine Ewigkeit – hörte ich schon die Witze, die man über mich reißen würde, die hämischen Telefongespräche und gehässigen Schwätzereien in Umkleidekabinen. Gott sei Dank wurde ich durch meine knubbeligen Knie und meinen langen Rock gerettet. Ich brachte mich hinter einem Busch in Sicherheit und tat, als würde ich meine Bücher durchsehen und herausfinden, daß eins fehlte. Es gelang mir, in die Schule zurückzukommen, noch ehe ich entdeckt wurde.

Scham fühlt sich an, als ob plötzlich unsere Verbindung mit der Welt gekappt sei. Das läßt uns gefühlsmäßig (wenn nicht sogar buchstäblich) nackt und bloßgestellt als etwas anderes zurück als das, für das wir uns hielten. Scham ist schockierend, schmerzhaft und isolierend. Sie zerstört die Brücke, die uns mit anderen verbindet, und läßt uns mit dem Gefühl der Verwundbarkeit und Einsamkeit zurück. Weil das Gefühl der Verbundenheit, der Zugehörigkeit zu anderen grundlegend für unser Verständnis von uns selbst ist, zerstört die Scham zeitweise unser Selbstverständnis. Sie ist eine besonders starke Emotion. Tatsächlich wurde Scham auch die „Meisteremotion" genannt, weil Erfahrungen, die wir in der Kindheit mit Scham gemacht haben, festlegen können, wie wir Emotionen während unseres restlichen Lebens wahrnehmen.

Scham ist angeboren. Wir lernen es nicht, wie man sich schämt. Es ist „serienmäßig" installiert, wie der Kampf- oder-Flucht- oder der Entspannungsmechanismus. Wenn wir uns schämen, halten wir plötzlich die Luft an. Die Augen sind niedergeschlagen, der Kopf gesenkt. Wir können uns eine Zeitlang nicht bewegen. Dieses Stillstehen kommt öfter vor als der Versuch, zu kämpfen oder zu fliehen. Anstatt daß das Blut in die Muskeln fließt, steigt es in die Haut, und wir werden rot – und enthüllen so oft unsere Verwundbarkeit gegen unseren Willen.

Scham ist eine wichtige Komponente der schmerzlichen Reue, die gesunder Schuld zugeordnet ist. Sie vermittelt uns die Erkenntnis, daß wir sozialen Normen Gewalt angetan haben, und ist deshalb wesentlich für die Entwicklung der Vernunft. In seinem umfassenden und gedankenreichen Buch *Healing the Shame That Binds You* bemerkt John Bradshaw, daß Scham schon im Kleinkindalter vorhanden ist, während Schuld erst später in der menschlichen Entwicklung auftritt. Im Alter von drei Jahren verinnerlichen wir gesellschaftliche Vorstellungen darüber, ob etwas richtig oder falsch ist in unserem eben erst entwickelten Moralkodex. Nach Meinung des Persönlichkeitstheoretikers Erik Erikson muß sich ein dreijähriges Kind dann mit widersprüchlichen Wünschen auseinandersetzen: Einerseits möchte das Kind seinen eigenen Weg gehen, andererseits will es auch die gesellschaftlichen Normen, die es bereits zum großen Teil verinnerlicht hat, respektieren.

Wenn dieses Stadium der psychosozialen Entwicklung vollendet ist, hat das Kind verstanden, daß seine eigenen Wünsche für ein größeres Ganzes sekundär sind. Es hat gelernt, was gesunde Schuld ist. Die Entwicklung von gesunder Schuld hängt von zwei Voraussetzungen ab: einem verinnerlichten Moralkodex und der Fähigkeit, Scham zu empfinden, die aktiviert wird, wenn dieser Kodex verletzt wird. Wenn das Kind es nicht lernt, gesunde Schuld zu empfinden, kann es kein vernunftgemäßes Handeln entwickeln – ein Verhalten, das Soziopathie oder Psychopathie genannt wird. Dann hat es entweder die Moralkodizes nicht richtig verinnerlicht, oder das Schamgefühl fehlt ganz oder wird unterdrückt. Dies ist bei vielen Kriminellen der Fall, die anderen ohne Gewissensbisse Schaden zufügen.

„Ungesunde" Scham als falsche Identität

Obwohl die Fähigkeit, Scham zu empfinden, normal und unerläßlich für die Entwicklung von gesunder Schuld, von Vernunft, Mitleid und Mitgefühl ist, kann sie auch ein Eigenleben führen, das nicht mit ihrer ursprünglichen Alarmfunktion beim Übertreten von Grenzen in Einklang zu bringen ist. Gershen Kaufman unterscheidet zwischen der Scham als einer vorübergehenden Empfindung, der normalen Reaktion auf jede plötzliche, unerwartete Bloßstellung, in der wir unser Gesicht verlieren, und der Scham als Identitätsmerkmal, einem Zustand, in dem wir uns im allgemeinen entfremdet, mangelhaft, verzweifelt und hilflos fühlen – und zwar nur selten als Reaktion auf ein spezielles Ereignis.

Scham als Identitätsmerkmal – das, was John Bradshaw vergiftende Scham nennt – beinhaltet, daß wir unsere wahre Identität und unseren wahren Wert als menschliches Wesen verloren haben. Da die Verbindung zu unserer Würde gekappt ist, fallen wir einer mißverstandenen Identität, über die wir bereits gesprochen haben, zum Opfer. Wir betrachten uns als fehlerhaft, als unwürdig. Das Selbstwertgefühl liegt gefährlich niedrig. Bradshaw assoziiert diese mißverstandene Identität mit einem selbsterstellten Glaubenskodex, der auf Scham basiert: „Ich bin als Mensch voller Fehler. Ich bin ein Versager." Aus dieser auf Scham basierenden Identität folgert schließlich: „Niemand könnte mich so lieben, wie ich bin.

Ich brauche etwas außerhalb von mir, damit ich vollständig bin."

Bradshaw beschreibt, wie dieses verdrehte Denken zu verschiedenen Formen von Suchtverhalten führt. Wir versuchen, unsere Stimmungen zu ändern und ein (zeitweiliges) Gefühl von Macht und Verbundenheit durch Alkohol, Rauschgift, Sex, Arbeit, Perfektionismus, Beziehungen oder auch durch Formen religiösen Glaubens und religiöser Rituale herzustellen, und suchen darin doch immer nur dasselbe: Selbstachtung und die Verbundenheit zu einem größeren, bedeutenderen Rahmen. Wir suchen sowohl nach unserem weltlichen Selbst als menschliches Wesen von Würde als auch nach unserem ewigen Selbst als Teil eines größeren Ganzen.

Ein Suchtverhalten kann nicht auf rein psychologischer Ebene therapiert werden. Suchtverhalten und die auf Scham basierende Identität, die ihm zugrunde liegt, sind Symptome von – sowohl William James als auch Gershen Kaufman haben es so genannt – seelischer Krankheit. Die Heilung einer seelischen Krankheit erfordert psychologische Selbsterkenntnis und eine Änderung des Verhaltens, aber sie verlangt darüber hinaus eine Wiedervereinigung mit Gott, der Quelle unseres Seins. Nur auf diese Weise kann das Problem der mißverstandenen Identität gelöst werden.

Scham und Spiritualität

Wir haben Spiritualität als Wiedervereinigung bezeichnet, oder, genauer gesagt, als Erinnerung an unsere ewige Verbindung mit einer Lebenskraft oder Macht, von der wir ein Teil sind. Wir leben, bewegen uns und haben unser Wesen ebenso in diesem größeren Medium, wie eine Welle ein Teil des Meeres ist. Diese Macht ist in uns und auch über uns. Daher sind wir mit allen Dingen und einer ergiebigen Quelle der Weisheit verbunden, zu der wir in Augenblicken der Inspiration und Intuition Zugang haben. In diesen Momenten kommt die Seele zur Ruhe, und wir ruhen in uns selbst. Es wird uns lebhaft bewußt, daß es sich bei der Lebenskraft um die emotionelle Energie handelt, die wir als Liebe beschreiben. Wir erkennen unsere Würde und spüren liebende Freundlichkeit uns selbst und anderen gegenüber. Spirituelle Verbundenheit stellt den Gegenpol zu dem isolierten, unwürdigen Gefühl ungesunder Scham dar.

Das Bedürfnis, die Seele wiedereinzugliedern, lebt in uns allen als großes Verlangen, obwohl wir spirituelles Verlangen nicht als solches erkennen würden. Das Verlangen nach Liebe, Frieden, Schönheit, Weisheit und Kreativität ist als spiritueller Wunsch bekannt. Aber auch das suchtartige Verlangen nach Vorankommen, Macht, Erkenntnis und materiellen Gütern, die uns liebenswert, akzeptabel, oder zumindest unbesiegbar machen und so die innere Scham beruhigen sollen, werden durch das spirituelle Verlangen nach Liebe motiviert.

Das Problem besteht darin, daß Suchtverhalten unser „falsches Selbst" stärkt, diese von Furcht bestimmten Charakterzüge und Verhaltensweisen, die wir in der Hoffnung annehmen, anderen gegenüber gut dazustehen oder zumindest den Schmerz unserer eingebildeten Nichtswürdigkeit zu betäuben. Je mehr wir uns mit dem falschen Selbst, von vielen Theoretikern als „Maske" oder die „Als-ob-Persönlichkeit" bezeichnet, identifizieren, desto mehr werden wir von dem wahren Selbst und von dem Verständnis der Lebenserfahrungen, die wir in unserer Seele aufbewahren, getrennt.

Dr. Charles Whitfield definiert das wirkliche Selbst, das im Gegensatz zu dem falschen oder auf Scham basierenden Selbst steht, in seinem Buch *Healing the Child Within*:

„Unser wirkliches Selbst ist spontan, umfassend, liebevoll, bereit zu geben und kommunikativ. Unser wahres

Selbst akzeptiert uns selbst und andere. Es spürt, ob die Gefühle freudig oder schmerzlich sein könnten. Und es drückt diese Gefühle aus. Unser wahres Selbst akzeptiert unsere Gefühle ohne Strafe und Angst und erlaubt ihnen, die Ereignisse des Lebens zu beurteilen und zu würdigen. Unser Selbst kann kindlich in der höchsten, reifsten und ausgeprägtesten Form des Wortes sein. Es muß spielen und Spaß haben. Und doch ist es verwundbar, weil es so offen und vertrauensvoll ist. Es ist völlig ergeben – sich selbst, anderen und schließlich dem Universum. Und es ist auch wiederum mächtig im wahren Sinne von Macht. Es ist auf eine gesunde Weise sich selbst gegenüber nachsichtig, es hat Vergnügen daran, zu umsorgen und umsorgt zu werden. Es ist auch offen für den ausgedehnten und geheimnisvollen Teil von uns selbst, den wir das Unbewußte nennen. Es schenkt den Botschaften, die wir täglich vom Unterbewußtsein bekommen, Aufmerksamkeit – wie Träumen, Kämpfen und Krankheiten. Da es wirklich ist, hat es die Freiheit zu wachsen. Und während unser abhängiges (falsches) Selbst es vergißt, erinnert sich unser wirkliches Selbst an das Einssein mit anderen und dem Universum." (S. 10 f.)

Erkenne dich selbst

Die spirituelle Suche nach Bedeutung, Weisheit, Verbundenheit und Liebe beginnt mit Selbsterkenntnis. Wir müssen das falsche Selbst und sein Gegründetsein in der Scham verstehen, um frei von Angst zu werden und anzufangen, unsere Persönlichkeit rund um das wahre Selbst aufzubauen. Das Problem der schamgeprägten Persönlichkeit ist, daß wir uns zu sehr schämen, um eine ehrliche innere Bestandsaufnahme zuzulassen. Sich selbst erkennen würde bedeuten, daß man die normalen Schwächen und Ängste, die jeder Mensch hat, zugibt.

Der uralte Rat „Erkenne dich selbst" ist schwer zu befolgen, wenn die Scham sich der eigenen Ehrlichkeit in den Weg stellt. Psychologische und spirituelle Traditionen stimmen darin überein, daß Selbsterkenntnis auf den Weg der Genesung von einer seelischen Krankheit führt. Uns selbst zu kennen bedeutet, uns zu akzeptieren, wie wir sind, ohne uns mit der Frage aufzuhalten, ob wir „gut" sind. Wie viele von uns leugnen ein Gefühl wie Wut nur deshalb, weil wir glauben, daß „nette" Menschen nicht wütend werden? Wut ist, wie jedes Gefühl, weder gut noch schlecht. Es gibt sie einfach. Gefühle sind Botschaften. Wenn wir sie unterdrücken, bleiben wir schlicht ignorant. Das macht uns aber noch lange nicht zu Heiligen.

Erst als ich lange Jahre gelitten hatte und an den Punkt gelangt war, an dem mein mangelndes Selbstbewußtsein – und demzufolge meine fehlende Selbsterkenntnis – mich mit Krankheit, kaputten Beziehungen, Angstgefühlen, Depressionen und Perfektionismus geschlagen hatte, gab ich nach und stellte mich dem inneren Schmerz der Scham. Es war – und ist – nicht einfach, die Schichten des Selbstschutzes, die sich um die Empfindung der Scham legen und Verhaltensmuster der ungesunden Schuld prägen, abzutragen. Es fällt mir manchmal immer noch leichter, mich in die Arbeit zu stürzen oder zu lesen, als schmerzlichen Gefühlen ins Auge zu schauen, die versuchen, mir eine Botschaft über meine Vergangenheit und deren Bezug zu meinem gegenwärtigen Verhalten zu übermitteln. Es fällt mir manchmal immer noch leichter, so zu tun, als wäre alles toll, wenn dem gar nicht so ist, oder Dinge zu tun, die ich nicht tun möchte, weil es so schwer ist, nein zu sagen. Aber ich habe gelernt, daß die Konsequenzen dieser Formen der Selbstaufgabe vernichtend sind. Im Augenblick mögen sie ja bequemer sein, aber sie machen die Zukunft nur um so schwieriger.

Der erste Schritt zu meiner eigenen Genesung von ungesunder Schuld und der Scham, die ihr zugrunde lag, war das Erkennen der Symptome. Wie gelingt es ungesunder Schuld, unsere Gedanken, Gefühle und Verhaltensweisen zu verzerren? Im Laufe der Jahre habe ich eine Liste von einundzwanzig Gedanken, Gefühlen und Verhaltensweisen zusammengestellt, die für ungesunde Schuld typisch sind und eine Definition anbieten, mit der man arbeiten kann. Indem wir zugeben, was wir fühlen – ohne uns dafür zu tadeln –, lernen wir, den Botschaften unserer Gefühle zuzuhören, befreien uns von unserer Vergangenheit und beginnen mit unserer psychospirituellen Genesung.

Wenn ich Ihnen im folgenden die Ausdrucksformen ungesunder Schuld nenne, dann gehen Sie sanft mit sich um, wenn Sie auf diejenigen stoßen, die Sie als für sich zutreffend empfinden. Sie bei sich selbst zu entdecken bedeutet keine Einladung zu noch größeren Schuldgefühlen, sondern eine Einladung zu mehr Selbst-Bewußtsein und zur Wiedervereinigung mit Liebe und Selbstbestimmung. Um Ihnen den Blick in den Spiegel zu erleichtern, habe ich die Liste ein wenig humorvoll aufbereitet, damit Sie nicht in Gefahr geraten, sich selbst allzu ernst zu nehmen.

Einundzwanzig Ausdrucksformen ungesunder Schuld

1. Ich bin überlastet

Sich mehr aufzuladen, als jeder vernünftige Mensch verkraften kann, ist eine allgemeine Ausdrucksform ungesunder Schuld. Zu viele Vorhaben, zuviel zu tun, nie genug Zeit. Diese Lebensweise, einer der Hauptgründe für Streß, wird noch verschärft durch das Problem, nicht nein sagen zu können – sowohl um unsere eigenen Bedürfnisse als auch um die Erwartungen anderer zu befriedigen. Überbelastung basiert auf der Illusion, daß wir unsere Selbstliebe und die Liebe von anderen wiedererlangen können, indem wir Pflichten übernehmen, die unseren Wert beweisen sollen. Im übrigen ist Überbelastung eine Sucht, die in uns die angstvollen, hohlen Gefühle betäubt, die unweigerlich an die Oberfläche kommen, wenn wir allein und ohne Ablenkung sind. Überbelastung ist ein Weg, unserem Schmerz auszuweichen. Sie blockiert den Prozeß der Genesung.

2. Ich mache mir häufig Sorgen

Es ist Mitternacht. Ihre Tochter hatte bis halb zwölf Ausgang, ist aber noch nicht zu Hause. Der Film könnte spät zu Ende gegangen sein, oder vielleicht amüsiert sie sich so gut, daß sie vergessen hat, auf die Uhr zu schauen. Vielleicht ist sie aber auch gerade in der Pubertät und lotet ihre Grenzen aus. Aber die wahrscheinlichste Erklärung für ihr Ausbleiben ist natürlich, daß sie vergewaltigt, gekidnappt, getötet oder zumindest bei einem Autounfall schwer verletzt wurde...

Die imaginierte Eskalation jedes beliebigen Ereignisses in eine Wahnsinnskatastrophe ist das, was der Psychologe Albert Ellis „Vergräßlichung" nannte. Als verblüffendstes Charakteristikum kann wohl gelten, daß keine objektive Ursache vorhanden sein muß, um zu entsetzlichen Schlußfolgerungen zu kommen. Diese Art von Sorge ist unsere nach außen projizierte innerste Angst – die vor der Selbstzerstörung. Wenn wir die Liebe nicht kennen, bleibt uns nur die Angst, und wir können uns nie sicher fühlen.

3. Ich muß einfach immer allen helfen

Die Reihen der berufsmäßigen Helfer – Krankenschwestern, Therapeuten, Sozialarbeiter – sind prall gefüllt mit Leuten, die ihren schuldgefüllten Koffer mit sich herumtragen. Vor ein paar Jahren, als ich mich noch im Frühstadium meiner Genesung befand, nannte mich ein Freund einmal eine professionelle Erlöserin. Damals machte mich das wütend, aber er hatte wirklich recht. Indem wir uns anderen zuwenden, versuchen wir eigentlich, ihnen die Liebe zu geben, nach der wir selbst verzweifelt verlangen. Aber da wir nicht wissen, wie wir uns selbst lieben sollen, gehen die Versuche, andere zu lieben und zu retten, meistens daneben. Das „Helfer-Syndrom" entspringt nicht der authentischen Zuwendung unseres eigenen Selbst zum Selbst einer anderen Person. Statt dessen ist es die Zuwendung eines ängstlichen Teils unseres Selbst zu dem ängstlichen Teil von jemand anderem. Dieser Vorgang läuft ab wie bei dem Blinden, der einen Blinden führt – beide werden in den Graben fallen.

4. Ich entschuldige mich ständig für mich selbst

Wenn die Absage Ihres Zahnarzttermins so vor sich geht, daß Sie fünf Minuten lang erklären, wie krank Ihre Schwiegermutter ist und daß niemand da ist, um ihr zu helfen, und daß es Ihnen wahnsinnig leid tut, solche Unannehmlichkeiten zu verursachen, und daß Sie alles in Ihrer Macht Stehende tun werden, damit Ihnen so etwas nie wieder passiert – dann stecken Sie wahrhaftig in Schwierigkeiten. Das Gefühl, daß jedermann über uns zu Gericht sitzt, läßt uns andauernd Entschuldigungen aussprechen, was uns oft absolut unbeliebt macht. Nichts, was wir tun, ist je gut genug. Das Geschenk, das wir ausgesucht haben, ist nicht genau das Richtige, deshalb erzählen wir Tante Sue, wie sie es umtauschen kann, noch ehe sie es überhaupt ausgepackt hat. Das Haus ist nicht sauber genug, und das Huhn, das es zum Abendessen gibt, ist eigentlich furchtbar... Und es tut uns leid, wirklich riesig leid!

5. Ich wache oft auf und habe Angst; manchmal habe ich tage- und wochenlang Angst

Wenn wir Glück haben, kommt die Angst erst morgens, und wir konnten wenigstens in der Nacht gut schlafen. Wenn wir Pech haben, passiert es mitten in der Nacht oder morgens ganz früh: Wir wachen auf, und das Räderwerk von Zweifeln und Sorgen beginnt im Kopf zu rattern – an Schlaf ist nicht mehr zu denken. Wir grübeln über die Vergangenheit, sorgen uns in bezug auf die Zukunft, werfen uns vor, was wir bisher falsch gemacht haben oder bald falsch machen könnten. Wir haben das Gefühl, überlastet zu sein, und geraten in Panik bei dem Gedanken, wie wir, um Himmels willen, alles noch rechtzeitig schaffen sollen und wer auf uns böse sein wird, wenn wir unserer Verpflichtung nicht pünktlich nachkommen können. Vielleicht hilft es, wenn wir uns klarmachen, daß unsere vielen Ängste im Grunde nur Masken für unsere Wut sind, eine Wut, die wir uns nicht erlauben wollen.

6. Ich gebe immer mir die Schuld, wenn etwas schiefgeht

Wenn Ihre Tochter in Algebra versagt, dann ist es *Ihr* Fehler, denn was immer Sie auch als Mutter oder Vater getan oder nicht getan haben, war einfach nicht gut genug. Wenn Sie Ihren Job verlieren, weil die Wirtschaft gerade in einer Krise ist und Ingenieure nicht gefragt sind, dann haben Sie nicht einfach Pech gehabt, und nie, niemals werden Sie das als Herausforderung betrachten: Es ist einfach furchtbar, und es ist einzig und allein Ihr Fehler, weil Sie dumm, faul, ein Schurke, ein Trottel oder sonst etwas sind, um das Ihre ständige Selbstkritik kreist. Diese Art von pessimistischem Denken ist ein Kennzeichen ungesunder Schuld und verstärkt das Gefühl der Hilflosigkeit, das für Scham grundlegend ist, immer mehr.

7. Es ist mir sehr wichtig, was andere Menschen über mich denken

Stellen Sie sich vor, daß Sie im Bett liegen und eine Unterhaltung in Gedanken Revue passieren lassen. Sie haben mal wieder das Falsche gesagt. Die bewußte Person liegt jetzt wahrscheinlich ebenfalls wach und denkt darüber nach, wie unsensibel, dumm oder naiv Sie sind. Schon bei dem Gedanken daran schämen Sie sich, obwohl Sie sich zum Zeitpunkt der Unterhaltung ausgesprochen wohl fühlten. Vielleicht haben Sie auch gerade ein Riesenprojekt beendet und sind ganz zufrieden mit Ihrer Leistung. Lobt man Sie, dann wächst Ihr Stolz – bringt aber irgend jemand auch nur die geringste Kritik vor, verpuffen all Ihre freudigen Gefühle. Kritik verstehen Sie nicht im Sinne eines Dialogs über Ideen, sondern als eine persönliche Anklage. Sie haben versagt. Eine solche Einstellung wird als „Bindung an Lob und Tadel" bezeichnet. Das bedeutet, daß wir anderen Menschen die Macht gegeben haben, unseren Status der Würde festzusetzen. Es bedeutet, daß wir ihnen hilflos ausgeliefert sind.

8. Ich kann es nicht ertragen, wenn andere Menschen wütend auf mich sind

Ihre Fühler tasten die Luft gleichsam nach Ärger ab. Die Chefin ist diese Woche still und in sich gekehrt. Ohne irgendeinen Anlaß kommen Sie zu dem Schluß, daß sie sich über Sie geärgert hat. Sie vergessen, eine Freundin zurückzurufen, obwohl Sie es versprochen hatten, und fühlen sich daraufhin so schuldig, daß Sie den Anruf immer weiter hinauszögern. Sie fürchten, daß sie wütend auf Sie sein könnte – deshalb ziehen Sie sich zurück und machen aus einem harmlosen Versehen eine wirklich unangenehme Situation.

Wenn wir mit Wut und Ärger anderer Menschen konfrontiert werden, fühlen wir uns so verletzt und überwältigt, daß wir fast alles tun würden, um die Sache beizulegen und uns wieder lieb Kind zu machen – wir lügen, betrügen und werfen unsere moralischen Grundsätze über Bord. Nichts ist so wichtig wie das Überleben, und die Wut anderer scheint es direkt zu bedrohen. Als kleine Kinder glaubten wir, unser Überleben hinge davon ab, daß wir liebenswert waren – und tief in uns glaubt das verängstigte Kind immer noch daran, daß eine auf uns wütende Person Macht über Leben und Tod hat.

9. Ich bin nicht so gut, wie jeder glaubt. Ich habe nur alle zum Narren gehalten

Eines schönes Tages werden die Leute herausfinden, daß wir in Wirklichkeit gar nicht soviel wissen, uns soviel sorgen, so sehr lieben, wie sie immer gedacht haben. Wir sind richtige Schwindler. Wir haben es nur den Umständen zu verdanken, daß wir so weit gekommen sind. Die meisten anderen Menschen in unserer Position sind wirklich viel gerissener und viel kompetenter als wir. Psychologen nennen diese Haltung das „Hochstaplersyndrom".

10. Immer bleibt alles an mir hängen

Wir versuchen so verzweifelt, „gut" zu sein, daß wir oft zwanghaft Extraarbeiten übernehmen. Zu Hause, im Büro oder beim Schulfest schuften wir doppelt soviel wie Kollegen, Familie oder Freunde. Außerdem mischen wir uns öfters in Dinge ein, die uns gar nichts angehen, und erledigen sie, noch bevor die anderen überhaupt Gelegenheit dazu hatten – nicht ohne zu vergessen, unsere Bemühungen auch weidlich herauszustreichen. Dieses Verhaltensmuster erzeugt unausweichlich Streit, denn es zwingt andere Menschen in die Rolle des „Aggressors", während wir darauf bestehen, das „Opfer" ihrer scheinbaren Unsensibilität uns gegenüber zu sein. Bekannt ist diese Haltung als „Märtyrerkomplex", und sie macht uns garantiert in weiten Kreisen unbeliebt. Schließlich lechzen nur wenige Menschen danach, die Rolle des faulen, undankbaren Gegenübers zu spielen, das der Märtyrer für seine Selbstdarstellung braucht.

11. Ich habe nie Zeit für mich selbst

Wie könnten Sie auch? Ungesunde Schuld treibt uns an, emsig zu arbeiten, allen zu helfen, die Welt zu retten, die Spülmaschine auszuräumen und uns darüber zu sorgen, daß wir einfach keine Zeit haben. Wir stehen immer an letzter Stelle auf unserer Liste. Selbst wenn wir wissen, daß ein wenig Besinnung, Meditation oder einfach nur

Faulenzen uns guttun würden – immer ist irgend etwas anderes dringender. Die Bedürfnisse anderer haben immer Vorrang vor unseren eigenen Bedürfnissen, was das niedrige Selbstbewußtsein widerspiegelt, das eine schamfixierte Identität kennzeichnet. Indem wir uns auch noch die Zeit versagen, die wir für unsere Regeneration – sowohl seelisch als auch körperlich – brauchen, verstärken wir das Gefühl der Isolation und Hilflosigkeit, das ungesunder Schuld zugrunde liegt. Wenn wir keine Zeit dafür haben, am Strand spazierenzugehen oder einen Sonnenuntergang zu genießen, wenn wir keine Zeit dafür haben, in uns hineinzuhorchen, dann leben wir nicht wirklich. Und wir sind nicht wirklich glücklich.

12. Ich denke ständig, daß andere Menschen besser sind als ich

Als ich gerade anfing zu lernen, wie man Gewebeproben in hauchdünne Scheibchen schneidet, um sie unter dem Elektronenmikroskop betrachten zu können, wollte ich es sofort perfekt machen. Der Vorgang war ziemlich kompliziert und forderte eine ruhige Hand. Mein Professor erledigte es im Handumdrehen, und ich war neidisch auf die Leichtigkeit, mit der er arbeitete. Als ich bei ihm über meine Langsamkeit klagte, überraschte mich seine Antwort wirklich. „Sie sind selbstgefällig", bremste er mich. „Ich mache das jetzt seit zwölf Jahren, und Sie wollen nach einer Woche so gut sein?" Beim schuldbewußten Denken stellen wir uns ständig auf den Prüfstand, beurteilen Erfolg und Versagen und vergleichen uns mit anderen. Neid und Konkurrenzdenken sind die Folgen.

13. „Müssen" und „sollen" sind meine Lieblingswörter

Vielleicht sitzen Sie gerade im Wohnzimmer und entspannen sich vor dem Fernseher. Plötzlich fallen Ihnen die beiden Telefonanrufe ein, die Sie versprochen haben. Ohne auch nur darüber nachzudenken, springen Sie aus dem Sessel und nehmen den Hörer ab. Wieder haben Sie die Bedürfnisse eines anderen vor Ihre eigenen gestellt. Oder Sie haben vielleicht Freunde zum Abendessen eingeladen. Den ganzen Nachmittag über putzen und kochen Sie wie besessen. Wenn Ihr Besuch eintrifft, würden Sie sich lieber entspannen und sich unterhalten, aber Sie müssen zurück in die Küche und nach dem Essen schauen. Kein Wunder, daß Sie sich an diesem Abend eher angespannt und gestreßt als locker und ruhig fühlen. Sie sind auf dem besten Weg, eine wunderbar funktionierende „menschliche Maschine" zu werden, wie John Bradshaw es nennt – und verbieten sich die Freude, ein „menschliches Wesen" zu sein.

14. Ich kann keine Kritik vertragen

Selbst simple haushaltstechnische Fragen werden oft als kritische Angriffe verstanden, die einen sofortigen Selbstschutz erfordern. Der folgende Dialog ist typisch: „Hör mal, Liebes, hast du es geschafft, heute den Dachdecker anzurufen?" – „Den Dachdecker anrufen? Wie denn? Schließlich bin ich seit halb acht heute morgen unterwegs. Ich bin erst gegen achtzehn Uhr aus dem Büro gekommen – wir hatten so viel zu tun, daß ich keine Minute freihatte, um einen Anruf zu erledigen. Ich bin total erschöpft. Ich hatte noch nicht einmal Zeit zum Mittagessen. Und dann hatten wir keine Milch, kein Brot, keine Eier und kein Katzenfutter mehr im Haus, so daß ich auch noch in den Supermarkt mußte. Du weißt doch, wieviel ich zu tun habe." Weil eine Antwort dieser Art wie eine Anklage klingt – wie kann er bloß nach dem Dachdecker fragen, wo er doch weiß, wieviel Sie zu tun haben –, ist Ihr Partner jetzt gekränkt. Wir glauben, daß Selbstverteidigung uns vor der Zurückweisung und dem Verlassenwerden, die wir so fürchten, schützt. Tragischerweise besteht unsere Verteidigung darin, daß wir den anderen genauso zurückweisen, wie wir es von ihm befürchten.

15. Ich möchte immer perfekt sein

Sie schreiben eine Klausur und erreichen neunzig Prozent der möglichen Punkte. Sind Sie glücklich? Nicht, wenn Sie ein Perfektionist sind. Anstatt sich über die neunzig Prozent, die sie erreicht haben, zu freuen, klagen Perfektionisten lieber darüber, daß sie zehn Prozent nicht geschafft haben. Niemand kann die ganze Zeit über sein Bestes geben, aber Perfektionismus verlangt genau das: Als eine Strategie, die wir entwickeln, um uns Liebe und Zustimmung zu sichern, ist er tief in unserer Kindheit verwurzelt. Als ein emotionales, nicht rational begründetes Verlangen kann der Perfektionismus nur durch die Rückkehr zu den Wurzeln der Kindheit korrigiert werden.

16. Es macht mir Sorgen, daß ich so selbstsüchtig bin

Obwohl Sie so viel Zeit opfern, um anderen Menschen zu helfen, werfen Sie sich insgeheim vor, daß Sie selbstsüchtig sein könnten. Sie sind oft wütend auf die Menschen, denen Sie helfen, weil Ihre Hilfe Ihnen so wenig Zeit und Energie für sich selbst läßt. Anstatt aber Ihre Wut als Signal dafür zu erkennen, daß die Dinge aus dem Gleichgewicht geraten sind, interpretieren Sie sie als ein unpassendes Gefühl, das Sie nicht haben sollten. Denn ist es nicht wahre Größe, seine eigenen Bedürfnisse hintanzustellen in dem Bestreben, anderen zu helfen, auch wenn man dabei zusammenbricht? Ein guter Freund hat mich einmal daran erinnert, daß selbst Mutter Theresa Mitschwestern hat, die ihr helfen! Wenn Sie zunächst einmal *Ihre* Bedürfnisse erkennen, werden Sie anderen helfen können, wenn man *Sie* braucht, nicht, wenn Sie *es* brauchen. Das ist gesunder Menschenverstand, keine Selbstsucht.

17. Ich hasse es, wenn mir jemand hilft oder ich um Hilfe bitten muß

Vielleicht stehen Sie gerade in einem Aufzug und haben beide Hände voll. Anstatt jemanden zu bitten, den Aufzugknopf für Sie zu betätigen, drücken Sie ihn mit der Nase. Ihre Schwiegereltern sind für eine Woche zu Besuch. Anstatt sie zu bitten, Ihnen beim Putzen und Spülen zu helfen, damit man danach gemeinsam etwas unternehmen kann, versuchen Sie alles selbst zu machen. Am Ende der Woche sind Sie wütend und erschöpft... Die meisten schuldbeladenen Menschen finden es viel leichter zu geben als zu nehmen, und für sie ist es nahezu unmöglich zu nehmen, wenn sie darum bitten müssen. Doch Geben und Nehmen sind die Pole, zwischen denen sich Liebe entwickelt. Deshalb ist die Weigerung, etwas anzunehmen, kein Akt der Großzügigkeit, sondern es handelt sich um eine versteckte Art der Selbstsucht, die den Fluß der Liebe eindämmt und uns von Gott trennt.

18. Ich kann mich nicht über Komplimente freuen

„Oh, was für ein tolles Kleid!" – „Ach, das hat mir nur meine Schwägerin vererbt. Sie hat einen wirklich guten Geschmack, was Kleider angeht." Kommt Ihnen diese Situation bekannt vor? Die selbstabwertende Antwort auf Komplimente ist ein faszinierendes Paradoxon. Einerseits sehnen wir uns danach, vollkommen zu sein, und hungern nach Bestätigung. Wenn diese uns aber zuteil wird, lehnen wir sie ab und richten unsere Aufmerksamkeit statt dessen auf mögliche Unvollkommenheiten, die das Kompliment abschwächen könnten. Die folgenden Antworten auf Komplimente könnten Ihnen bekannt vorkommen: Sie haben das Kleid im Schlußverkauf erstanden, und es ist wirklich nicht so toll, wie es aussieht. Sie haben es in einer Boutique gekauft und schämen sich, weil Sie so viel Geld dafür ausgegeben haben. Sie haben es gekauft, obwohl Ihnen diese Farbe überhaupt nicht steht. Es ist zu schick für diese Gelegenheit. Es ist zu einfach für diese Gelegenheit. Es ist genau passend für diese Gelegenheit, aber es ist unpassend für dieses Wetter, das sich plötzlich geändert hat. Sie haben fünf Pfund zugenommen, und es sitzt viel zu eng. Sie haben fünf Pfund abgenommen, und es betont Ihre Figur nicht. Sie haben sowieso einen lausigen Geschmack, und das Kompliment war eine Lüge ... Erinnern Sie sich an den Koffer für Ihre Schuldgefühle? Sie brauchen einen ganzen Koffer alleine für Ihre Schuldgefühle in bezug auf Ihre Kleidung!

19. Ich denke manchmal, daß ich jetzt – oder in der Zukunft – für meine Sünden bestraft werde

Wenn irgend etwas Schlimmes passiert, dann macht der psychologische Pessimist immer sich selbst dafür verantwortlich. Der Psychologe Martin Seligman beschreibt den Pessimismus als eine selbstkritische, hilflose und Hoffnung ausschließende Haltung, die immer ausdrückt: „Es ist alles mein Fehler. Ich mache immer alles falsch." Der spirituelle Pessimist geht sogar noch einen Schritt weiter: „Es ist alles mein Fehler, und diese schlimme Sache passiert, weil Gott mich für meine Sünden bestraft." Wie wir später sehen werden, neigt der psychologische Pessimist dazu, an einen richtenden, strafenden Gott zu glauben. Spiritueller Pessimismus schwächt unsere Lebensenergie und läßt uns zu Gefangenen der Angst, Hilflosigkeit und Schuld werden. Er ist die Antithese zum spirituellen Optimismus, der auf dem inneren „Wissen" um einen Gott der Liebe basiert und auf dem Glauben, daß die schlimmen Vorfälle im Leben keine Bestrafung darstellen, sondern statt dessen die Möglichkeit bieten, die Seele wachsen zu lassen.

20. Ich sorge mich sehr um meinen Körper

Schuldbewußte Menschen neigen sowohl zu Krankheiten als auch zur Hypochondrie. Fünfundsiebzig Prozent der Arztbesuche finden aufgrund streßbedingter Krankheiten statt, wie Erschöpfung, Muskelverspannungen, Magenschleimhaut- und Herzmuskelentzündungen, erhöhte Neigung zu Infektionen, Allergien und Immunschwäche. Schuldbewußte Menschen tendieren auch dazu, ihre Schmerzen und Wehwehchen zu dramatisieren – wie etwa die Rückenschmerzen, die Sie seit letzten Montag haben. Sie könnten sie sich beim Reifenwechsel oder beim Putzen zugezogen haben, oder vielleicht ist es auch eine Verschleißerscheinung, die im Alter eben auftreten kann. Aber höchstwahrscheinlich ist es Krebs. Jetzt sind Sie dran! Aber seien Sie nicht traurig, wenn die Rückenschmerzen wieder verschwinden. Morgen oder nächste Woche fühlen Sie sich vielleicht abermals krank: Das könnte dann Streß, eine Mittelohrentzündung oder vielleicht auch multiple Sklerose sein. Nun ja – nach reiflicher Überlegung entscheiden Sie sich dafür, daß ein Hirntumor die Ursache ist! Indem man sich Sorgen um seinen Körper macht, verdrängt man die Sorgen, die man sich eigentlich um seinen emotionellen Zustand machen müßte, und kann erfolgreich den Schmerz der inneren Scham betäuben.

21. Ich kann nicht nein sagen

„Nein" – dieses kleine Wort erfüllt den Schuldbewußten mit tiefer Angst. Weil wir so verzweifelt Bestätigung suchen, ist es ein fürchterliches Risiko, nein zu sagen, denn man könnte uns ja für schlecht oder selbstsüchtig halten. Man könnte gekränkt oder wütend auf uns sein. Und es besteht ja auch gar kein Grund, nein zu sagen, denn unsere ganze Freude besteht doch darin, anderen zu helfen. Ansprüche auf Freiraum stellen wir doch gar nicht – warum sollten wir uns dann die Mühe machen, nein zu sagen? Das bringt uns doch nur Angst und Zurückweisung ein.

Scham und Selbstwertgefühl

Der Psychologe Nathaniel Branden nennt das Selbstwertgefühl das Ansehen, das wir bei uns selbst genießen. Wenn wir unser Leben aus einem Schamgefühl heraus leben und uns für nichtswürdig halten, ist dieses Ansehen gering – und das Resultat ist ein geringes Selbstwertgefühl. Unsere Beziehung zu uns selbst ist zerrissen und belastet.

Während Menschen an sich selbstbewußt – fähig zur Bewußtheit ihres Selbst – sind, besteht eine der ersten Nebenwirkungen der Scham darin, daß sie unser Selbstbewußtsein verringert. Weil das tiefe Gefühl der Unzulänglichkeit, das mit der Scham Hand in Hand geht, zu stark ist, als daß man es bewußt ertragen könnte, entwickeln wir psychische Verteidigungsmechanismen, die uns vor unserer eigenen Selbstkritik und unserem zerstörerischen Urteil schützen sollen. Weil zum Beispiel unsere eigene Wut uns erschreckt, tendieren wir dazu, sie nach außen zu projizieren und andere Menschen als wütend, aggressiv, unfair, rechthaberisch, überheblich oder gemein anzusehen. Indem wir uns selbst als die Opfer von anderen sehen, können wir die Realität – daß wir nämlich in Wirklichkeit unsere eigenen Opfer sind – leugnen. Je stärker wir an diesem Irrtum festhalten, desto tiefer sitzen wir in der Falle.

Die Genesung von ungesunder Schuld und falscher Scham und die Aufwertung seines Selbst beginnt mit dem Willen, sich seiner selbst bewußt zu werden, ehrlich mit seinen Gefühlen und Gedanken umzugehen – womit wir uns in den folgenden Kapiteln näher befassen wollen. In seinem Buch *Honouring the Self* (dt. *Ich liebe mich auch*) faßt Branden die Fähigkeiten der Bewußtheit, die wir willentlich praktizieren müssen, wenn wir unseren Selbstwert heben wollen – er nennt dies „das Lernen, das Selbst zu ehren" –, zusammen. Das Selbst zu ehren heißt für ihn:

- uns dafür zu entscheiden, in unser Inneres hineinzu-horchen
- die Bereitschaft aufzubringen, unabhängig zu denken, nach unseren Vorstellungen zu leben und überhaupt erst einmal den Mut zu haben, eigene Vorstellungen und Urteile zu entwickeln
- nicht nur zu wissen, was wir denken, sondern auch, was wir fühlen, was wir wollen, brauchen, verlangen, an was wir leiden, was uns ängstigt oder wütend macht (und zwar in dem Bewußtsein, solche Gefühle auch akzeptieren zu dürfen)
- sich selbst anzunehmen, zu akzeptieren, was wir sind, ohne Selbstunterdrückung oder scharfe Selbstkritik, ohne irgend etwas über unser wahres Sein vorzutäu-schen, weder uns selbst noch irgendeinem anderen
- authentisch zu leben, aus innerster Überzeugung und Gefühlen heraus zu sprechen und zu handeln
- unverdiente Schuld nicht zu akzeptieren und unser Bestes zu tun, eine Schuld, die wir auf uns genommen haben, wiedergutzumachen
- sich klarzumachen, daß wir nicht hier auf Erden sind, um nach den Erwartungen eines anderen zu leben
- uns zu freuen über unser eigenes Leben, unsere Mög-lichkeiten, zu wachsen und Freude zu erfahren, unsere potentiellen Kräfte zu entdecken und zu erforschen.

Die Überwindung der Tyrannei des Schwarzweißdenkens

Unser verzerrtes Denken resultiert daraus, daß wir ver-gessen haben, wie sehr wir Wesen der Liebe, der Würde und der Weisheit sind. Diesem fehlgeleiteten Denken liegt die Angst zugrunde, schlecht zu sein, was dazu füh-ren könnte, zurückgewiesen und verlassen zu werden. Für ein Kind sind Ablehnung, Zurückweisung und Verlassenwerden gleichbedeutend mit dem Tod. Diese tiefsitzende Angst löst eine strenge mentale Kontrolle aus, einen psychischen Verteidigungsmechanismus, der unsere Gedanken, Gefühle und Verhaltensweisen in zwei Kategorien aufteilt – gut oder schlecht, schwarz oder weiß, sicher oder unsicher. Wir sind also entweder perfekt oder vollkommene Versager, entweder Heilige oder Sünder, und an diesen Kategorien messen wir ebenso streng auch andere Menschen. Die mit dieser Zweiteilung einhergehende Selbstkritik, der Selbstbetrug und der Verlust der Selbst-Bewußtheit lassen uns hilflos, machtlos, beschämt, wütend und voll Angst zurück – ein stolzer Preis dafür, als „gut" anerkannt zu werden.

Der ungesunden Schuld können wir nur dann wirklich auf den Grund gehen, wenn wir die Palette von Grautönen, die uns so menschlich macht, akzeptieren. Niemand ist ganz schwarz oder ganz weiß. Wir sind ein Verbund – ein Mosaik von unterschiedlichen Gedanken, Gefühlen und Verhaltensweisen. Jeder von uns handelt in bestimmten Bereichen ausgewogener als in anderen. Das macht uns nicht „schlecht" – es bedeutet nur, daß wir unsere „Ecken und Kanten" haben. Anstatt Begriffe wie gut und schlecht zu verwenden, ist es hilfreicher, in Begriffen wie bewußt und unterbewußt, Bewußtheit und Unbewußtheit zu denken. Je stärker wir uns unser selbst bewußt sind, desto erfolgreicher wird unsere Genesung von der Schuld sein. Zum Beispiel ist es typisch für ein schwach ausgeprägtes Selbstbewußtsein, die eigene Wut zu unterdrücken. Trotzdem erfolgt irgendwann einmal ein „unbewußter" Wutausbruch, der andere verwirrt und uns selbst ein schlechtes Gewissen beschert. Im Gegensatz dazu ist es eine bewußte Entscheidung, wenn man seine Wut erkennt, sie als positiv akzeptiert und sie auf eine Art und Weise ausdrückt, die weder sich selbst noch andere verletzt.

Es ist möglich, eine gute Mutter zu sein und trotzdem ab und zu einmal die Beherrschung zu verlieren. Wir können nett *und* egoistisch, liebevoll *und* gelegentlich rechthaberisch, eine nette Person *und* momentan sehr wütend sein. Und ganz egal, wer wir sind und wie sehr wir uns bemühen, zu einem Ganzen und selbstbewußt zu werden – wir machen immer Fehler. Wenn wir unser Menschsein mit offenem Geist und bewußt akzeptieren können, anstatt es aus Scham zu unterdrücken, werden wir eher in der Lage sein, Verhaltensweisen zu wählen, die unsere Freiheit und unser Glück vergrößern.

Indem wir die Tyrannei des strengen Entweder-Oder-Denkens ablehnen, werden wir flexibler, interessierter, verspielter und humorvoller. Wir werfen unsere Strenge, unsere Selbstgerechtigkeit und Pedanterie ab und befreien uns von unseren Verklemmungen. Lassen Sie einmal die Worte des folgenden Gedichts auf sich wirken, das in der ägyptischen Wüstenstadt Nag Hammadi mehr als 1600 Jahre vergraben lag und erst 1945 wieder ans Licht kam. Das Gedicht ist Teil einer Sammlung gnostischer Texte, die aus der Zeit um Christi Geburt datieren.

Ich bin nämlich die Erste und die Letzte.
Ich bin die Geehrte und die Verachtete.
Ich bin die Dirne und die Heilige.
Ich bin die Frau und die Jungfrau.
Ich bin die Unfruchtbare und doch Kinderreiche …

Ich bin das Wissen und die Unwissenheit.
Ich bin die Scham und die Keckheit.
Ich bin schamlos und ich bin beschämt.
Ich bin Stärke und ich bin Furcht.
Ich bin Krieg und ich bin Frieden.
Ich bin diejenige, die in Schande fällt, und die
Herrschende …
*Ich bin gottlos und ich bin die, deren Gott groß ist.**

---

* Aus: *Der Donner: Vollkommener Verstand,* in der *Nag Hammadi Library* herausgegeben von James M. Robinson; dt. in: ThLZ 98, 1973. Sp. 100

Vorschläge für den Leser

1. *Welche der charakteristischen Merkmale von ungesunder Schuld können Sie bei sich feststellen?*

2. *Nehmen Sie sich einmal eine oder zwei Stunden Zeit für sich selbst und schreiben Sie die typischen Kennzeichen Ihrer Schuld auf. Wenn möglich, teilen Sie Ihre Bestandsaufnahme einem Freund oder einem Verwandten mit, dem Sie vertrauen, oder sprechen Sie mit einem Therapeuten darüber.*

3. *Werden Sie sich Ihrer starren Bewertungskategorien bewußt. Achten Sie auf Schwarzweiß- oder Gut-Schlecht-Denken, und versuchen Sie, es zu überwinden. Ob Sie sich nun selbst oder andere beurteilen – erinnern Sie sich an das gnostische Gedicht: „Gut" oder „schlecht" besagt gar nichts, denn die ganze Natur, die menschliche Natur eingeschlossen, besteht aus Gegensätzen. Nur Bewußtheit und Selbstakzeptanz machen uns frei.*

Das Drama des Inneren Kindes

Als ich einmal mit der Frühmaschine aus San Franzisko nach Boston zurückflog, wurde ich plötzlich durch ein Prusten und Lachen aus dem Schlaf gerissen. Zwei Sitzreihen vor mir spielte ein Kind über die Lehne seines Sitzes hinweg selig mit einem Mann in den Achtzigern „Kuckuck". Innerhalb kurzer Zeit versammelte sich eine Gruppe von Passagieren um sie, die mit glänzenden Augen das Spiel der beiden verfolgten und ihre Freude teilten. Aus einander fremden, an der Beengtheit des Flugzeuges leidenden Reisenden wurden plötzlich Mitmenschen, die sich anlächelten, Blicke tauschten und sich Bemerkungen zuflüsterten. Es war ein Augenblick voller Zauber. Das „Natürliche Kind" in unserem Inneren, unser „Inneres Kind", erwachte für einen Moment und nahm teil an unserem Vergnügen.

Kinder sind in reichem Maße enthusiastisch – ein Wort, das aus dem Griechischen stammt und wörtlich „von Gott besessen" heißt. Da sie von Natur aus dem Augenblick leben, genießen sie das Leben spontan, so, wie es kommt. Es ist immer ein bißchen frustrierend für Eltern, wenn sie ihrem Kind ein Spielzeug kaufen und dann beobachten müssen, wie ihr Kind sich begeistert über die Zellophanverpackung hermacht! Wäre es nicht großartig, wenn auch Erwachsene wieder Freude an solch kleinen Dingen haben könnten? Die grenzenlose Dankbarkeit für das Leben macht Kinder so liebenswert und herzerfri-

schend. Kleine Kinder gehen an das Leben mit einer Art –
so Rabbi Abraham Heschel – „radikaler Begeisterung"
heran. Sie stehen in Einklang mit dem Geheimnis des
Lebens, das sie verkörpern, und sind entzückt davon. Sie
sind neugierig und aufnahmebereit für den immer wechselnden Fluß der Ereignisse.

Solange sich Kinder geliebt fühlen, ist ihre Freude selbst
in den schlimmsten Situationen offenkundig. Ich werde
nie meine Beklommenheit vergessen, als ich die Slums
von Bombay besuchte. Die Armut war überwältigend,
und von Hygiene keine Spur. Trotzdem war die Luft vom
Gelächter spielender Kinder erfüllt. Die Psychiaterin Eli-
sabeth Kübler-Ross erzählt bewegend von einer noch
schlimmeren Situation. Als sie nach dem Krieg die Kin-
derbaracken in einem der deutschen Vernichtungslager
besuchte, hatte sie erwartet, Zeichen des Schreckens vor-
zufinden. Statt dessen hingen die Wände voller Zeich-
nungen mit Schmetterlingen – einem alten Symbol für das
Göttliche. Die der menschlichen Seele innewohnende
Fähigkeit, selbst in widrigsten Verhältnissen zu blühen,
verdanken wir der Lebenskraft des „Natürlichen Kindes",
das in jedem von uns lebt und uns wortlos mit dem Göttlichen verbindet.

Eingeschränkte und bedingungslose Liebe

Im Laufe des Erwachsenwerdens wird das Natürliche
Kind, unser wirkliches Selbst – das göttliche Zentrum
unserer Persönlichkeit –, unter einem Schleier versteckt,
der aus Anweisungen, wie man sich liebenswert macht,
gesponnen ist. Wenn unser Wert davon abhängig ist, ob
wir uns mit unserem Verhalten und unseren Gefühlen in
vorgeschriebenen Bahnen bewegen, dann sind wir Opfer
einer „eingeschränkten Liebe". Schnell haben wir gelernt,
zuerst *die* Gedanken, Gefühle und Verhaltensweisen an-

zunehmen und zu äußern, die mit Liebe belohnt werden. Ebenso haben wir gelernt, diejenigen Teile unseres Selbst, die sich schämen, zu unterdrücken und zu leugnen. Durch diese Konditionierung verlieren wir die Fähigkeit, die Welt so zu erfahren, wie sie wirklich ist. Wir nehmen die Welt nur noch durch einen Filter wahr, und die Liebe, die wir empfangen oder nicht empfangen haben, bestimmt, wie dieser Filter aussieht.

Ich habe nie eine bessere Demonstration der „bedingungslosen Liebe" gesehen als in einem Dokumentarfilm über Mutter Theresa, in dem sie beim Umgang mit kranken und sterbenden Kindern gezeigt wird. Es gibt eine besonders bewegende Stelle in dem Film, wo Mutter Theresa sich um ein schwer spastisch gelähmtes Kind kümmert, das gerade im Sterben liegt. Sein aufgezehrtes Gesicht und die Glieder sind zu einer Maske des Schmerzes und einem Bild der Furcht verzerrt. Mutter Theresa legt ihm mit großer Zärtlichkeit die Hände auf und lächelt liebevoll in die angstgeweiteten Augen. Innerhalb von Minuten entspannen sich die Glieder des Kindes auf wundersame Weise, und sein Gesicht spiegelt Frieden und Freude wider. Das Natürliche Kind, das eine Zeitlang geschlafen hatte, wurde durch ihre Liebe wiedererweckt. Als ich diese Sequenz sah, erkannte ich, daß bedingungslose Liebe – die uns einfach nur gegeben wird, weil wir da sind – den Kreislauf vollendet, der uns mit dem Leben verbindet.

Das Bestreben, geliebt zu werden, ist in der Tat die grundlegende Voraussetzung für das Überleben. Ohne Liebe würden wir als Säuglinge sterben. Kinder, deren körperliche Bedürfnisse zwar befriedigt – sie werden gefüttert und gewickelt –, die aber nicht berührt und im Arm gehalten werden, mit denen nicht zärtlich geredet und auf die nicht reagiert wird, stellen buchstäblich das Wachsen ein. Ihre Hirnanhangdrüsen produzieren nicht mehr genügend Wachstumshormone, und sie wachsen, wenn überhaupt, nur sehr langsam. Dieses Phänomen tritt im allgemeinen bei Frühgeborenen auf, die isoliert in einem Brutkasten liegen. Heute wissen wir, daß diese winzigen Babys viel schneller wachsen und weniger zu Komplikationen neigen, wenn Krankenschwestern und Eltern sie mehrmals am Tag massieren und sie nicht in ihrer aseptischen Umgebung allein lassen.

Dieses Dahinsiechen – es wird Wachstumsverweigerungssyndrom genannt – findet sich ebenso in Säuglingsheimen, wo die Zuwendung nach Plan und nicht nach den Bedürfnissen der Kinder verteilt wird. Solche Kinder werden depressiv, ängstlich und können sich nur schwer eingliedern. Nach einigen Monaten in einer solchen Umgebung ziehen sie sich in ihre eigene freudlose Welt zurück und schreien entsetzt auf, wenn man sich ihnen nähert. Viele sterben sehr jung, und die, die überleben, tragen psychische Schäden davon. Diese bedauernswerten Kinder sind der traurige wissenschaftliche Beweis dafür, was wir alle tief in unserem Herzen schon wissen – daß Liebe die Lebenskraft selbst ist.

Glücklicherweise empfingen die meisten von uns genügend Liebe, um unsere Zellen wissen zu lassen, daß wir leben, aber viele von uns erhielten mit dieser Liebe auch konditionierende Botschaften. Wir gelangten zu der Überzeugung, daß wir nur geliebt wurden, wenn wir auf eine bestimmte vorgeschriebene Art und Weise handelten. Vielleicht waren wir liebenswert, wenn wir ruhig waren und Vater und Mutter nicht störten, gute Noten aus der Schule nach Hause brachten oder im Sport glänzten. Manche von uns haben gelernt, daß man uns nur liebte, wenn wir glücklich, aber nicht, wenn wir traurig oder wütend waren. Anderen wiederum wurde anerzogen, eine Fassade zu errichten, hinter der sich Familiengeheimnisse wie Sucht oder Geisteskrankheit verbergen ließen, damit die Familie in der Öffentlichkeit „normal" erschien.

Die interpersonelle Brücke

Liebe spiegelt die Wechselseitigkeit in einer Beziehung. Wenn ein Kind sich sein Hemdchen übers Gesicht zieht, es dann wieder herunterreißt und lachend „Kuckuck" ruft, wird die Mutter ebenfalls anfangen zu lachen. Das Baby hat die Aufmerksamkeit seiner Mutter gewonnen und sie in seinen Bann gezogen. Indem sie das Spiel fortführen, schaffen die beiden neue Rahmen, indem sie ihre Zuneigung füreinander ausdrücken. Sie spielen Neugier, Überraschung, Katz und Maus und antworten einander jeden Moment neu. Sie sind im Einklang miteinander, verbunden durch das gegenseitige Band der Liebe. Sie sind einander gegenwärtig. Im Vertrauen auf die Wechselseitigkeit ihrer Beziehung sind sie offen und kreativ. Obwohl in diesem Fall ein Partner ein Baby und der andere eine Erwachsene ist, verhalten sie sich zueinander wie ein Natürliches Kind zu einem anderen Natürlichen Kind: Selbst zu Selbst, Mittelpunkt zu Mittelpunkt, Freude zu Freude.

Der Psychiater Gershen Kaufman nennt das Band der Liebe und des Vertrauens zwischen zwei Individuen die „interpersonelle Brücke". Es ist der Eckstein menschlicher Verständigung. Wenn die Liebe diese Brücke schlägt, stehen wir in Verbindung mit unserem Herzen, unserem Zentrum. Wir spüren die Freude des Augenblicks. Wir sonnen uns in Frieden, Liebe, Freude und Vertrauen, weil das natürliche Licht des Selbst durchscheint. Das ist Glück, die höchste Hoffnung des menschlichen Wesens und der elementare Antrieb, aus dem alle Aktivitäten des Lebens unternommen werden. Interpersonelle Brücken sind die Grundlage für Vertrauen.

Für Erwachsene ist Vertrauen wichtig, für Kinder jedoch entscheidend, weil sie nur eine begrenzte Ahnung davon haben, wie die Welt funktioniert. Vertrauen bedeutet, daß die Welt beständig bleibt, daß man sich auf sie verlassen kann. Wenn heute der Himmel blau und die Wolken weiß sind, dann muß das Kind wissen, daß das auch morgen so sein wird. Wenn die Mutter Molly dafür lobt, daß sie heute ihre Spielsachen aufgeräumt hat, dann nimmt Molly an, daß Aufräumen der Mutter auch morgen Freude macht. Wenn sich Regeln plötzlich ändern, bricht das noch unsichere Bild des Kindes von der „Realität" zusammen, und es wird sich selbst für die schmerzlichen Gefühle der Verwirrung und der Scham, die nun folgen, verantwortlich machen. Ein kleines Mädchen, das die Mutter dadurch erfreut hat, daß es sein Kleid hochnahm und durchs Wohnzimmer tanzte, wobei die Unterhose hervorblitzte, wird plötzlich schockiert und beschämt sein, wenn es für dasselbe Verhalten im Supermarkt heftig gescholten wird.

Im Augenblick der Rüge hört die Welt auf, entsprechend den Regeln zu funktionieren. Die interpersonelle Brücke ist beschädigt. Das Kind ist verängstigt und fühlt sich isoliert, und es fragt sich, was es getan hat, um diese Katastrophe auszulösen. Wird die Mutter es jetzt verlassen? Wird sie für alle Zeiten böse sein? Bedeutet es, daß es nie wieder geliebt werden wird? Für ein kleines Kind, das nur so wenig über die Welt weiß und vollkommen abhängig von der elterlichen Fürsorge ist, ist die Zerstörung der interpersonellen Brücke so furchterregend wie der Tod.

Auf den plötzlichen Zusammenbruch der Realität, der aus der Zerstörung der interpersonellen Brücke resultiert, erwidert das Kind mit einer emotionalen Reaktion: der Scham. Als die Liebe die Brücke errichtete, fühlte es sich geborgen und sicher. Als die Liebe aufhörte, war die Brücke abgebrochen, das Kind isoliert, hilflos und ängstlich. Wenn wir uns schämen, sind wir der Gnade eines anderen ausgeliefert, von dem unser Überleben abzuhängen scheint. Als kleine Kinder gelangten wir zu dem Schluß, daß, ganz gleich aus welchem Grund wir uns schämten, der Fehler immer bei uns lag. Wir waren nicht gut genug. Die Welt brach *unseretwegen* zusammen. Kein

Wunder, daß die Scham der Kindheit das ungesunde Verlangen erzeugt, alles kontrollieren zu wollen.

Ich habe einmal eine Mutter beobachtet, die sich ihren Weg durch den Stadtverkehr bahnte, ihren acht oder neun Monate alten Sohn im Buggy vor sich herschiebend. Das Kind bemühte sich, sich aufzusetzen, um sich umschauen zu können. Schließlich ergriff es die Seitenlehne des Buggys und zog sich hoch. Froh und zufrieden schaute es in die Welt. Die Mutter allerdings dachte wohl, daß sie schneller vorankommen würde, wenn ihr Sohn flach lag. Sie ignorierte seinen Triumph und gab ihm einen sanften Schubs. Die Augen des Kindes wurden groß vor Überraschung. So sollte es in der Welt nicht zugehen! Es hielt schockiert die Luft an und begann dann mitleiderregend zu schluchzen. Glücklicherweise bemerkte die Mutter sein Entsetzen. Sie blieb stehen, nahm ihren Sohn hoch, tröstete ihn und stellte die interpersonelle Brücke wieder her. Dann setzte sie ihn aufrecht in den Buggy und ging weiter.

Dieses Baby hatte Glück. Manche von uns hatten andere Eltern: Sie waren zu beschäftigt, hatten ihre eigene Kindheit nicht bewältigt, waren vielleicht Alkoholiker, krank oder mißhandelten ihre Kinder körperlich, emotionell oder spirituell. Sie haben wahrscheinlich oft Brücken zerstört, ohne es überhaupt zu bemerken oder sich darum zu kümmern. Und selten haben sie innegehalten, um sie zu reparieren. Und selbst wenn die Eltern nur beste Absichten hatten, konnten sie unmöglich die ganze Zeit die Verbindung zu den Bedürfnissen ihres Kindes aufrechterhalten. Alle Eltern zerstören Brücken, manchmal nur so, daß sie leicht wieder zu reparieren sind, und manchmal endgültig. Das Leben ist ein Flickwerk von Brücken, die gebaut, zerstört und hoffnungsvoll wieder gekittet werden. Die uralte Weisheit, daß wir an unseren Bruchstellen am stärksten wachsen können, verleiht den Wunden, die wir unausweichlich erleiden, eine tiefere Bedeutung. Die tiefsten Lernerfahrungen im Leben kommen zustande, wenn wir die Gelegenheit nutzen, zerstörte interpersonelle Brücken auszubessern – wie wir es später diskutieren werden, wenn wir uns mit der Vergebung und dem Thema Beziehungen beschäftigen werden.

Scham und zerstörte Brücken: Stephanies Kindheit

Der Schmerz, der die Scham in uns verursacht und der von der Zerstörung der interpersonellen Brücke ausgeht, ist so groß und so lebensbedrohend, daß wir lernen, ihn um jeden Preis zu vermeiden. Wir lernen zu gefallen, Streit aus dem Weg zu gehen und unsere Gefühle zu leugnen, damit die Illusion einer Verbindung zu anderen Menschen erhalten bleibt. Ich sage Illusion, denn hat ein Kind erst einmal eine auf Scham gegründete Identität entwickelt – eine Persönlichkeit, die auf Selbstschutz aufgebaut ist anstatt darauf, Gemeinsamkeiten zu teilen –, dann kann es keine wirklichen interpersonellen Brücken mehr schaffen. Als Kinder lernen wir, daß wir uns vor der Zerstörung unserer interpersonellen Brücken nur dadurch schützen können, daß wir keine neuen mehr bauen. Die Einsamkeit und Isolation, vor denen wir uns schützen wollten, werden so zu unseren ständigen Begleitern. Schließlich sind wir ganz in dem Schmerz gefangen, den wir ursprünglich aussperren wollten. Vielleicht kann Stephanies Geschichte diesen Vorgang verdeutlichen.

Stephanie, eine bildhübsche Werbetexterin in den frühen Dreißigern, kam zu mir, weil sie unter schwerer Hypochondrie litt, zu der sich noch sehr reale Asthmaanfälle gesellten. Wir machten zwar Witzchen darüber, daß sie im Klub „Krankheit des Monats" sicher eines der eifrigsten Mitglieder sei, aber ihre dauernden Befürchtungen, Krebs, Aids oder eine andere lebensbedrohliche Krankheit zu haben, waren wirklich nicht zum Lachen – noch waren es ihre Asthmaanfälle, an denen sie seit ihrer Kindheit litt.

Als ihre Mutter plötzlich durch einen Unfall starb, war die fünfjährige Stephanie, ein Einzelkind, vollkommen verängstigt zurückgeblieben. Ihr wohlhabender Vater, selbst ein Kind schamfixierter Eltern, wußte nicht, wie er sich oder sein Kind über den Tod seiner Frau hinwegtrösten sollte. Er suchte Zuflucht in seiner Arbeit und überließ es einer Kinderschwester, sich um Stephanie zu kümmern. Stephanie verbrachte viele einsame Abende damit, bis acht oder neun Uhr auf ihren Vater zu warten, der dann aus dem Büro kam und wenigstens ein paar Minuten mit ihr verbrachte. Das häufige Versprechen, früher heimzukommen, hielt der Vater meist nicht. Nur Stephanies Asthmaanfälle brachten ihn dazu, sein Büro eher zu verlassen.

Nach dem Tod ihrer Mutter wurde Stephanies Asthma ständig schlimmer. Obwohl ich nicht glaube, daß Streß und Scham in der Kindheit Krankheiten hervorrufen, bin ich doch der Meinung, daß sie Krankheiten ausbrechen lassen oder verschlimmern können, wenn die Anlage dazu vorhanden ist. Die Krankheit kann sich als wichtiges Mittel für das Kind erweisen, mehr Fürsorge von den Eltern zu erlangen. Eine Krankheit kann für ein Kind zu einer Hauptquelle der Bindung und des Brückenbaus werden, weil sie eine sichere, kalkulierbare Struktur für die Eltern-Kind-Beziehung herstellt.

Erwachsene, deren Krankheit in der Kindheit die wesentliche Funktion hatte, Aufmerksamkeit und eine größere Nähe zu den Eltern zu erreichen, erfahren oft, daß die Krankheit schlimmer wird, wenn sie gestreßt sind oder das Bedürfnis nach emotioneller Unterstützung haben. Ihr Nervensystem ist darauf gedrillt, die Krankheit als Erwiderung auf Streß zu produzieren, weil sie die erwünschte Fürsorge hervorruft.

Alle Kinder, die in ihrer Scham allein gelassen wurden, leiden an emotionaler Verlassenheit und müssen Wege finden, sich ihre Bedürfnisse nach Bindung zu erfüllen. Der Tod von Stephanies Mutter war eine traumatische Form des Verlassenwerdens für die Fünfjährige. Die Erfahrung einer Scheidung mag ebenso traumatisch sein, vor allem wenn das Kind von dem Elternteil, der geht, nicht beachtet wird oder es zum Mittelpunkt eines Machtkampfes wird. Kinder fühlen sich oft verantwortlich für Krankheit, Scheidung oder Tod der Eltern, und Stephanie fragte sich, was sie Schreckliches getan hatte, daß ihre Mutter sie verließ. Weil ihr Vater gefühlsmäßig unerreichbar für sie war, hatte Stephanie wenig Gelegenheit, über ihre Gefühle zu sprechen. Gerade das aber ist, wie wir später sehen werden, wichtig, um über traumatische Verlusterfahrungen hinwegzukommen. Da sie ein verängstigtes Kind war, das sich selbst für wertlos hielt, kreiste Stephanies sich entwickelnde Persönlichkeit einzig darum, sich vor einem abermaligen Verlassenwerden zu schützen. Das geschah, indem ein ganzer Satz von Charakteren oder falschen Selbst geschaffen wurde, die dazu geeignet waren, Liebe und Zustimmung zu gewinnen, indem sie sich so perfekt wie möglich gaben.

Stephanie tat alles, was man von ihr verlangte. Sie war eine hervorragende Schülerin, eine gute Köchin, umsorgte ihren vielbeschäftigten Vater und war Ballkönigin beim Abschlußball der High-School. Sie war schön, beliebt und talentiert, aber sie zog immer nur einen Typ Mann an. Sie nannte diese Männer Wölfe. „Wölfe kümmern sich nicht um dich", erzählte sie mir. „Sie wollen nur soviel wie möglich aus dir rausholen – Sex, Geld, Prestige. Sie benutzen dich." Das Selbst in Stephanie war nicht in der Lage, das Selbst in anderen Menschen anzuziehen und authentische interpersonelle Brücken zu bauen. Statt dessen bauten ihre falschen Selbst – die reichfacettierte, nicht authentische Persönlichkeit, die aus Selbstschutz heraus geboren worden war – „gefälschte Brücken", indem sie das falsche Selbst einer anderen Person anzogen. Bei Verabredungen hatte Stephanie unbewußte Sensoren entwickelt, die es dem von ihr so genannten Femme-fatale-Selbst gestatteten, „Wolf"-Persönlichkeiten zu identifizieren und anzuziehen. Im Grunde lehnte Stephanie ihr Verhalten ab – aber sie konnte es nicht mehr beeinflussen.

Dieses Verhalten hatte sich bei Stephanie in der Pubertät entwickelt. Mit zwölf oder dreizehn fiel ihr beim Tanzen auf, daß diejenigen Mädchen, die am engsten tanzten, am beliebtesten waren. Während Stephanie bald die Rolle der Femme fatale spielte, entwickelte sie nur eine geringe Kapazität für emotionelle Intimität und wußte nicht, wie sie mit der Flut sexueller Gefühle umgehen sollte, die in ihr und ihren jungen Verehrern aufstiegen. So tat sie das, was sie schon immer getan hatte, um zu überleben: Sie versuchte den Jungen zu gefallen. Sexuell frühreif, hatte sie ihren schlechten Ruf bald weg. Ihr Verhalten vermittelte ihr von neuem ein tiefes Gefühl der Wertlosigkeit, das sie ja gerade mit diesem Verhalten versucht hatte zu verdrängen.

Trotz ihrer beeindruckenden Palette von anspruchsvollen, intellektuellen und Femme-fatale-Ichs war Stephanie zurückhaltend und schüchtern. Sie ging erst bei ihrem ersten Freund im College, einem Studenten im zweiten Jahr namens Steve, ein bißchen aus sich heraus. Sie mochte ihn und wurde allmählich offener. Das Natürliche Kind in ihr begann hervorzublinzeln.

Bei ihrer vierten Verabredung, erzählte Stephanie, befanden sie sich in Steves Zimmer, küßten und neckten sich gut gelaunt. Ich erinnere mich noch gut an den glücklichen, verträumten Ausdruck auf ihrem Gesicht, als sie sich den Beginn dieses Abends, der dann zu einem Alptraum wurde, wieder ins Gedächtnis rief. Stephanie mochte Steve und glaubte, er würde sie liebhaben. Selbst ihre unterdrückten sexuellen Gefühle begannen sich zu regen. Die wirkliche Stephanie erwachte wieder zum Leben. Als Steve später am Abend ihre Hand führte, damit sie seinen Körper erkundete, verhielt sie sich zum ersten

Mal bei einem Mann aufrichtig. Sie zog ihre Hand weg, weil sie noch nicht zu einer sexuellen Entdeckungsreise dieser Art bereit war. Steve war wütend: „Los komm, Stephanie! Ich habe gehört, daß du in der High-School leicht zu haben warst. Ich habe bei der vierten Verabredung zumindest erwartet, daß du es mir mit der Hand machst."

Stephanie war am Boden zerstört. Sie weinte, als sie mir erzählte, daß sie „sich zurückzog wie eine Seeanemone, die von einem Stock berührt wird", und wie völlig wertlos und mißbraucht sie sich fühlte. Sie schämte sich, obwohl Steve derjenige gewesen war, der beschämend gehandelt hatte. Wenn eine interpersonelle Brücke zerstört ist, fühlt sich das verängstigte Kind in uns so, als ob es selbst dafür verantwortlich sei, ganz gleich, welche Umstände vorliegen. Das war ein vertrautes Gefühl für Stephanie. Das kleine Kind in ihr litt unter den alten Gefühlen der Wertlosigkeit und des Verlassenseins, die sie durch die Kindheit und Jugend begleitet hatten, und es bettelte immer noch um Trost, als ich sie fünfzehn Jahre später kennenlernte.

Die interpersonelle Brücke zwischen den beiden Teenagern war völlig zerstört. Obwohl es für Steve noch möglich gewesen wäre, die Brücke zu reparieren, unternahm er keinen Versuch dazu. Er war, wie Stephanie es ausdrückte, „ein Wolf im Schafspelz". Er hatte sie zum Narren gehalten, als er sie dazu brachte, ihm zu vertrauen, denn auch er hatte sie nur benutzen wollen. Sie fühlte sich hoffnungslos betrogen und mißbraucht. Sie sprach nie wieder mit Steve und ging ihm aus dem Weg, wenn er in ihr Wohnheim kam, um sich mit einem anderen Mädchen zu treffen.

Steves Stumpfheit hinterließ eine so tiefe Narbe, daß Stephanie die Brücke des Vertrauens nie wieder einem anderen Mann gegenüber aufbaute. Obwohl sie gelegentlich Verabredungen hatte, entmutigte sie ihre Neigung, Wölfe anzuziehen. Mit Anfang Dreißig war Stephanie erfolgreich mit ihrer Karriere verheiratet. Wie schon ihr Vater fand sie, daß Arbeitssucht eine sozial akzeptable Mauer war, hinter der sich ihr verängstigtes Kind-Selbst verbergen konnte.

Die Maske: Psychologische und spirituelle Modelle des falschen Selbst

Stephanies falsche Selbst waren ihr so vertraut, daß sie das zu verkörpern schienen, was sie wirklich war. Doch es gibt etwas Eigentümliches bei einem falschen Selbst wie Stephanies Femme-fatale-Person. Es ist wie das Image von Mae West im Film, wenn sie in einer Bar einem Mann zuflüstert: „Hey du, komm mit hoch, und leiste mir ein bißchen Gesellschaft!" Stephanie spielte ihre Filmszene wieder und wieder, und es geschah immer dasselbe. Die Nuancen des wirklichen Lebens fehlten. Ihr falsches Selbst reagierte nicht auf die Feinheiten neuer Situationen. Es mag zwar aus der Entfernung gut aussehen, aber wenn man es näher betrachtet, ist es starr und unbeweglich – wie eine Maske. Authentizität und Spontaneität fehlen ihm. Eine Maske ist eine Form zwanghaften Verhaltens, die in der Kindheit angenommen wurde, um uns vor dem Schmerz zu schützen, den die Zerstörung von interpersonellen Brücken verursacht. Obwohl eine solche Maske uns gewöhnlich neue Schmerzen verursacht, können wir sie nicht ablegen.
Unser Verhalten ist kein bewußtes, sondern das Resultat einer frühkindlichen Konditionierung. Es gelingt uns nicht, die Aufmerksamkeit eines wahren Selbst auf uns zu lenken – was uns teilhaben lassen würde an Weisheit, Freude, Frieden und der Kreativität authentischer interpersoneller Brücken. Nein, wir sind Schattenboxer oder Roboter, weil wir die gleichen Bewegungen wieder und wieder ausführen. Unser wahres Selbst schläft, doch wir

sind davon überzeugt, daß die vertrauten falschen Rollen unsere wahre Persönlichkeit sind. Diese Haltung ist kennzeichnend für Personen, deren falschverstandenes Ich sich aus der Erfahrung der Scham geformt hat, die wir bereits als ungesunde Schuld bezeichnet haben.

Die Vorstellung vom falschen Selbst – oder der Maske –, das zu seelischer Krankheit führt, und vom wahren Selbst, dessen Weisheit die Seele belebt, sind uralte spirituelle Themen. Sie stehen im Mittelpunkt östlicher Philosophien, die Tausende von Jahren alt sind. Wir werden die Maske und das Selbst als psychologische und spirituelle Konzepte später in ihrem ganzen Ausmaß diskutieren, wenn wir uns der zeitlosen Frage „Wer bin ich?" zuwenden.

Auch wenn das falsche Selbst und das wahre Selbst zuerst in philosophischen und spirituellen Kreisen diskutiert wurden, hat sich die moderne Psychologie nicht weniger damit beschäftigt. Die wichtigsten Schulen der Psychoanalyse sehen die Maske als Schutz für die innere Verletzlichkeit an, deren Entdeckung und Bloßstellung die Entwicklung der Persönlichkeit behindern könnte. Obwohl eine ausführliche Darstellung dieser Theorien den Rahmen dieses Buches sprengen würde, möchte ich Ihre Aufmerksamkeit auf einige Theoretiker lenken, deren Werke besonderen Einfluß hatten.

Die Analytikerin Alice Miller, die eine Reihe von Büchern über die Zerstörung der interpersonellen Brücken in der Kindheit geschrieben hat und vor allem durch *The Drama of the Gifted Child (*dt. *Das Drama des begabten Kindes),* bekannt wurde, verfolgt die Geschichte der Maske in der psychoanalytischen Theorie: „Die Anpassung an elterliche Bedürfnisse führt oft (aber nicht immer) zur Entwicklung der ‚Als-ob-Persönlichkeit' oder dessen, was D. Winnicott als *falsches Selbst* beschrieben hat. Der Mensch entwickelt eine Haltung, in der er nicht nur das zeigt, was von ihm gewünscht wird, sondern so mit dem Gezeigten verschmilzt, daß man – bis zur Analyse – kaum ahnen würde, wieviel anderes hinter dem ‚maskierten Selbstverständnis' noch in ihm ist. Das wahre Selbst kann sich nicht entwickeln und differenzieren, weil es nicht gelebt werden kann." (*Das Drama des begabten Kindes*, S. 29)

Die gesunde Persönlichkeit charakterisiert Alice Miller wie folgt: „Unter gesundem Selbstgefühl verstehe ich die unangezweifelte Sicherheit, daß empfundene Gefühle und *Wünsche zum eigenen Selbst* gehören ... In diesem unreflektierten, selbstverständlichen Zugang zu eigenen Gefühlen und Wünschen findet der Mensch seinen Halt und seine *Selbstachtung*. Er darf seine Gefühle leben, darf traurig, verzweifelt oder hilfsbedürftig sein, ohne Angst haben zu müssen, die introjizierte Mutter damit unsicher gemacht zu haben. Er darf Angst haben, wenn er bedroht wird, darf böse werden, wenn er seine Wünsche nicht befriedigen kann. Er weiß nicht nur, was er nicht will, sondern auch, was er will, und darf es zum Ausdruck bringen, unabhängig davon, ob er dafür geliebt oder ge- haßt wird." (S. 60/61)

Mit anderen Worten: Ein gesunder Mensch ist frei, er selbst zu sein, und er darf seine Gefühle wahrnehmen, ohne sich darüber Gedanken zu machen, ob er einem anderen ge- oder mißfällt. Er kann ehrlich zu sich selbst sein. Er kann glücklich oder traurig, wütend oder selbst- zufrieden sein, wie es ihm paßt, anstatt eine Maske aufzu- setzen, die ihn selbst leer, depressiv und ohne Kontakt mit seinen wahren Gefühlen und Impulsen zurückläßt. Diese verborgenen Impulse – diejenigen Teile unseres Selbst, die wir hinter der Maske verstecken – sind das, was Carl Jung „den Schatten" nannte (darauf werden wir in diesem Kapitel noch zurückkommen). Virginia Satir, die „Grün- dermutter" der Familientherapie, verglich diese wahren, aber zurückgedrängten Gefühle mit einem Rudel hungri- ger Hunde, die an der Kellertür kratzen, weil sie hinaus- wollen. Das ist die Energie, die von der Maske unter- drückt wird und die manchmal durchbricht und uns mit dem eigentümlichen Gefühl zurückläßt, daß ein Fremder in unsere Haut geschlüpft ist. „Warum habe ich das gesagt oder getan?" fragen wir uns dann. Und: „Woher kommt dieser für uns völlig untypische Wutausbruch?"

Das plötzliche Auftauchen eines nichtvertrauten Selbst, die Veränderungen im körperlichen Verhalten, in der Physiologie und in unseren Stimmungen, die wir alle jeden Tag erleben, regten den Psychiater Eric Berne in den fünfziger Jahren zu einer wohldurchdachten und ausgesprochen praktikablen Theorie und Behandlungsweise an, die er „Transaktionsanalyse" nannte. Sie basiert auf der Beobachtung, daß jeder Mensch verschiedene Stadien des Ego – wie man das System von Gefühlen und den sie begleitenden körperlichen Reaktionen und Verhaltensmustern nennt – in der Kommunikation oder Transaktion mit anderen Menschen und mit sich selbst benutzt. Diese Stadien des Ego entsprechen den Eltern-, Kind- oder Erwachsenenrollen. Sie können beobachtet, analysiert und in gewisser Hinsicht in ihrer Zwanghaftigkeit gemildert werden, indem die klugen und kreativen Kräfte freigelegt werden, die dem Natürlichen Kind – von Berne liebevoll „kleiner Professor" genannt – angeboren sind.

Bernes Erkenntnis, daß „jeder seine Eltern mit sich herumträgt" und „jeder ein kleines Mädchen oder einen kleinen Jungen in sich hat", ist wichtig für die Aufgabe der Masken und die Überwindung der stilisierten Rollen, die wir spielen. Berne nennt unsere maskierten Interaktionen „Schwindel", „Drehbücher" oder „Spiele". Stephanie zum Beispiel lebte nach einem Opfer-Drehbuch.

Während all diese Therapien uns helfen, unsere Masken zu identifizieren und zu analysieren, warum wir sie uns zugelegt haben, stellen sie doch nur eine partielle Annäherung an das Problem dar. Meiner Meinung nach fehlen zwei Dinge. Zum einen erkennen sie zwar das Problem und schaffen Einsicht in Verhaltensweisen, aber sie berühren uns nicht da, wo wir verletzt wurden. Stephanies erwachsenes Ich mag den Ursprung ihrer Probleme mit großem Scharfblick verstehen, aber wenn sie mit dreiunddreißig in einer Situation ist, die sie schon mit acht Jahren erlebt hat, dann braucht die *Achtjährige* Trost. Kein Gespräch mit der intelligenten Dreiunddreißigjährigen wird Stephanie dazu bringen, sich besser zu fühlen. Keine Therapie wird vollständig greifen, ehe wir nicht gelernt haben, uns zu trösten und den Kontakt zu dem verängstigten Kind, das immer noch in uns Erwachsenen lebt, wiederherzustellen. Versuche in dieser Richtung wurden erstmals in einer Organisation durchgeführt, in der sich erwachsene Kinder von Alkoholikern zusammengeschlossen hatten, und setzen sich nun langsam auch in der Psychotherapie durch.

Der zweite Mangel, den die meisten Therapien aufweisen, besteht darin, daß sie sich auf die Ebene eines einzelnen ganzheitlichen Wesens beschränken, ohne unsere Verbundenheit mit einem größeren, universellen Ganzen anzusprechen. Seele und Geist werden einfach außen vor gelassen. Tatsächlich werden sie bewußt als „religiöse" Belange, die nichts mit Psychotherapie zu tun haben, abgetrennt. Diese Beschränkung wurde von Sigmund Freud vorgegeben, und sie war es vor allem, die zu der frühen Trennung zwischen Freud und seinem spirituell orientierten Schüler C. G. Jung führte. Jung wußte, daß er seine Patienten nicht immer heilen konnte, wenn er nicht die spirituelle Seite ihrer Persönlichkeit anregte und mit einbezog.

Wenn wir nicht über den intrapersonellen Bereich der Verbindung zu unserem eigenen Selbst und den interpersonellen Bereich unserer Beziehungen zu anderen hinausgehen, ignorieren wir die grundlegende Verbindung aller Menschen zu einer größeren Quelle des Seins. Dies wird der transpersonelle Bereich genannt. Eine wohldurchdachte Form der transpersonellen Psychotherapie wurde in den ersten Jahren des zwanzigsten Jahrhunderts von dem italienischen Psychiater Roberto Assagioli, einem Zeitgenossen und Kollegen von Jung und Freud, entworfen – die Psychosynthese.

Die Psychosynthese basiert auf dem Erkennen der zum Großteil unbewußten und reflexiven falschen Selbst (von Assagioli „Subpersönlichkeiten" genannt). Sie werden in ein bewußtes Ganzes reintegriert, wo sie dem Selbst dienen und die Weisheit, die unsere Seele speichert, bereichern. Indem sie die Existenz einer Seele und ihre Beziehung zu dem Göttlichen akzeptiert und sie diskutiert, geht die Psychosynthese über das psychologische Konzept des personalen Selbst hinaus. Assagioli gründete sein System auf der philosophischen Ansicht, daß jeder Mensch eine oberflächliche und etwas wechselhafte Persönlichkeit hat, die man braucht, um in dieser Welt zu funktionieren, aber dahinter steht eine dauerhafte und unsterbliche Seele, deren wachsende Weisheit die Erfahrungen eines Lebens bereichert. Assagiolis Ansichten stützen eine Theorie des Wissenschaftlers und Philosophen Aldous Huxley. Seine „beständige Philosophie" bezeichnet ein Herzstück von Glaubenssätzen, die sich in den Weisheitstraditionen aller Kulturen wiederholen und eine Art kollektive Weltweisheit repräsentieren, die durch alle Zeitalter hindurch unverändert bleibt.

Um in die Ansammlung falscher Selbst einzubrechen, müssen wir uns wieder die Lebenskraft des Natürlichen Kindes aneignen. Wohin ist dieser Reichtum entschwunden? Was geschah mit der grenzenlosen Energie der Kindheit? Gemeinhin sagt man, daß die Energie abnimmt, wenn der Körper altert, aber das scheint mir eher eine Rationalisierung als eine biologische Tatsache. Wir alle haben selbst schon einmal die ungeheure Energie erfahren, die einen Anfall von Kreativität begleitete, wenn wir einen Urlaub planten, einen Garten anlegten, ein Bild, ein Gedicht oder sonst ein kreatives, aufregendes Projekt in Angriff nahmen.

Die körperliche Energie hängt, so seltsam das klingen mag, vom Geisteszustand ab. Normalerweise verfügen wir über ein viel größeres Energiepotential, als wir jemals nutzen. Aber wo steckt diese Energie? C. G. Jung gab uns den Rat, in den Bereichen von uns zu suchen, die wir ablehnen, weil sie von unseren Eltern zurückgewiesen wurden. Jung nennt sie den „Schatten". Wenn wir den Schatten wieder in Besitz nehmen, finden wir die Energie, die wir brauchen, um die Reise zur Wiederentdeckung des Selbst und unserer ewigen Natur anzutreten. Nur dann können wir die Weisheit und Kreativität erfassen, die Ausdrücke des einzigartigen Potentials unserer Seele sind. Nur dann sind wir fähig, zu lieben und geliebt zu werden.

Der Schatten: der Seesack, den wir hinter uns herziehen

Der amerikanische Schriftsteller Robert Bly vergleicht den Schatten nach der Definition Jungs mit einem Seesack, den wir hinter uns herziehen. Alles, was unsere Eltern nicht mochten, was unsere Lehrer als ungezogen ansahen, was unser Klerus als sündig brandmarkte, und vieles mehr haben wir in diesen Seesack gestopft. Jeder natürliche Impuls und jedes Gefühl, dessen wir uns einmal schämten, befinden sich darin.

Der Schatten enthält die vitale Energie des Natürlichen Kindes, das gelernt hat, sich zu schämen – sich seiner Aufsässigkeit, Sexualität und Spontaneität und selbst seines Verlangens nach Ruhe, Tagträumerei und Phantasie, die vielleicht als Faulheit gerügt worden sind, zu schämen. Vielleicht wird der Schatten für Sie lebendig, wenn ich Ihnen eine Geschichte über meinen eigenen Seesack erzähle, den ich im wahrsten Sinne des Wortes in einer dunklen, mondlosen Nacht hinter mir die Straße herzog, als ich im Alter von sieben Jahren versuchte, aus einem Feriencamp fortzulaufen. Obwohl man mich, nachdem man mich erwischt hatte, zwang, den Sack wieder auszupacken, hatte ich den größten Teil meines Lebens im Geiste ein Double davon bei mir. Darin verstaute ich all die Dinge, die nach meiner mißlungenen Flucht in die Freiheit als schlecht gebrandmarkt worden waren und die mir fehlten.

Folgendes war geschehen: Ich war für acht Wochen in ein Ferienlager geschickt worden. Ich war das erste Mal fort von daheim. Da ich ein Jahr jünger war als die anderen Mädchen in meinem Schlafsaal, war ich Freiwild für ihre kleinen Streiche. Meine Tennisbälle wurden in den Wald geworfen, die Laken meines Bettes wurden verkürzt, und in den geheimen Doktorspielen mußte immer ich die Patientin sein. Die Lagerleiterin war das, was meine Söhne eine dumme Kuh nennen. Sie befahl mir nur, den Mund zu halten und mich um meine eigenen Sachen zu kümmern, als ich mich über die Zankereien und die Spiele beklagte. Also stopfte ich eines Nachts mein Hab und Gut in einen Seesack und lief weg, den schweren grünen Sack hinter mir herziehend.

Man erwischte mich im Morgengrauen, als ich gerade versuchte, aus einer Telefonzelle in einem kleinen Laden zu Hause anzurufen. Man zerrte mich zurück zum Lager, und mein Verhalten wurde öffentlich angeprangert. Es war demütigend. Danach wurde ich jeden Tag allein in den Schlafsaal eingeschlossen. Nur zu den Mahlzeiten durfte ich hinaus – und das die restlichen vier Wochen des Sommers! Briefe an meine Eltern wurden „zu meinem Schutz" zensiert, und man malte mir den Zorn meiner Eltern aus, sollten sie jemals erfahren, was ich getan hatte. Mit sieben Jahren glaubte ich, daß ich mein Leben ruiniert und keine Chance auf Vergebung hätte. Mir kam nie der Gedanke, daß in diesem Lager nicht ich, sondern die Erwachsenen vollkommen verrückt waren. Ich kann nur ahnen, wie körperlich oder sexuell mißhandelte Kinder sich fühlen müssen, und frage mich, wie es ihnen möglich ist, die Intensität ihrer Beschämung zu ertragen.

Es dauerte viele Jahre, bis ich herausfand, was ich in

jenem Sommer in dem Schatten-Seesack verstaut hatte. Meine Erfahrung im Ferienlager lehrte mich, daß es nicht nur schlecht, sondern sogar gefährlich war, sich gegen Autorität zu wehren. Courage wurde durch emotionelle Kaltstellung und – im wahrsten Sinne des Wortes – Gefängnis bestraft. Also landete sie in meinem Sack. In jenem Sommer lernte ich auch, daß es nutzlos und „schlecht" ist, die Wahrheit zu sagen, wenn dein schlimmster Quälgeist im Schlafsaal die Nichte der Lagerleiterin ist. Also wanderte auch ein Teil meiner Wahrheitsliebe in den Sack. In jenem Sommer lernte ich, daß der schlimmste Fehler, den man machen kann, der ist, man selbst zu sein. Ab in den Sack mit der Eigenpersönlichkeit. Ich habe den Rest meines Lebens mit dem Versuch verbracht, mich selbst wieder aus dem Sack zu zerren.

Der persönliche Seesack eines jeden enthält eine unterschiedliche Mischung verbotener Früchte, obwohl wir eine Reihe davon mit unseren Altersgenossen teilen. In den sechziger Jahren zum Beispiel warfen meine Freundinnen und ich unsere Büstenhalter, Strumpfgürtel und die Schuhe mit hohen Absätzen in den Seesack. Rasierte Beine, Dauerwellen und die Liebe zum Geld kamen als nächstes dazu, während wir zu vollwertigen Mitgliedern der Hippiegeneration wurden. Viele von uns entschuldigen sich noch heute dafür, wenn sie ein neues Auto oder schicke Kleider haben! Schließlich war so etwas in den Sechzigern ein beschämendes Symbol des Materialismus, das eigentlich unterdrückt werden sollte.

Während unserer Kindheit und Jugend füllen wir den Seesack immer mehr. Nachdem er voll ist und wir schwer beladen sind, wird uns die Last allmählich bewußt. Dann beginnen wir damit, den Seesack auszuräumen, und gewinnen, wenn wir Glück haben, unsere verlorene Kraft zurück und erleichtern unsere Last. Aber wenn wir diese Kraft nicht zurückgewinnen, wird sie anfangen, gegen uns zu arbeiten – oft mit ernsten Folgen. Robert Bly stellt es in *A Little Book of the Human Shadow* so dar:

„Bis wir zwanzig sind, verbringen wir unser Leben damit zu entscheiden, welche Teile von uns selbst wir in den Seesack stecken sollen, und unser restliches Leben verbringen wir mit dem Versuch, sie wieder herauszuziehen. Manchmal scheint es unmöglich zu sein, sie wiederzubekommen – als ob der Seesack versiegelt wäre. Angenommen, der Sack bleibt versiegelt – was geschieht dann? Ein großartiger Roman aus dem neunzehnten Jahrhundert vermittelt einen Eindruck davon. Eines Nachts erwachte Robert Louis Stevenson und erzählte seiner Frau über den Traum, den er gerade gehabt hatte. Sie drängte ihn dazu, das niederzuschreiben, und daraus wurde *Dr. Jekyll und Mr. Hyde*. Die nette Seite unserer Persönlichkeit wird in unserer idealistischen Kultur immer netter und netter. Ein Mensch der westlichen Zivilisation kann zum Beispiel ein liberaler Arzt sein, der immer nur daran denkt, wie er anderen Gutes tun kann. In moralischer und ethischer Hinsicht ist er einwandfrei. Aber die Substanz, die er in seinem Seesack hat, nimmt ein Eigenleben an; das darf nicht unbeachtet bleiben. Der Roman erzählt, daß diese Substanz eines Tages irgendwo anders in der Stadt auftaucht. Es ist eine bösartige Substanz... Wenn wir einen Teil von uns in den Seesack stecken, entwickelt er sich zurück. Er verfällt der Barbarei." (S. 18 f.)
Während wir also unsere Zeit an die Masken der Freundlichkeit und Angepaßtheit verschwenden, braut sich aus unserer Impulsivität, unserem Freiheitsdrang, unserer Sexualität, unserem Zorn usw. etwas zusammen. Sie werden gefährlich, weil sie im dunkeln leben, und sie informieren uns, ohne daß es uns bewußt wird, darüber, daß sie da sind. Sie können sich urplötzlich und explosiv in „Unfällen", impulsiven Reaktionen, Krankheiten oder Fehlurteilen ausdrücken. Ein unerforschter Schatten läßt uns in dem Bewußtsein zurück, uns fremden Impulsen machtlos ausgeliefert zu sein.
Sie werden sich jetzt fragen, wie wir denn diese verdrängten Bereiche von uns wieder aus dem Seesack herausbe-

kommen, ehe sie Unheil anrichten können. Wenn wir nicht wissen, woraus der Inhalt des Sacks besteht – wie sollen wir die einzelnen Teile dann erkennen? Das weise Unterbewußtsein gibt uns einen Fingerzeig, indem es einen psychologischen Verteidigungsmechanismus in Gang setzt, den man gemeinhin „Projektion" nennt. Wenn die kleine Sally wegen Susies neuer Puppe vor Neid vergeht, aber das Neidgefühl schon im Seesack verstaut ist, dann kann Sally Neid als eigenes Gefühl weder erfahren noch zugeben. Aber sie kann Neid bei jemand anderem erkennen. Also geht Sally zu Jane und redet über *deren* Eifersucht, wobei sie erklärt, daß nicht jeder eine neue Puppe haben kann wie Susie. Sally hat ihr eigenes, verleugnetes Gefühl nach außen projiziert, indem sie es bei Jane erkannt hat.

Die Projektion setzen wir vor allem dann ein, wenn wir einen Sündenbock suchen. Sie ist die Basis der Selbstgerechtigkeit, und wir versuchen mit ihr Menschen für das zu bestrafen, was wir als „schlecht" erkannt und angeblich selbst abgelegt haben. In ihrem aufwühlenden Buch *For Your Own God* (dt. *Am Anfang war Erziehung*) behauptet Alice Miller, daß die Deutschen – traditionell dazu erzogen, Gefühle zu unterdrücken – psychologisch empfänglich für Hitlers Hetze gegen die Juden waren. Die Juden boten sich an, daß man den Schatten einer ganzen Nation auf sie projizierte. Die traurige Ironie liegt darin, daß Gewalt gegen andere fast immer eine eigentliche Gewalt gegen uns selbst ist, die sich nach außen richtet. Hier liegen die Gefahren des unerforschten Schattens.

Im dritten Teil dieses Buches, wenn wir die Dynamik der Vergebung und die Heilung durch bewußte Partnerschaften besprechen, werden wir Wege erforschen, um den Inhalt des Schattens wiederzubekommen.

Eine Zusammenfassung des Dramas
des Inneren Kindes

„Das ist das Drama: Wir kamen als Kinder aus den ent-
ferntesten Ecken des Universums, brachten Hunger mit
als Erbe unserer Säugetiervorfahren, eine wundervolle
Spontaneität aus unseren 150 000 Jahren als Affen und
die wohlgenährte Wut aus 5000 Jahren Stammesleben –
kurzum: Wir erschienen rundum glänzend – und boten
dieses Geschenk unseren Eltern dar. Sie wollten es nicht.
Sie wollten ein nettes Mädchen oder einen lieben Jungen.
Das ist der erste Akt des Dramas." (Robert Bly, *A Little
Book on the Human Shadow*, S. 24)
In den darauffolgenden Akten setzen wir die Maske des
falschen Selbst auf, von dem wir glauben, daß es unsere
Eltern wünschen, verstauen unsere verbliebene Spontaneität im Seesack und sind irgendwann dann erschöpft
und mutlos, weil wir nunmehr leere Hülsen sind. Von
Zeit zu Zeit klopft die Gnade, der Botschafter Gottes, an
die Tür, und weist uns darauf hin, daß etwas nicht stimmt.
Vielleicht werden unsere Kopfschmerzen schlimmer,
oder unsere Ehe bricht auseinander, oder wir fangen an
zu trinken oder Rauschgift zu nehmen. Da wir einen freien
Willen haben, können wir diese Botschaften entweder be-
oder mißachten. Wenn wir sie mißachten, fühlen wir uns
bald noch schlechter und verzweifelter. Wenn wir sie
beachten und uns unseres beschämten falschen Selbst und
der daraus resultierenden ungesunden Schuld bewußt
werden, dann treten wir in die Genesungsphase ein.
William James benutzte eine medizinische Metapher, um
die beiden Wege zu erklären, die die Menschen zurück zu
ihrem Selbst und zur Entdeckung ihrer Verbindung mit
dem Göttlichen führen können. Bei manchen Menschen
findet die Heilung in einem langsamen Prozeß der Lysis
statt, einer graduellen Auflösung der falschen Identität.
Bei anderen nimmt die Heilung die Form der Krisis an.
Bei der Krisis setzen wir uns von Angesicht zu Angesicht

mit den inneren Dämonen, die im Seesack toben, auseinander. In der Krisis lernen wir schnell, daß wir nicht allein siegen können: Wir benötigen die Hilfe von Freunden und die Gnade Gottes. Während unserer Heilung lernen wir, um Hilfe zu bitten. Im folgenden wollen wir die Verletzung und Beschämung des Inneren Kindes zusammenfassen, indem wir uns an drei Fragen orientieren: Wer sind wir? Für wen haben wir uns gehalten? Warum hielten wir uns für jemanden, der wir nicht sind?

1. Das universelle Bewußtsein – oder die Lebenskraft – ist in jedem Menschen als das Selbst präsent.

2. Das Natürliche Kind – auch Seele bei der Geburt – ist mit der Kreativität, der Weisheit, der Liebe, der Freude, dem Enthusiasmus und der Zufriedenheit angefüllt, die vom Selbst ausgehen. Wir nennen diesen Seinszustand Glück und Authentizität. Glück ist der Grundbestandteil unserer Seele und eine Widerspiegelung des größeren Geistes, dem unser individuelles Bewußtsein entspringt. Glück ist angeboren. Es kann nicht erlernt werden, aber es kann vergessen werden. Authentizität ist eine Haltung des Bewußtseins, bei der wir gewillt sind, unsere Gedanken und Gefühle so zu erfahren, wie sie sind.

3. Die interpersonelle Brücke der Liebe stellt ein Bindeglied zwischen den Selbst und den Seelen zweier Menschen dar. Brücken von einem Selbst zu einem anderen Selbst schaffen einen Status der Wechselseitigkeit, in dem zwei Menschen sich in der Gemütsverfassung des anderen spiegeln und zusammen auf tiefere Weise Gefühle, Weisheit, Kreativität und Freude erfahren, als es jeder von ihnen allein getan hätte. Diesen Zustand der Seelenvereinigung, in dem wir uns, weil wir ihn mit einem anderen teilen, wieder mit Gott verbinden, bezeichnen wir als Liebe.

4. Wenn das Selbst eines Elternteils – aufgrund eigener Wunden aus der Vergangenheit – nicht in der Lage ist, sich mit dem Selbst des Kindes zu verbinden, findet statt dessen eine Pseudo- oder „vorgetäuschte" Verbindung seitens eines der falschen Selbst des Elternteils statt. Weil die Masken des falschen Selbst starr sind, verhindern sie die Wechselseitigkeit der Erfahrung, die einen Fluß der Gefühle von Augenblick zu Augenblick beinhaltet und den inneren Zustand zweier Menschen widerspiegelt. Zum Beispiel könnte ein Vater, der mit seinem zwölfjährigen Sohn Tennis spielt, eine „Lehrer"-Maske tragen. Alles wird gutgehen, es sei denn, das Kind fängt an zu gewinnen, weigert sich zu spielen oder verletzt auf irgendeine Weise die starren Regeln der Lehrer-Maske. Der Vater wird vielleicht mit irgendeiner Bemerkung das Kind verletzen und die Brücke zerstören. Die „Liebe" in dieser Interaktion war abhängig davon, daß das Kind sich den vorgefaßten Meinungen des Vaters anpaßte.

5. Bedingte Liebe erzeugt das Gefühl von Scham. Scham ist ein angepaßter, unterwürfiger Zustand, der das Überleben unterstützt, aber Angst und Hilflosigkeit erzeugt. Wenn die interpersonelle Brücke durch die Reaktion der Scham beschädigt wurde, fühlt sich das Kind, als wäre es in tödlicher Gefahr. Es ist erniedrigt und wütend, aber hat nicht die Macht, seine Wut auszudrücken.

6. Scham ist die höchstrangige Emotion, weil sie die Macht hat zu bestimmen, welche anderen Emotionen wir empfinden können. Gershen Kaufman führt diesen Vorgang auf die „Affekt-Scham-Klammer" zurück. Ein Affekt ist ein primärer emotionaler Zustand: Interesse, Vergnügen, Überraschung, Wut, Kummer, Scham oder Ekel. Wann immer bei einem Kind der Ausdruck eines Affekts „beschämt" wird, wird dieser

Affekt schnell in den Seesack gestopft. Ein Beispiel für das Wirken der Affekt-Scham-Klammer: Der kleine Bobby schreit eines Nachts nach seiner Mama, weil das Hemd, das über der Stuhllehne hängt, aussieht wie ein schreckliches Monster. Mama kommt und tadelt Bobby, weil er schreit wie ein Baby. Bobby steckt die Angst in den Seesack – aber nicht nur die Angst vor Hemdenmonstern: Alle Arten grundloser Furcht wandern ebenso in seinen Schatten. Bald vergißt Bobby, wie man Angst spürt, oder er fängt an, es anders zu nennen – vielleicht Zorn oder sogar Langeweile. Durch Affekt-Scham-Klammern stumpft unser Gefühlsleben ab oder gerät durcheinander.

7. Wir entwickeln Masken als Antwort auf bedingte Liebe und die Scham, die wir dadurch empfinden. Es gibt eine endlose Vielzahl von Masken, die getragen werden, um Zuneigung oder Schutz zu erhalten, oder nur, um unseren Schmerz zu betäuben. Masken werden in der Kindheit entwickelt und stellen Überlebensstrategien dar, die unbewußt unsere Gedanken, Gefühle und Verhaltensweisen lenken. Gebräuchliche Masken, hinter denen wir unsere Unsicherheiten verstecken, sind: den Leuten zu gefallen, ein Opfer zu sein, verführerisch zu sein, nur an Beherrschung orientierte Verhaltensweisen, Manipulation, Perfektionismus, religiöser Eifer, übergroße Leistung, wüten, retten, herablassend sein, selbstgerecht sein und abhängig sein. Diese Masken verursachen Gedanken, Gefühle und Verhaltensweisen, deren wir uns schämen und die zu ungesunden Schuldgefühlen führen.

8. Je mehr wir „beschämt" worden sind, desto umfangreicher sind unsere Schatten und desto starrer sind unsere Masken. Weil unsere Masken das Selbst überdecken und das Wissen in unseren Seelen verfinstern, wird unsere Aufnahmefähigkeit für Freude, Frieden,

Weisheit, Kreativität und Glück verschüttet, und wir verlieren die Verbindung mit unserer wahren Natur. Wir werden zu eindimensionalen Karikaturen unseres wahren Selbst, denen die normale Tiefe menschlichen Gefühls fehlt. Wir mögen glauben, daß wir Emotionen spüren, aber wahrscheinlicher ist, daß wir von der Wut und Furcht unseres Inneren Kindes beherrscht werden. Positive Gefühle werden wir selten erfahren, und wir können nie völlig präsent im Leben sein. Wir haben viel von unserer Selbstbewußtheit verloren und leiden an gefährlich niedrigem Selbstbewußtsein.

9. Wir befinden uns alle irgendwo in dem zusammenhängenden Ganzen zwischen der Identifikation mit unserem falschen Selbst und dem Erkennen unseres ewigen Selbst. Unser Platz innerhalb dieses zusammenhängenden Ganzen beinhaltet kein Werturteil darüber, wie gut, klug, geschickt oder spirituell wir sind. Wir sind da, wo wir sind. Zu erkennen, wo wir stehen, ist der erste Schritt zur Heilung.

Die Anleitung des Inneren Kindes

Das Drama des Inneren Kindes ist sowohl psychischer als auch spiritueller Art. Es schließt die Persönlichkeit, wie wir sie kennen, und ihre Reflexion in Maske und Schatten mit ein. Das Drama des Inneren Kindes betrifft auch die Seele, die Weisheit und einen Reichtum an Erfahrung entwickelt – sogar wenn wir unsere falschen Selbst formen. Das Problem liegt nicht darin, weise zu werden, sondern Zugang zu dieser Weisheit zu erlangen. Weil das falsche Selbst einen Schleier über die Seele legt (die Psychologen sprechen von Verteidigungsmechanismen), können wir nur undeutlich erkennen, was darunter ist.

Trotzdem führt uns die Weisheit der Seele weiter – so wie die Sonne scheint, obwohl sie hinter Wolken versteckt ist. Ich war zehn Jahre alt, als ich eine besonders kritische, dunkle Nacht der Seele durchlebte. Wir waren umgezogen, und fast gleichzeitig hatte meine Nanny, die mich aufgezogen hatte, geheiratet. Ich fühlte mich verlassen und hatte Angst vor der Zurückweisung meiner neuen Altersgenossen. Ich fühlte mich, als hätte man mir den Boden unter den Füßen weggezogen, und verlor völlig die Orientierung. Die Folge war eine tiefe Depression, die fast ein Jahr anhielt. Ein paar Wochen lang hatte ich sogar zuviel Angst, um die Schule zu besuchen. Monatelang hatte ich Alpträume.

Auf dem Höhepunkt meiner Angst schrieb ich ein Gedicht – oder eigentlich schrieb es mein Natürliches Kind. Selbst in unseren dunkelsten Stunden sind wir nicht allein. Gnade reißt die Wolken auf, so daß das Selbst durchschimmert und die Weisheit der Seele erleuchtet. Wenn wir nach den kleinen Botschaften, die durch die Wolken spähen, Ausschau halten und sie deuten, erhalten wir Gaben, die uns während unserer inneren Reise Kraft geben. Hier ist das Geschenk, das mir mein Natürliches Kind mitten in großer Dunkelheit gab. Es war für mich in schweren Zeiten seit fast fünfunddreißig Jahren Inspiration und Trost. Vielleicht erhellt es Ihren Weg ebenso.

Irgendwo in dunkelster Nacht
hält immer ein kleines, helles Licht die Wacht.
Dies Licht hoch in den Himmel strahlt,
zu helfen unsrem Gott, der auf uns gibt acht.
Wenn ein kleines Kind geboren ist,
Das Lichtlein seine Seele schmückt.
Und wenn nun unsre Menschenaugen
hinauf in lichtlose Himmel schauen,
Wissen wir doch, obwohl wir es nicht sehen,
daß ein kleines Licht brennt weit in die Nacht
zu helfen unsrem Gott, der auf uns gibt acht.

Vorschläge für den Leser

1. *Können Sie einige Ihrer falschen Selbst erkennen? Wissen Sie, wann sie entstanden? Die Autorin Megan LeBoutillier erinnert sich an die Geburt ihres „kleinen Fräulein Perfekt". Eines Tages, als sie vier Jahre war, fiel sie in die Toilette und beschmutzte ihr Festkleid. Sie schämte sich fürchterlich. Das kleine Fräulein Perfekt wurde aus ihrer Scham heraus geboren mit der Zielsetzung, eine solch schmerzliche Situation für alle Zeiten zu vermeiden.*

2. *Als Sie ein falsches Selbst ins Leben riefen, verstauten Sie einen Teil Ihrer selbst in Ihrem Schatten-Seesack. Welche Gefühle oder Haltungen verrotten in diesem schweren Sack? Ein Weg, um zu entdekken, was sich darin befindet, ist der, Ihren Projektionen Aufmerksamkeit zu schenken. Was stört Sie am meisten an anderen Menschen? Welche Charakterzüge haben diejenigen miteinander gemein, die Sie nicht mögen?*

Die Heilung des Inneren Kindes

In mir steckt immer noch die Siebenjährige, die durch die Demütigung im Ferienlager verletzt worden ist. Dieses Gefühl der tiefsten Demütigung bricht immer dann durch, wenn ich mich in der Gegenwart einer Autoritätsperson befinde, die sich mir gegenüber dominant verhält. In solchen Situationen bin ich nicht mehr fähig, rational zu denken, und es kommt immer wieder vor, daß ich dann zusammenbreche und mit der gleichen Trostlosigkeit und Hilflosigkeit weine, die ich fühlte, als ich sieben war.

Ist es Ihnen nicht auch schon passiert, daß Sie zutiefst verletzt oder auch wütend reagierten, wenn jemand Sie trotz seines Versprechens nicht anrief – und waren Sie nicht später verwundert darüber, daß Sie sich über eine solche Lapalie so aufregen konnten? Kommt es vor, daß Sie ohne jeglichen Grund in Panik geraten? Vielleicht wachen Sie manchmal niedergeschlagen auf und wissen nicht, warum? Die Wunden der Kindheit bringen uns nicht nur dazu, Emotionen zu erfahren, die aus dem Zusammenhang gelöst sind oder in keinem Verhältnis zur gegenwärtigen Situation stehen, sie sollen uns auch davor bewahren, überhaupt Emotionen zu erfahren.

Emotionen, die wir nicht in unser Bewußtsein einlassen, drücken sich oft durch unseren Körper aus. Lassen Sie mich das am Fall von Barry, einem Anwalt Ende Zwanzig, veranschaulichen. Barry kam wegen starker Schmerzen im unteren Rückenbereich zu mir. Er war das jüngste und verwöhnteste von drei Kindern gewesen und hatte seiner Mutter, wie er erzählte, „außergewöhnlich nah" gestanden. Als seine Mutter völlig unerwartet an einer Herzattacke starb, fühlte Barry jedoch überhaupt nichts: Er konnte nicht trauern.

Sechs Monate nach ihrem Tod entwickelte sich das „leichte Ziehen", das Barry schon seit Jahren im Rücken verspürt hatte, zu unerträglichen Schmerzen. Nachdem Barry Hilfe bei mir gesucht hatte, konnte ich ihm nach und nach klarmachen, daß sein körperlicher Schmerz erst nachlassen würde, wenn er sich dem emotionellen Schmerz seiner Kindheit stellte. Barry war seiner Mutter nicht „nahe" im Sinne einer authentischen interpersonellen Brücke gewesen: Sie hatte ihn vielmehr eingeschlossen in ihre erstickende, bedingte Liebe. Erst als Barry begann, um sein verlorenes Selbst zu trauern und die Wut, die er seit Jahren in seinem Schatten versteckt hatte, zu spüren, konnte er anfangen, seiner Mutter zu vergeben und um sie zu trauern. Erst dann verschwanden auch seine Schmerzen.

Wenn wir das verletzte Innere Kind heilen und uns von unserer Scham und ungesunden Schuld befreien wollen, dann müssen wir – wie Barry – verstehen lernen, was das Kind fühlt. Wenn die emotionale Energie blockiert ist und nicht durch ihre gewohnten Kanäle fließen kann, staut sie sich im Körper auf und tritt als Verspannung und Schmerz in Erscheinung. Wenn der Fluß der emotionalen Energie behindert ist, werden wir entscheidender Informationen beraubt, und auch unser Mobilmachungssystem für den Notfall versagt, wie John Bradshaw in *Healing the Shame That Binds You* beschreibt: „Unsere Emotionen sind Bestandteil unserer grundlegenden Kraft. Sie erfüllen zwei Hauptfunktionen in unserem Seelenleben. Sie überwachen unsere Grundbedürfnisse, geben uns Nachricht von einem Verlangen, einem Verlust oder einer Befriedigung. Ohne unsere emotionale Energie würden uns unsere fundamentalsten Bedürfnisse nicht bewußt sein. Emotionen stellen auch den Treibstoff oder die Energie bereit, die wir zum Handeln benötigen. Diese Energie bringt uns dazu, das zu bekommen, was wir brauchen. Wenn unseren Grundbedürfnissen Gewalt angetan wird, bringt uns unsere Wut dazu, zu kämpfen oder wegzulaufen." (S. 52)

Die unterdrückten Emotionen aus dem „Seesack" lassen

Die Heilung unseres verletzten Inneren Kindes und die Rückgewinnung unserer verlorenen Vitalität setzen voraus, daß wir die Emotionen, die in unserem Seesack verborgen sind, befreien. Erinnern Sie sich daran, daß der Inhalt des Seesacks verrottet und dabei in immer wildere Gärung gerät. Ärger, im Sack verstaut, wird zu Wut. Furcht wird zu Panik, Traurigkeit zu lähmender Trauer oder emotionaler Empfindungslosigkeit. Rechnen Sie also damit, daß Sie sehr starke Emotionen durchleben müssen, wenn Sie eine Genesung erreichen wollen. Die allmähliche Gesundung ist ein schmerzlicher Prozeß, aber es gibt keinen Weg, um den Schmerz, der immer noch im Inneren eingeschlossen ist, zu umgehen.

Weil Schattengefühle stark sind, brauchen wir die Hilfe von anderen, die mitfühlend zuhören und uns gestatten auszudrücken, was wir empfinden. Gute Zuhörer können einfühlsam lauschen, ohne Werturteile abzugeben, ohne zu diktieren, was wir fühlen sollten und was nicht. Sie werden uns nicht gleich das Wort abschneiden, um uns gute Ratschläge zu geben oder indem sie versuchen, uns zu trösten, anstatt uns zu Ende anzuhören. Gute Zuhörer können Familienmitglieder sein oder Freunde, aber auch Therapeuten oder Mitglieder von Hilfs- oder Therapiegruppen.

Im weiteren Verlauf dieses Kapitels und in einigen der

noch folgenden Kapitel finden Sie Erfahrungsübungen, die dazu dienen, sich darüber bewußt zu werden, was man alles in seinem Schatten versteckt hat. Andere Übungen sollen das Innere Kind trösten oder Sie zu neuen Einsichten führen. Ich bezeichne sie als Übungen der inneren Weisheit, weil sie Ihr Natürliches Kind befreien und Ihnen helfen, mit der Weisheit in Berührung zu kommen, die das Selbst in sich trägt. Während Sie die meisten dieser Übungen für interessant und lehrreich halten mögen, werden manche natürlich auch alte Wunden aufreißen. Vielleicht wollen Sie sich zum jetzigen Zeitpunkt einer solchen Erfahrung nicht stellen. Keiner zwingt Sie dazu: Alle Übungen sind freiwillig in dem Sinne, daß Sie sie nicht durchführen müssen, um die Kerngedanken dieses Buches zu verstehen. Ob Sie diese Übungen machen oder nicht, liegt ganz in Ihrem persönlichen Ermessen.

Übungen, um das Innere Kind zu heilen

Es ist ganz wichtig, daß Sie bei allen Übungen, die Sie hier oder irgendwo anders machen, alle Erwartungen bezüglich dessen, was passieren soll, abstreifen. Sie können nie im voraus wissen, was geschieht, und sollten ganz offen für alles sein.

Erwartungen schaffen Grenzen und ungesunde Schuld, wenn Sie nicht bekommen, was Sie wollten, oder wenn Sie kriegen, was Sie nicht wollten! Die Übungen der inneren Weisheit können gleichermaßen zu verblüffenden Einsichten und großer Erleichterung wie auch zu Angst und Aufregung, zu Freude wie zu Traurigkeit, Frieden, Wut, Weisheit, Langeweile oder zu überhaupt nichts führen. Kurz gesagt: Unsere Erfahrungen in den Übungen reflektieren das gesamte Spektrum menschlicher Emotionen. Und genau darin liegt der Sinn dieser Übungen: Sie sind nicht dazu da, Sie „netter" oder „positiver" zu machen oder Ihnen irgendeine Erkenntnis aufzuzwingen. Ihr Zweck ist es, Sie spüren zu lassen, was Sie gerade fühlen. Sie sollen Sie dazu bringen, sich so zu akzeptieren wie Sie sind, und Sie können sich dabei wohl fühlen oder auch nicht. Die Fähigkeit, bei sich selbst Erfahrungen zuzulassen, ohne sie auf Erwartungshaltungen zu beziehen, ist bereits ein Zeichen der Heilung.

Übung: Wiederherstellung der Brücken zum
Inneren Kind

Halten Sie für einen Augenblick inne. Atmen Sie ein paarmal tief aus – so richtig große Seufzer der Erleichterung –, und schließen Sie die Augen. Jetzt denken Sie an das letzte Mal, als Sie sich über etwas unverhältnismäßig aufgeregt haben oder als Ihre Emotionen Sie verwirrten. Wenn Sie sich eine solche Situation klar vorstellen können, dann sind Sie bereit, Ihr Inneres Kind zu kontaktieren. Behalten Sie die Situation im Gedächtnis, während ich Sie kurz mit dem Ziel der Übung und der Durchführung vertraut mache.
Das Ziel der folgenden Übung liegt darin, alte Gefühle, die Ihre gegenwärtigen Probleme noch vertiefen, wieder ins Bewußtsein zu rufen. Diese Emotionen haben Sie während Ihrer Kindheit in Ihrem Seesack verstaut, weil Sie sich ihrer schämten. Das Innere Kind jedoch schmerzen diese unverarbeiteten Vorfälle immer noch. Während der Übung können Sie – geleitet von der versteckten emotionalen Energie – eine Reise in Ihre Vergangenheit machen: zu einer Episode Ihrer Kindheit, als etwas für Sie Beschämendes oder etwas anderes Wichtiges geschah. Ihre eigene innere Klugheit wird aus dem unermeßlichen Vorrat Ihres Unterbewußtseins eine angemessene Erinnerung auswählen. Spielen Sie die Erinnerung durch, und schenken Sie dabei dem Kind in Ihnen die bedingungslose Liebe, die es braucht, die es aber nicht bekommen

hat. Damit können Sie Ihre Erinnerung quasi „korrigieren" und auf diese Weise einen Teil der emotionalen Energie, die durch Scham gebunden ist, befreien.

Sie können zuerst die Anleitung lesen und dann die Übung durchführen, Sie können sich die Anweisung aber auch vorlesen lassen oder sie auf Band aufnehmen und sich selbst vorspielen, wobei Sie jeweils das passende Personalpronomen einsetzen sollten. Die ganze Übung dauert etwa drei bis fünf Minuten.

Atmen Sie ein paarmal tief ein und aus. Schließen Sie die Augen. Ihr Atem ist das Verbindungsglied zwischen Vergangenheit und Gegenwart, Bewußtsein und Unterbewußtsein, dem Erwachsenen und dem Kind... Sie sehen vor Ihrem inneren Auge die Zahl Drei... Während Sie ausatmen, löst sich die Drei auf und wird zu einer Zwei... Während Sie ausatmen, löst sich die Zwei auf und wird zu einer Eins... Während Sie ausatmen, löst sich die Eins auf und wird zu einer Null. Die Null wird zu einem ovalen Spiegel. Darin werden Sie sich selbst in einer Szene aus Ihrer Kindheit sehen. Was geschieht gerade? Fragen Sie Ihr kindliches Selbst, was es gerade erfährt und wie es sich fühlt. Hören Sie voller Respekt und Liebe zu. Nachdem das Kind geendet hat, sagen Sie ihm das, was es jetzt hören will: Nehmen Sie sich eine Minute Zeit, es zu trösten. Vielleicht möchten Sie das Kind auf den Arm nehmen, es umarmen oder sein Haar streicheln. Tun Sie, was nötig ist, um das Selbstgefühl des Kindes wiederherzustellen, die Brücke, die zerstört wurde, wieder zu reparieren. Verschaffen Sie dem Kind wieder Sicherheit, und schenken Sie ihm Liebe. Lassen Sie es wissen, daß Sie zurückkommen und wieder mit ihm sprechen werden und daß es mit Ihrer Liebe und Ihrem Verständnis rechnen kann, ganz gleich, was kommen mag. Wenn Sie das alles getan haben, dann entlassen Sie das Kind wieder in den Spiegel. Der Spiegel wird zu einem Kreis. Der Kreis zu einer

Eins, die Eins zu einer Zwei, und aus der Zwei wird eine Drei. Öffnen Sie die Augen, und kehren Sie wieder zurück.

Was ist geschehen? Wenn Sie sich als Kind wiedergefunden, sich getröstet und die Brücke wiederhergestellt haben, dann fühlten Sie sich wahrscheinlich erleichtert. Vielleicht empfanden Sie sogar Liebe. Vielleicht spürten Sie Schmerz oder hatten plötzlich Verständnis für etwas, was Sie früher nie einsehen konnten. Haben Sie überhaupt nichts empfunden? Dann ist auch das gut.

Vielleicht vermittelt Ihr Unterbewußtsein Ihnen später – in einem Traum, durch eine blitzartige Erkenntnis oder durch die inspirierende Lektüre eines bestimmten Buches – eine Einsicht. Wenn Sie aber etwas über sich gelernt oder etwas Interessantes erfahren haben, dann nehmen Sie sich – obwohl es Ihnen jetzt vielleicht sinnlos erscheint – eine Minute Zeit, und schreiben Sie es auf.

Ich lernte den »Spiegel-Countdown«, eine Technik, die den Zugang zur unterbewußten Weisheit öffnet, durch die Therapeutin Dr. Harriett Mann kennen. Man kann den Zauberspiegel nach allem möglichen fragen. Er ermöglicht gleichermaßen den Zugang zu den persönlichen wie zu den transpersonellen Weisheiten und Erinnerungen. Ich habe diese Übung Tausenden von Menschen beigebracht, und ich bin immer wieder erstaunt darüber, wie viele Varianten der Enthüllung die Leute erleben. Die Übung mit dem magischen Spiegel fällt von Mal zu Mal leichter, und nach mehreren Versuchen wird Ihnen die Fertigkeit, „nach innen" zu gehen und das Innere Kind aufzuspüren oder andere Informationen zu empfangen, vielleicht schon zur zweiten Natur. Es kann sein, daß Sie dieselbe Szene oder das gleiche Alter immer wieder aufsuchen, oder aber Sie haben jedesmal eine andere Szene vor Ihren inneren Augen. Das Kind, das Sie finden, kann ein Säugling oder auch ein Teenager sein. Jeder Kontakt zu Ihrem Inneren Kind bietet Ihnen Gelegenheit, alte Vorfälle zu bereinigen, indem Sie seinen Schmerz stillen und sich bewußtmachen, welche Erfahrungen Sie aus der betreffenden Situation ableiten können. Auf diese Weise können Sie dazu beitragen, sich von der Vergangenheit zu befreien – nicht indem Sie diese auslöschen, sondern indem Sie sie in einen größeren Kontext stellen, wo Ihr Mitleid und Ihre Fürsorge einen neuen Rahmen für das alte Muster schaffen und es so völlig umgestalten.

Übung: Das Innere Kind regelmäßig aufsuchen

Sie werden mehr vom Kontakt mit dem Inneren Kind haben, wenn Sie diesen regelmäßig pflegen – vor allem dann wenn Sie verwirrende Situationen oder emotionelle Bindungen begreifen wollen oder wenn alte Verhaltensmuster Sie daran hindern, frei zu handeln.

Sie können sich aber auch täglich mit Ihrem Inneren Kind treffen. Viele Menschen haben sich die folgende Übung zu einer Gewohnheit gemacht, mit der sie die Wunden der Vergangenheit heilen können. Wenn Sie morgens aufwachen, sollten Sie nicht gleich aus dem Bett springen, sondern zuerst ein paar Mal tief Luft holen oder den magischen Spiegel benutzen.

Versetzen Sie sich an einen Ort Ihrer Kindheit, an dem Sie sich geborgen fühlten. Wenn Sie sich nicht an einen solchen Ort erinnern können, dann stellen Sie sich einen vor, den Sie gern gehabt hätten. Begrüßen Sie Ihr Inneres Kind dort. Fragen Sie es, welche Erwartungen es in bezug auf den kommenden Tag hat. Hören Sie ihm voll Respekt und Liebe zu. Versuchen Sie nicht, ihm die schmerzlichen Gefühle, die es vielleicht ausdrücken will, auszureden. Lassen Sie das Kind wissen, daß Sie ihm zuhören und seine Sorgen verstehen. Wenn es nötig ist, antworten Sie ihm. Sie möchten es vielleicht auch für den bevorstehenden Tag um Rat fragen, seine ange-

112

borene Klugheit für sich erschließen. Ehe Sie gehen, drücken und umarmen Sie das Kind für einen Augenblick. Schauen Sie ihm in die Augen. Errichten Sie eine Brücke der Liebe und des Vertrauens. Sagen Sie ihm, daß Sie wiederkommen werden.

Wiederholen Sie die Übung, ehe Sie abends einschlafen. Gehen Sie wieder in sich, besuchen Sie den Ort der Geborgenheit, und überdenken Sie den Tag gemeinsam mit Ihrem Inneren Kind, lassen Sie sich seine Gefühle erzählen, trösten Sie es und reden Sie mit ihm. Denken Sie daran, daß Sie es auch um Rat fragen können. Eric Berne nannte das Natürliche Kind nicht ohne Grund den kleinen Professor. Das Kind ist ein kluger Ratgeber, von dem Sie wirklich profitieren können.

Krankheit und das Innere Kind

Eine meiner Patientinnen, eine Frau namens Martha, mußte sich eines Nachmittags mit schweren Bauchschmerzen ins Bett legen, Symptome eines Zwölffingerdarmgeschwürs, an dem sie seit Jahren litt. Martha hatte seit ein paar Wochen in einer Therapie ihr Inneres Kind kennengelernt und beschloß daher, die kleine „Martie" – normalerweise traf sie sie als Vierjährige – aufzusuchen und zu trösten. Als Martha in die Meditation eintrat, fand sie überraschenderweise ein Baby von zehn oder elf Monaten vor, das allein auf dem Boden saß und untröstlich weinte. Sie nahm das Baby instinktiv hoch, setzte sich in einen Schaukelstuhl und begann es zu stillen. In dieser Vorstellung ruhte sich Martha ein paar Minuten lang aus, und sie merkte, daß ihr Bauch sich, während sie das Baby tröstete, entspannte und der Schmerz verschwand.
Als Martha das nächste Mal Bauchkrämpfe hatte, meditierte sie sofort und traf wieder auf das Baby. Wieder

wurde der Schmerz kuriert, indem sie das Baby ein paar Minuten lang stillte. Offensichtlich hatte ein sehr junger Teil von Martha Angst davor, daß seine Grundbedürfnisse an Liebe und Nahrung nicht erfüllt würden. Einige Monate lang suchte Martha das Baby regelmäßig auf und kümmerte sich voller Liebe und Zuneigung um es. Schrittweise ging ihr Zwölffingerdarmgeschwür zurück, und eines Tages verschwand auch das Baby. Es wurde durch die Vierjährige, mit der Martha Monate zuvor die Therapie am Inneren Kind begonnen hatte, ersetzt.

Marthas Entdeckung, daß eine körperliche Krankheit mit den unbefriedigten Bedürfnissen ihres Inneren Kindes in Verbindung stand, ist nicht ungewöhnlich. Natürlich darf nicht außer acht gelassen werden, daß Krankheiten viele verschiedene Ursachen haben, die von Erfahrungen in der Kindheit beeinflußt sein können oder auch nicht. Dennoch wies der Psychologe James Pennebaker anhand umfassender Fachliteratur nach, daß Erwachsene, die in der Kindheit Traumata durchlebten, wesentlich empfänglicher für Krankheiten sind – von zu hohem Blutdruck über Magengeschwüre bis hin zu Krebs – als Erwachsene ohne solche Traumata. Das heißt nicht, daß ein Kindheitstrauma eine Krankheit verursacht. Es bedeutet vielmehr, daß ein Trauma ein Faktor unter vielen ist, die die Wahrscheinlichkeit, krank zu werden, vergrößern. Wenn nicht bereits eine genetische Vorprogrammierung oder schädliche Umwelteinflüsse – sprich die Disposition zu einer Krankheit – vorliegen, kann selbst die traumatischste Kindheit nicht dazu führen. Anders ist das bei den Beschwerden, die direkt mit Streß und Angst verknüpft sind, wie verspannungsbedingte Kopfschmerzen, nervöse Zustände und einige Herz- und Gefäßerkrankungen. Meine eigenen Erfahrungen gehören in diesen Bereich.

Als ich aus dem besagten Ferienlager nach Hause kam, ließ ich nichts übers Fortlaufen verlauten, weil ich Angst davor hatte, daß man mich ausschelten würde. Aber als sich meine Eltern im darauffolgenden Winter darüber unterhielten, daß sie mich ein zweites Mal ins Ferienlager schicken wollten, konnte ich es nicht mehr ertragen und gestand mein furchtbares Geheimnis. Meine Eltern waren fassungslos: Sie hatten ein paar Lager geprüft und alles darangesetzt, ein gutes auszusuchen. Sie reagierten wie viele Eltern, wenn eine Mißhandlung aufgedeckt wird: Sie nahmen an, daß ich die Geschichte übermäßig dramatisierte. So etwas gab es doch einfach nicht...

Obwohl ich erleichtert darüber war, daß ich nicht bestraft wurde und daß man mir einen zweiten Besuch des Ferienlagers ersparte, war ich doch traurig, weil man mir nicht glaubte. Nachts hatte ich häufig Alpträume und bekam bald schlimme Migränezustände, die zwanzig Jahre lang immer wiederkehrten und erst aufhörten, als ich die psychosomatischen Techniken der Meditation und der kreativen Vorstellungskraft lernte, die in meinem Buch *Minding the Body, Mending the Mind* (dt. *Gesundheit ist lernbar*) beschrieben sind. Erst in den letzten Jahren entdeckte ich, daß ich Kopfschmerzen im Anfangsstadium nicht nur durch Meditation zum Verschwinden bringen kann, sondern schneller noch dadurch, daß ich in mich gehe und die siebenjährige Joanie tröste, die im Ferienlager mißhandelt wurde.

Glücklicherweise bleibt den meisten von uns die wahrhaft demütigende Erfahrung einer Mißhandlung und der dazugehörigen Scham erspart. Aber wann auch immer ein Kind von seinen Eltern nicht ernst genommen wird, wann immer seine kreativen Anstrengungen oder Gefühle belächelt oder abgewertet werden, wird es diese Scham empfinden, während der Schock, falsch eingeschätzt und aufgefaßt worden zu sein, sein Nervensystem durcheinanderbringt.

Jedes menschliche Wesen erfährt Traumata, Verluste und Enttäuschungen in seinem Leben, die dafür verantwortlich sind, daß wir uns unglücklich fühlen – traurig, wütend, verletzt, betrogen oder ängstlich. Wir versuchen, die Gründe für unser Leiden zu verstehen und etwas dagegen zu unternehmen. Am natürlichsten wäre es, mit anderen Menschen über unsere Schwierigkeiten zu reden. Leider fällt uns gerade das häufig sehr schwer. Opfer von sexuellem Mißbrauch und körperlicher Mißhandlung in der Kindheit oder Kinder von Alkoholikern schämen sich oft ihrer Erfahrungen und verschweigen sie lieber. Unglücklicherweise erfordert es sowohl körperliche als auch mentale Energie, diese Erinnerungen zu leugnen und den Schmerz, der aus ihnen resultiert und der nur durch Trost zu besänftigen wäre, zu verdrängen. Wenn die damit gebundene emotionale Energie dann auch noch auf eine gerade geschwächte psychische Konstitution stößt, kann diese Situation zu Krankheiten führen. Das war bei meinen Kopfschmerzen der Fall und auch bei Barrys Rückenschmerzen und bei Marthas nervösen Darmbeschwerden.

James Pennebaker und Sandra Beall haben ein aufschlußreiches Experiment mit fünfundvierzig Collegestudenten durchgeführt, bei dem es um die Verbindung zwischen einem unterdrückten Gefühl und Krankheit ging. Sie stellten die Hypothese auf, daß das Unterdrücken von Gefühlen eine aktive Tätigkeit ist, die wirkliche körperliche Arbeit erfordert und daher Streß erzeugt. Also schlossen sie daraus, bei den Studenten, die ihre Gefühle über Traumata enthüllten, gesundheitliche Unterschiede gegenüber denjenigen feststellen zu können, die ihre Gefühle für sich behielten. Sie konzipierten ein Experiment, bei dem Studenten an vier aufeinanderfolgenden Abenden über verschiedene Erfahrungen schreiben sollten. Körperliche Messungen der Kampf-oder-Flucht-Signale – wie Herzschlag und Pulsfrequenz – wurden sofort nach dem Schreiben vorgenommen, und während der anschließenden sechs Monate wurde der Gesundheitszustand der am Experiment teilnehmenden Studenten regelmäßig kontrolliert.

Eine Studentengruppe mußte einfache Aufsätze schreiben. Zum Beispiel wurden die Teilnehmer gebeten, einen

Artikel über ihre Schuhe zu verfassen. Eine andere Gruppe schrieb über ihre Traumata, aber nur über die Tatsachen – nicht über ihre Gefühle. Die übrigen Studenten berichteten über ihre Traumata *und* ihre Gefühle. Diese dritte Gruppe – gewissermaßen die emotionalen Enthüller – reagierte mit Kampf-oder-Flucht-Signalen und höherem Blutdruck direkt nach dem Schreiben und fühlte sich am nächsten Tag erschöpfter als die anderen. Aber sechs Monate später litten die Enthüller an weniger Symptomen und suchten den Arzt erkennbar seltener aus Krankheitsgründen auf als Studenten der anderen Gruppen. Befragt, ob das Experiment länger anhaltende Wirkung gehabt habe, bejahten die Enthüller das und nannten als Resultate größere Einsicht, weniger Anspannung, mehr Zufriedenheit und die Fähigkeit, über Dinge nachzudenken, die ihnen zu schmerzlich gewesen waren. Viele fingen spontan an, Tagebuch zu schreiben, um sich diese positiven Auswirkungen zu erhalten.

Den Kontakt zum Inneren Kind aufzunehmen ist ein sehr direkter Weg, den Schmerz zu lindern, mit Gefühlen und alten Traumata umzugehen. Wie Pennebaker und Beall gezeigt haben, ist es hilfreich, alles niederzuschreiben oder es mit einem guten Zuhörer durchzusprechen. Aber der Umgang mit Gefühlen, die in der Vergangenheit unterdrückt wurden, ist nur ein Teil des Heilungsprozesses, den wir durchleben müssen. Nur weil uns bestimmte Gefühle als Kinder verwehrt waren, können wir sie jetzt so schwer erkennen. Aber nicht nur alte Traumata müssen korrigiert werden, wir müssen auch unsere Fähigkeiten verbessern, gegenwärtige Emotionen zu erkennen. Zu diesem Zweck müssen wir lernen, uns selbst zuzuhören und uns ernst zu nehmen.

Zuhören kann man lernen

Wenn wir lernen, uns zuzuhören, sind wir auf dem besten Weg, uns selbst lieben zu lernen – ebenso wie es eine starke Form der Liebe ist, anderen zuzuhören. In meinen Workshops lasse ich die Teilnehmer oft eine Zuhörübung machen, die ich aus einer Familientherapie von Bob Ginn, einem Familientherapeuten aus Cambridge, Massachusetts, übernommen habe. Die Übung ist ganz einfach: Zwei Fremde finden sich in einem Paar zusammen, und der eine fängt an zu reden – über alles mögliche. Der andere muß *schweigend* sitzen bleiben und mit großer Aufmerksamkeit und großem Ernst zuhören. Nach zehn Minuten werden die Rollen getauscht, und der Redner wird zum Zuhörer. Wenn die Zeit um ist und die beiden sich miteinander austauschen können, dann ist es so, als würde man das Wiedersehen von zwei alten Freunden beobachten! Die meisten Menschen beginnen ihren zehnminütigen Monolog mit dem Wetter und beenden ihn, indem sie über ihre tiefsten Hoffnungen und Befürchtungen reden. Es liegt wohl an dem respektvollen Schweigen und der Aufmerksamkeit des Zuhörers, daß Gefühle, die Trost oder Bestätigung brauchen, dabei zur Sprache kommen. Die meisten Zuhörer berichten davon, wie frustrierend für sie das Verbot war, etwas Mitfühlendes zu sagen oder einen Rat zu geben. Wir glauben fast alle, daß andere Menschen uns für grob halten, wenn wir nicht antworten, und daß man uns deshalb nicht mögen wird. Doch die Erfahrung mit der Zuhörübung beweist genau das Gegenteil. Der Redner berichtet gewöhnlich, daß er tiefes Mitgefühl spürte und eigentlich gar keinen Rat wollte – tatsächlich hätte dies das Band des Mitgefühls, das sich entwickelt hatte, gestört. Oft berichten Leute, daß sie sich seit Jahren anderen Menschen nicht mehr so nahe gefühlt hätten. Es ist wirklich bemerkenswert, welches Vertrauen und welche Fürsorge sich hier zwischen Fremden innerhalb von zwanzig Minuten aufbauen. Respektvolles Zuhören errichtet eine starke interpersonelle Brücke.

Das respektvolle Zuhören können wir auch auf uns selbst anwenden. Es ist eine positive und nützliche Erfahrung. Erstens bringt es uns dazu, Gefühle bewußter wahrzunehmen. Wann immer Sie sich ängstlich oder leer fühlen – oder einfacher gesagt „mies" –, sind die wirklichen Gefühle im Unterbewußtsein, im Schatten vorhanden. Zweitens kümmern wir uns, indem wir uns zuhören, um uns selbst und fördern so unsere Selbstachtung. Drittens ist respektvolles Zuhören ein Weg, uns wieder zu bemuttern und Brücken neu zu bauen, die beschädigt oder zerstört wurden, als unsere wahren Gefühle in der Kindheit nicht akzeptiert wurden. Die Kunst, sich selbst zuzuhören, besteht aus vier einfachen Schritten.

Erster Schritt: Hören Sie sich respektvoll zu
Vergegenwärtigen Sie sich, was Sie gerade im Augenblick fühlen. Wenn die Emotion nicht ganz klar ist, befragen Sie sich so lange, bis Sie zur Quelle vorstoßen. Wenn Sie sich zum Beispiel ruhelos oder gelangweilt fühlen, dann forschen Sie nach, woher diese Ruhelosigkeit kommt. Was hat dazu geführt? An was dachten Sie gerade? Was fehlt Ihnen im Augenblick? Vielleicht wird sich die Ruhelosigkeit als Angst, als Ärger oder auch als kreativer Drang herausstellen, die sich ausdrücken wollen. Fragen Sie ständig nach. Wenn Sie ein Gefühl nicht wirklich spüren oder ein Bedürfnis nicht identifizieren können, dann fragen Sie sich: „Was kann ich tun, damit ich mich besser fühle?"

Zweiter Schritt: Akzeptieren Sie Ihre Gefühle
Seien Sie offen für die Gefühle, die an die Oberfläche kommen. „Ah, Ärger – wie interessant!" Urteilen Sie das Gefühl nicht als „schlecht" ab, und versuchen Sie nicht, es zu verdrängen. Sie müssen nichts anderes mit einem Gefühl tun, als es zuzulassen. Richten Sie Ihr Bewußtsein

auf das Gefühl, und lassen Sie sich dorthin treiben, wohin es Sie bringt. Vielleicht führt es Sie in den Körper, wo Sie Furcht oder Verspannungen bemerken. Vielleicht bringt es Ihnen alte Erinnerungen zurück, vielleicht veranlaßt es Sie dazu, die Situation, die das Gefühl provoziert hat, erneut zu überdenken. Es ist egal, wohin es Sie bringt oder ob es seinen Ursprung enthüllt. Vertrauen Sie darauf, daß sich Einsicht ganz von allein ergibt – wenn sie nötig und hilfreich ist!

Dritter Schritt: Trösten Sie sich selbst
Wie gut tut es doch, von jemandem in den Arm genommen zu werden, wenn es einem schlechtgeht. Sie können das für sich selbst tun, indem Sie ein paar tiefe Seufzer der Erleichterung ausstoßen. Sie verjagen damit Ihre mentale Anspannung und lenken einen Strom liebender Gefühle direkt auf sich selbst. Schließen Sie die Augen und stellen Sie sich selbst als kleines Kind vor, wie wir es ja schon beschrieben haben. Dann können Sie das Kind aufnehmen und es an sich drücken, es streicheln, es wiegen, ihm leise etwas vorsingen oder es auf die Weise trösten, die Ihnen am besten gefällt. Mit fortschreitender Erfahrung wird es Ihnen immer leichter fallen, Liebe und Selbstakzeptanz zu spüren. Früher oder später werden Sie auf direktem Weg Zugang zu liebevollen Gefühlen erlangen, ohne daß Sie sich das Innere Kind vorstellen müssen.

Vierter Schritt: Überprüfen Sie, ob der Vorgang abgeschlossen ist
Nachdem Sie Ihren Gefühlen zugehört und sich akzeptiert haben, könnte der Vorgang abgeschlossen sein. Wenn Ihr Körper entspannt ist und Sie sich friedvoll fühlen, dann ist ein natürliches Loslassen erfolgt. Aber wenn Sie sich noch immer körperlich oder geistig verspannt fühlen, dann ist der Prozeß noch nicht abgeschlossen. Atmen Sie ein paarmal tief aus, und nutzen Sie Ihre Vorstellungskraft, um zu Ihrem Inneren Kind zu gelan-

gen. Trösten Sie es, und fragen Sie es dann liebevoll, was es braucht, um sich besser zu fühlen. Vielleicht bekommen Sie eine direkte Antwort, vielleicht aber auch nicht. Die Erfahrung wird jedesmal anders verlaufen, Sie sollten keine Erwartungshaltung haben.

Indem wir respektvolles Zuhören praktizieren, können wir die interpersonellen Brücken, die in unserer Kindheit, aber auch während unseres Erwachsenenlebens zerstört oder beschädigt wurden, wieder aufbauen. Indem wir unserem Inneren Kind und unserem erwachsenen Selbst zuhören, nehmen wir teil an dem Vorgang, uns endlich die Liebe zu geben, die wir manchmal von unseren Eltern nicht bekamen. Das wird zu einer emotionellen Unabhängigkeit führen, die uns so authentisch werden läßt, wie wir in Wirklichkeit sind. Wir werden auch anderen besser zuhören können – mit derselben Geduld und demselben Respekt, den wir uns auch selbst zubilligen.

Vorschläge für den Leser

1. *Wenn Sie sich dabei wohl fühlen, machen Sie die Übungen, mit denen Sie das Innere Kind finden. Schreiben Sie Ihre Erfahrungen dabei in Ihr Tagebuch oder ein Heft.*

2. *Üben Sie, Äußerungen von Gefühlen respektvoll zuzuhören – sowohl Ihren eigenen als auch denen Ihrer Mitmenschen.*

3. *In Kapitel zehn finden Sie die Beschreibung einer Meditation mit Musik. Sie dient zur Heilung des Inneren Kindes. Diese Meditation stellt für die meisten Teilnehmer meiner Workshops eine bewegende, schöne Erfahrung dar. Sie ist im Grunde liebevoll,*

sanft und heilend, aber sie kann bei manchen Menschen auch schmerzliche Empfindungen auslösen, weil sie sie an die fehlende Liebe in ihrer Kindheit erinnert. Das Innere Kind muß immer noch um das Verlorene trauern. Wenn wir den Trauerprozeß unterbinden, wenn wir den alten Schmerz nicht herauslassen, wird eine Genesung nicht möglich sein. Aber unsere seelische Arbeit muß zum rechten Zeitpunkt erfolgen. Entscheiden Sie selbst, ob es gut oder nicht gut für Sie ist, diese Arbeit zu diesem Zeitpunkt Ihres Lebens zu leisten.

Zweiter Teil

Spirituelle Ursprünge

In den verborgensten Kammern des Herzens,
über allen Lehren der Welt,
ruft eine kleine, leise Stimme.
Sie singt das ewige Lied
von der Entstehung der Welt.
Sprich zu mir bei Sonnenaufgang und im Licht der
    Sterne.
Sprich zu mir in den Augen eines Kindes.
Du, der aus einem Lächeln ruft,
mein kosmischer Geliebter,
sag mir, wer ich bin
und wer ich immer sein werde.
Hilf mir, mich zu erinnern.

Wer bin ich?

Schauen Sie sich auch des öfteren Fotos von früher an? Ich schon, und wenn ich mich auf den alten Fotos so betrachte, dann bin das immer noch ich – obwohl ich im Laufe der Zeit zahlreiche Veränderungen durchgemacht habe. Eines meiner Bilder zeigt mich mit langem, glattem Haar und allen Attributen, die das Image einer kultivierten jungen Rebellin, die Bach hört und Lyrik liest, vermitteln. Meine langen, schaukelnden Ohrringe waren wie ein Signal, das wahre Zeichen der Subkultur. Ich wußte, daß ich es geschafft hatte, als Mr. Rinaldi, der Direktor meiner Schule, mich in sein Büro rief: „Was ist bloß mit Ihnen los? Sie richten sich nicht mehr das Haar. Und diese Ohrringe!" Er rollte verzweifelt die Augen und schlug die Hände über dem Kopf zusammen – genauso wie meine Mutter es kurz zuvor getan hatte.

Wie viele Identitäten nehmen wir wohl im Laufe eines Lebens an? Wie viele Persönlichkeiten bilden sich und lösen sich wieder auf wie Wolken am Himmel? Und doch scheinen die Geburt und der Tod einer jeden eine todernste Sache zu sein. Wir suchen nach einer ultimativen Persönlichkeit – der letzten Aussage unseres Seins –, wobei wir vergessen, daß die Wellen der Veränderung schließlich jede neue Sandburg wegspülen werden. Denn wer – außer er ist tot – verändert sich nicht mehr? Wer wird nicht jeden Augenblick neu erschaffen?

Herauszufinden, wer wir sind, bedeutet kein trockenes

akademisches Forschen nach dem letzten Sinn des Lebens. Es ist vielmehr der eigentliche Prozeß des Lebens selbst, die Grundlagen, das Fleisch und Blut der Gedanken, Gefühle und Handlungen, die jeden einzelnen Tag ausmachen. Solange wir Gefangene der Schuld sind, können wir nicht entdecken, wer wir sind, weil das Natürliche Kind schläft und unsere Lebenskraft auf Sparflamme arbeitet. Gefesselt von den Ketten unechter, bedingter Liebe, die unsere Seelen an die Meinungen und Erwartungen anderer Menschen verpfändet, sind wir alle zu sehr mit unseren Masken, den falschen Persönlichkeiten, der Besessenheit, allen zu gefallen, und unserem Perfektionismus beschäftigt, statt wirklich jeden Augenblick so zu leben, wie er geschieht. Wir wollen jeden Moment kontrollieren und sicherstellen, daß nichts unseren Bauklötzchenturm, den wir so mühsam aufgestapelt haben, durcheinanderbringt.

Falls Sie es noch nicht gemerkt haben – „Chef" des Universums zu sein und alles kontrollieren zu müssen macht überhaupt keinen Spaß. „Kontrollfreaks" führen ein trokkenes, ängstliches und selbstgerechtes Leben. Und weil die meisten Menschen ungern kontrolliert werden, leiden auch Ihre persönlichen Beziehungen. Wenn wir uns hilflos fühlen, reagieren wir meist damit, daß wir die Kontrolle übernehmen wollen. Auf diese Weise lassen sich Ohnmacht und Furcht überdecken. Aber wirkliche Macht findet man nicht, indem man den Fluß der Ereignisse diktiert, sondern indem man die Flexibilität gewinnt, seinen Kurs dem stetig wechselnden Fluß der Möglichkeiten anzupassen. Je mehr wir von unserer ungesunden Schuld behindert werden, desto weniger sind wir in der Lage zu bemerken, wie sich der Gang der Dinge ändert. Schuld hemmt unsere Intuition (die Bewußtheit der Dinge), die, wenn sie frei arbeiten kann, auch die feinste Information in Gefühlen, Träumen, Vorstellungen, Ahnungen, „Zufällen" und dem anscheinend normalen Alltagsleben registriert. Intuitive Information maximiert unsere Kreativität und gestattet uns, schöpferische Rollen anzunehmen – nicht als Kontrolleure des Universums, sondern als Miterbauer, die die Rohmaterialien formen, welche eine höhere Macht bereitstellt.

Manchmal kontrollieren wir uns selbst rigide und erkaufen uns mit den daraus resultiernden Schuldgefühlen die seltsame Hoffnung, daß unsere Angst und Unterdrükkung als „gut" angesehen werden und uns einen Platz im Himmel sichern. Anders gesagt: Wir mögen uns ja jetzt schlecht fühlen, bekommen aber dafür später unseren Lohn! Ein jüdischer Zadik oder Weiser gab einmal einem seiner Schüler folgenden Rat: „Wenn du stirbst und in den Himmel kommst, wird Gott dich nicht fragen, warum du nicht so tapfer wie Moses oder so weise wie Salomon warst. Er wird dich nur fragen, warum du nicht du selbst warst." Und was würden Sie auf diese Frage antworten? Etwa: Weil meine Mutter wollte, daß ich Arzt werde? Oder: Weil ich Angst davor hatte, daß meine Frau böse würde? Oder weil mir jemand erzählt hat, daß es eine Sünde sei, eine schöne Zeit zu verleben? Solche Begründungen aus Schuldgefühlen heraus wirken beim Jüngsten Gericht sicher ziemlich dumm, glauben Sie nicht auch?

Die vielen Ichs

Der italienische Psychiater Roberto Assagioli, der die Psychosynthese entwickelte, bewies, daß jeder von uns einen ganzen Harem von Persönlichkeiten besitzt, die alle unter dem Schutz von etwas leben, das wir unser Ego nennen. Wir sind uns zumeist einiger unserer Teile – die Assagioli „Subpersönlichkeiten" nennt – mehr bewußt als anderer. Nehmen Sie zum Beispiel Joanne, eine korrekte Anwältin im adretten Schneiderkostüm, die Mitglied einer psychosomatischen Therapiegruppe war. In ihren Träumen trug sie gern rote Seidenunterwäsche von einem bekannten

Versandhaus. Ihre sinnliche Subpersönlichkeit, die in ihrem Schatten versteckt war, gelangte fast nur durch Träume in ihr Bewußtsein, aber sie ist trotzdem ein Teil von ihr – ebenso wie die pflichtbewußte Anwältin, die großzügige Dame, die sonntags Essen an Obdachlose ausgibt, und die Frau, die als kleines Mädchen schreckliche Angst davor hat, zurückgewiesen zu werden, und die sich als Vierzigjährige gerade zum ersten Mal verlobt hat. Wer ist die *wirkliche* Joanne in diesem Labyrinth von Schatten, Masken und bewußt gewählten Rollen?

Wir können die Antwort auf diese Frage etwas erhellen, indem wir einen Blick auf ein interessantes Phänomen werfen, das „multiple Persönlichkeit" genannt wird. Lassen Sie uns dazu den (hypothetischen) Fall von Marsha betrachten. Es ist Mittwoch, halb vier Uhr nachmittags, und Marsha kommt gerade aus dem Krankenhaus, wo sie als Schwester auf der Station für Neugeborene arbeitet, nach Hause. Sie legt ihre Arbeitskleidung ab, faltet sie sorgfältig zusammen, zieht Jeans an und setzt sich vor den Fernseher, um sich eine Serie anzuschauen. Marsha streckt sich und gähnt. Eine Minute später stiehlt sich ein seltsames Lächeln um ihre Mundwinkel. Marsha geht zurück in ihr Schlafzimmer und durchwühlt die Schubladen, bis sie ihre alte Puppe Sally findet. Die Puppe eng an sich gedrückt, geht Betty, wie sie sich jetzt nennt, in die Küche, wo sie für sich und Sally das Abendessen bereitet. Milch, Plätzchen und Eiskrem. Danach geht sie mit Sally schlafen. Als um sieben das Telefon klingelt, ist Marsha total verwirrt: Anstatt sich um sechs Uhr wie verabredet mit ihrem Freund zu treffen, hatte sie wieder einen dieser seltsamen Blackouts. Und wie ist bloß diese alte Puppe aus der Kommode gekommen?

Die Geisteskrankheit der multiplen Persönlichkeit ist eine faszinierende und unheimliche Krankheit, die unsere festgefügten Vorstellungen von dem, was Persönlichkeit ist, ganz schön ins Wanken bringen kann. Es kann vorkommen, daß zwei oder gar mehrere Persönlichkeiten, die sich unterscheiden wie Tag und Nacht, in einem Körper wohnen. Jede Persönlichkeit kann in der Lage sein, die Gesten, den Klang der Stimme, den Intellekt, das Erinnerungsvermögen und sogar die Physiologie des Körpers allein zu beherrschen. Es scheint unglaublich, daß die eine Persönlichkeit Allergiker sein kann, eine Brille braucht oder sogar Diabetes haben kann, während die anderen damit nichts zu tun haben. Überdies kann eine der Persönlichkeiten über einen normalen IQ verfügen, während eine andere ein Genie ist. Eine kann Mediziner sein, während eine andere Künstler ist, und wieder eine andere kennt Sprachen, die den übrigen unbekannt sind. Noch vor zehn Jahren galt die Krankheit der multiplen Persönlichkeit als ausgesprochen seltene Anomalie, und manche Menschen bestritten ihre Existenz überhaupt. Heute wissen wir, daß sie relativ weit verbreitet ist und daß sie sich bei mißhandelten Kindern entwickelt, die sich tatsächlich „aufsplitten" oder neue Persönlichkeiten abspalten, um die Mißhandlung zu ertragen, während die ursprüngliche Persönlichkeit sich in irgendwelchen Seitentrakten des Bewußtseins versteckt. Mit der Zeit kann sich ein ganzer Kader von Persönlichkeiten formen, wobei jede einzelne fähig ist, sich um verschiedene Aspekte des Lebens zu kümmern – jede mit einer anderen Rolle, und jede glaubt, daß sie diejenige ist, die „die Person ist". Dies ist ein extremes Beispiel von Formen falscher Selbst, die das Resultat eines emotionalen Traumas oder körperlicher Mißhandlung sein können.

Ähnliche Reaktionen, wenn auch von geringerer Tragweite, lassen sich bei einem Menschen beobachten, der ungesunde Schuldgefühle entwickelt. Hier führt die weniger schwere, aber doch auch beängstigende Kindheitserfahrung bedingter Liebe zur Abspaltung falscher Persönlichkeiten oder Masken – die den Eltern gefallen sollen – und der Abschiebung „inakzeptabler" Persönlichkeiten in den Schatten. Der ganze Bereich der Sexualität gehört im allgemeinen zum Bestand des Schattens – wie es bei Joanne der Fall war –, was allerdings nicht bedeutet, daß sie keinen Einfluß mehr hat. Es bedeutet nur, daß die Sexualität sich nicht normal entwickeln kann. Der unerforschte Schatten kann in allen Elementen genauso gefährlich sein wie das Alter ego einer multiplen Persönlichkeit. Auch wenn der Schatten nicht bewußt Verhalten und Physiologie kontrolliert, so tut er es doch unbewußt. Und wie können wir etwas ändern, dessen wir uns nicht bewußt sind?

Bei einer multiplen Persönlichkeit zielt die Therapie darauf ab, alle verschiedenen Selbst in ein funktionierendes Ganzes unter dem Schutz einer einzigen Persönlichkeit wieder zusammenzuführen. Das heißt natürlich, daß die anderen Persönlichkeiten – wie Marshas Betty – verschwinden müssen. Was bedeutet es für eine Persönlichkeit zu verschwinden, ihre Erinnerungen und Träume, ihre Vergangenheit und Zukunft – ihr Bewußtsein – zu verlieren? Ist es nicht das, was wir am Tod so fürchten? Die Auflösung des Ego, das Loslassen dessen, was wir für das, was wir sind, halten, scheint schrecklich beängstigend zu sein. Aber Therapeuten, die diesen Prozeß bei multiplen Persönlichkeiten verfolgten, haben eine erstaunliche Tatsache entdeckt: Weil keine dieser Persönlichkeiten real ist, „stirbt" keine von ihnen wirklich. Genauso wie wir wir selbst bleiben, wenn wir unseren Beruf nicht mehr ausüben, heiraten oder geschieden werden, gibt es einen Kern bei uns allen, der tiefer sitzt als die unzähligen Persönlichkeiten, Masken und Rollen, die wir wie Filme auf eine Leinwand projizieren.

1974 beschrieb Dr. Ralph Allison als erster einen Zustand des Ego, der möglicherweise in allen Menschen mit multiplen Persönlichkeiten präsent ist; er nannte ihn den „Gehilfen des inneren Selbst": „Der Gehilfe des inneren Selbst scheint nicht zu einem bestimmten Zeitpunkt oder aus einem bestimmten Grund geformt worden zu sein, wie die anderen, sondern er scheint seit der Geburt Bestandteil der Person zu sein." Er ist charakterisiert durch

Liebe und guten Willen, beschreibt sich oft selbst als Übermittler der Liebe Gottes und bittet manchmal eine höhere Macht um Hilfe. Anstatt zu versuchen, den Körper zu „übernehmen", wie es die anderen Persönlichkeiten tun, möchte er nur eins mit ihnen werden. Diese Persönlichkeit kann den Therapeuten auf Fehler in der Therapie hinweisen und Vorschläge machen, die dabei helfen, die abgespaltenen Persönlichkeiten durch den Prozeß der Reintegration wieder zu einem funktionierenden Ganzen zu formen.

Der Gehilfe des inneren Selbst hat eine verblüffende Ähnlichkeit mit dem göttlichen Kern in jeder Person – ein Zweiklang, der sich zusammensetzt aus dem persönlichen Ausdruck des göttlichen Bewußtseins, das sich in unserer einzigartigen Seele abbildet (dem Natürlichen Kind), und dem nicht persönlichen Bewußtsein des Geistes (dem Selbst), das die Seele belebt, wie Elektrizität eine Glühbirne erleuchtet. Ganz gleich, wie viele Bilder wir projizieren, wie viele verschiedene falsche Selbst wir auch formen – sie selbst haben kein Leben und keine Realität. Obwohl die Erfahrungen, die wir mit diesen falschen Persönlichkeiten machen, sich unserem Vorrat an Seelenweisheit hinzufügen, sind die Persönlichkeiten nicht essentiell für das, was wir sind. Ohne die Quelle des Selbst sind sie leblos und tot. Wir können diese Persönlichkeiten freiwillig aufgeben, oder wir können um sie kämpfen, wie es einige der multiplen Persönlichkeiten tun, indem wir darauf bestehen, daß die jeweilige Persönlichkeit das darstellt, was wir sind.

Die psychospirituelle Arbeit eines Lebens hat zwei Seiten. Zuerst müssen wir uns unserer verschiedenen Persönlichkeiten bewußt werden – derer im Licht ebenso wie derer im Schatten –, so daß wir als einheitliche Person durchs Leben gehen können, ohne uns innerlich bekriegen zu müssen. Dies nennt man psychologische Integration und Ganzheit. Wir haben unseren Schatten kennengelernt, unsere verschiedenen Teile akzeptiert und gelernt, als ein koordiniertes Wesen zu funktionieren, indem wir all die verschiedenen Teile unserer Persönlichkeit benutzen. Zweitens müssen wir erkennen, daß selbst diese wohlintegrierte Persönlichkeit, die wir Ich nennen – geformt, um unseren Bedürfnissen zu dienen, und als Medium handelnd, durch das wir Leben erfahren und uns ausdrücken können –, immer noch nicht das ist, was wir wirklich sind. Es ist nicht die essentielle Selbst-Seele-Einheit oder Mitte, die seit der Geburt bei uns ist, und die uns (wie wir noch sehen werden) nach dem körperlichen Tod begleitet.

Wenn wir uns selbst als diese essentielle Mitte, die rund um das Selbst organisiert ist, erfahren, anstatt als eine von unseren Rollen, fühlen wir uns wohl, unbehindert von Ängsten und Verlangen – „in der Welt, aber nicht durch die Welt", wie der Apostel Paulus es beschrieb.

Selbsterkenntnis wurde auch schon Erleuchtung genannt, weil sie die Illusion einer fehlerhaften Identifikation mit unseren Ego-Rollen beendet und in uns eine grundlegendere, dauerhafte Identität erweckt, in der wir uns sicher, geborgen, geliebt fühlen und fähig sind, diese Qualitäten anderen Menschen mitzuteilen. Bei der Selbsterkenntnis wird unsere Persönlichkeit – unser Ego – als nicht mehr und nicht weniger wichtig angesehen als die Identität, die wir angenommen haben, um unsere einzigartige Arbeit in der Welt zu vollenden. Natürlich ist es gut, eine Persönlichkeit zu haben, aber sie ist nicht mehr „wir" als die Kleider, die wir abends über die Stuhllehne hängen, wenn wir zu Bett gehen.

Das Ich, das sich nicht verändert

Trotz des Vorbeimarsches wechselnder Persönlichkeiten, von denen wir glaubten, daß sie wir wären, und trotz all der Veränderungen, die sie mit sich brachten – den Erfolgen und den Fehlschlägen, den erreichten Zielen und den Verlusten, den langen, schaukelnden Ohrringen und den kleinen Goldreifen, trotz Krankheit und Gesundheit, den braunen, schwarzen, blonden oder grauen Haaren, den Beziehungen, die kamen und gingen –, können wir nicht immer noch im Kern dasselbe Bewußtsein bei uns erkennen, das wir damals hatten, als wir jung waren?

Hören Sie einen Augenblick auf zu lesen und holen Sie sich ein Kinderfoto von sich selbst, am besten eines, auf dem Sie zwei oder drei Jahre alt sind. Schauen Sie sich diese süße kleine Person an. Oder stellen Sie sich selbst in diesem Alter vor, wenn Sie kein Foto finden können. Sie sind es immer noch, nicht wahr? Sie können sich immer noch in den Knochen spüren, oder? Ein anderer Körper, andere Erfahrungen, aber derselbe Kern. Wenn Sie ein Foto gefunden haben, hängen Sie es irgendwo auf, wo Sie es häufig sehen – am Badezimmerspiegel oder an der Kühlschranktür oder in Ihrer Meditationsecke, wenn Sie eine haben. Das wird Ihnen helfen, sich an das Innere Kind zu erinnern und es zu lieben.

Wir wissen alle, daß das Innere Kind – die freudvolle, junge Seele, die direkt die Energie des Selbst reflektiert – nichts tun, sich nicht auf irgendeine besondere Weise verhalten muß, um sich gut zu fühlen. Wie bei der multiplen Persönlichkeit ist dieser Gehilfe des inneren Selbst nicht an eine bestimmte Art des Seins gebunden, ist nicht an irgendeinem Zustand des Ego beteiligt. Und von Zeit zu Zeit, als kleine Kinder, sind wir direkt bei unserem Kern, in unserer Mitte, drücken das Natürliche Kind direkt aus, ohne es durch eine Subpersönlichkeit oder eine Maske filtern zu müssen. Das ist der Überschwang, der Enthusiasmus, die „Besessenheit von Gott", die die Gegenwart von Kindern so heilend macht.
Mit zunehmendem Alter entwickeln wir mehr und mehr Subpersönlichkeiten und verbringen fortschreitend mehr

Zeit als nötig in ihnen. Wenn Sie zum Beispiel gerade an der Schreibmaschine sitzen, wie ich es im Moment tue, dann sind Sie besser bei der Subpersönlichkeit des Autors aufgehoben als beim Natürlichen Kind, das das Blatt Papier viel lieber zerknittern oder mit bunten Mustern bemalen würde! Wir brauchen unsere Egos, um bestimmte Funktionen auszuführen. Aber wenn sich das jeweilige Ego zu ernst nimmt und seine Rolle zu glorifizieren beginnt, anstatt seine ursprüngliche Aufgabe auszuführen – dann kann die Energie des Selbst, die Quelle des Lebens, die alle unsere Ego-Formen belebt, nicht mehr durchscheinen. Dann fühlen wir uns depressiv, und uns fehlt die Vitalität.

Die Suche nach dem Selbst: Die Abenteuerreise eines Helden

Die Suche nach dem Selbst wurde in Sagen und Märchen aller Kulturen, in religiösen Gleichnissen und im Film unsterblich gemacht. Der Mythologe Joseph Campbell hat die Suche nach dem Selbst als die Reise eines Helden bezeichnet. In seinem Buch *The Hero With A Thousand Faces* (dt. *Der Heros in tausend Gestalten*) verfolgt Campbell die Evolution des menschlichen Bewußtseins von der instinktiven Welt des animalischen Überlebens bis zu der Stufe hin, wo Erfahrung geteilt und Mitleid geübt wird.

Jeder von uns unternimmt vielleicht diese Reise, entfernt sich von der Welt und den Bedürfnissen unserer Zeit und begibt sich in einen spirituellen Bereich, der nicht zu unserem täglichen Leben gehört – er macht sich auf zum Königreich Gottes, zur Gralsburg, in die Welt der Träume. Während unserer Abenteuer in diesem Reich erkennen wir eine tiefere Wahrheit, eine größere Verbindung zu der Quelle oder dem Grund des Seins. Wir kehren danach verändert in unsere Welt zurück, sind fähig, unsere Leben authentisch zu leben, oder – wie Nietzsche es formulierte – wie „ein Rad, das sich um die eigene Mitte dreht".

Wir sind mit dem Instinkt geboren, diese Reise zu machen, mit dem tiefen Wissen, daß die derzeitige Welt nur eine begrenzte Sphäre an Erfahrung bietet, eine Bühne ist, auf der weit größere Energien mitspielen. Von Schopenhauer stammt die Metapher, daß das menschliche Leben ein Traum ist, in dem wir den Träumer nicht kennen. Kinder haben von Natur aus Zugang zu einer größeren Sphäre des Bewußtseins, zu dem unsichtbaren oder rein intellektuellen Bereich ebenso wie zu dem gegenständlichen Bereich weltlicher Erfahrung. Wir können viel lernen, indem wir ihnen zuhören. Sehr nachdenklich machte es mich beispielsweise einmal, als meine sechsjährige Nichte Alexa während einer langen Autofahrt plötzlich mit aller Bestimmtheit verkündete, sie liebe „Worte": Manchmal, wenn sie sie höre, würden sie ihr ganze Geschichten aus irgendeinem Ort vor langer Zeit, einem Ort „über die Welt hinaus", erzählen.

Jung nennt dieses Wissen, das über Worte hinausgeht, diese Geschichten, die uns in den Knochen stecken, Archetypen oder organisierende Muster menschlicher Erfahrung, die bei der Geburt Teil jedes menschlichen Bewußtseins sind. Sie sind das Erbe der universellen Weisheit, die im Selbst wohnt – ein instinktives Muster, das den Pfad der Rückkehr enthüllt, den Weg der Selbsterkenntnis und der Vereinigung mit unserem Ursprung.

Wir spenden instinktiv dem Helden Beifall, der die Schmerzen und Freuden dieser Welt hinter sich läßt, das Geheimnis des Lebens ergründet und, von seiner Reise zurückgekehrt, uns ermuntert, dasselbe zu tun. Die Geschichte von Jesus hat Generationen von Menschen hingerissen, weil sie diesem Muster folgt. Jesus versicherte, daß er gekommen sei, den Menschen „den Weg" zu zeigen, auf dem jeder zu Gott und in das Königreich gelangen könne, wie er es getan hatte. Auch Buddha hinterließ detaillierte Anweisungen darüber, wie wir das Selbst erkennen können, ebenso wie viele Hindulehrer oder kabbalistische Rabbis dies taten.

Psychospirituelle Aspekte von Mythos und Symbol

Es ist ermutigend, daß die Lebensmuster, denen wir bei der Heldenreise der Seele zu ihrem Ursprung folgen, auch früher schon gelebt wurden. Mythen zum Beispiel – ein Begriff, der heute paradoxerweise ein Synonym für „Unwahrheit" ist – sind in Wirklichkeit geheime Aufbewahrungsorte der Weisheit. In ihnen repräsentiert jeder Charakter einen Teil von uns selbst, weil die in ihm geschilderte Reise letztlich eine innere ist, obwohl sie oft von äußeren Ursachen bedingt und geleitet wird. Die Suche nach dem Selbst ist sowohl eine spirituelle als auch eine psychologische Reise. Ich kenne Menschen, die jahrelang meditiert und nach esoterischer Weisheit gesucht haben. Es war vergeblich, weil ihre weltlichen Naturen und die Eigenarten ihres Ego unerforscht blieben. Im Gegensatz dazu sind viele Menschen psychologisch bewandert, aber nicht darin geschult, ihre Aufmerksamkeit auf den spirituellen Bereich zu lenken.

Mythen und Märchen stimmen uns sowohl auf das Psychologische als auch auf das Spirituelle ein. Indem wir sie studieren, können wir uns vorbereiten auf das, was uns wahrscheinlich begegnen wird – sowohl im Bereich unserer eigenen Psyche als auch im rein intellektuellen Bereich größerer Kräfte. Wir schöpfen Mut aus ihnen, wenn wir den dunkelsten Punkt unserer Reise erreichen, weil wir von denen, die diese Reise schon gemacht haben, wissen, daß die Morgenröte kurz bevorsteht. Und wir können darauf vertrauen, daß der schmale, gefahrvolle Weg, den wir allein zu gehen scheinen, schon unzählige

Male gegangen wurde. Wir sind nicht allein – weder jetzt noch damals.

Das beliebte Märchen von Schneewittchen zum Beispiel ist viel mehr als eine einfache Geschichte. Es ist eine archetypische psychologische Sage über die Heilung des verletzten Kindes. Indem wir uns mit Schneewittchens Erfahrung identifizieren, erfahren wir, wie wir Maske und Schatten wieder mit uns vereinigen und die Vitalität des Natürlichen Kindes wiederherstellen können. Wir werden auch vor den Fallgruben am Weg gewarnt. Ich halte Schneewittchen für das Muster des „perfekten" Kindes, das seine falschen Selbst überwinden, sich den Ränken seiner bösen Stiefmutter stellen und dem Tod ins Gesicht sehen muß, ehe es mit der Erkenntnis, wer es wirklich ist, erwacht. Betrachten wir den Rahmen der Geschichte und einige Einzelheiten einmal näher. Denken Sie daran, daß in Mythen – wie in Träumen – jeder Charakter einen Teil von uns selbst verkörpert. Schneewittchen und die böse Stiefmutter sind eine Person – beziehungsweise Maske und Schatten.

Das Märchen führt uns von dem Schmerz der totalen Identifikation mit dem falschen Selbst (die böse Königin, die immer „die Schönste im ganzen Land" sein muß) durch einen Kampf auf Leben und Tod an der Seite des Natürlichen Kindes (Schneewittchen), der das Verlangen der Seele, zu erwachen und das Selbst zu erkennen, versinnbildlicht. Die Zeit der Selbstbetrachtung und Selbstreflexion, die nötig ist, um das Selbst zu erkennen, wird symbolisiert durch Schneewittchens Aufenthalt bei den sieben Zwergen im Wald. Dort muß sie sich mit den wiederholten Versuchen der bösen Königin, sie zu töten, auseinandersetzen. Die letzte Phase der Selbstakzeptanz wird erst erreicht, als sie von dem gutaussehenden Prinzen aufgeweckt wird. Er demonstriert die Heldentat des Mitgefühls, indem er mit ihr eine Beziehung eingeht, obwohl sie tot zu sein scheint.

Während Schneewittchens Aufenhalt in den Wäldern bei

den sieben Zwergen wird sie wiederholt Opfer ihres Schattens – wie wir es alle werden, während wir psychologisch wachsen. Die böse Königin (der Schatten) besucht sie dreimal im kleinen Haus der Zwerge. Dreimal erkennt Schneewittchen ihre Stiefmutter nicht, obwohl die Zwerge sie gemahnt haben, auf der Hut zu sein. Zweimal retten die Zwerge Schneewittchen das Leben. Einmal befreien sie sie von einem Mieder, das so eng geschnürt ist, daß sie zu ersticken droht, und ein zweites Mal nehmen sie ihr einen vergifteten Kamm aus dem Haar. Wie wir alle kennt Schneewittchen ihre Schwachstellen, erliegt ihnen aber dennoch – bis sie fast zerstört wird.

Beim dritten Besuch der bösen Königin verschluckt Schneewittchen einen Bissen von einem vergifteten Apfel und stirbt, trifft auf den psychologischen Grund, der die dunkle Seelennacht genannt wird. Aber weil ihr Tod symbolisch ist – die Finsternis vor dem Morgengrauen –, verwest ihr Körper nicht. In einem längeren Schlaf, dem Ego-Tod, reorganisiert sie in Wirklichkeit eine neue Persönlichkeit, die um das Selbst kreist. Aber niemand von uns schafft das völlig allein. Die letzten Schritte der Integration erfordern einen Akt der Gnade, symbolisiert durch das Mitgefühl des Prinzen, der hinter die Maske des Todes in ihre Seele sehen kann – eine Vision, die durch den Glassarg, in dem sie liegt, verkörpert wird. In seiner Liebe trägt er den Sarg davon, und als er dabei über einen Stein stolpert, fällt der Apfel heraus, und Schneewittchen ist wiedergeboren.

Der Analytiker und Jung-Schüler Theodor Seifert hat eine wunderschöne Abhandlung über dieses Märchen geschrieben: *Snow White: Life Almost Lost*. In der folgenden Passage sinnt er über die böse Königin nach, wie sie vor ihrem Zauberspiegel steht und die Frage stellt: „Spieglein, Spieglein an der Wand, wer ist die Schönste im ganzen Land?" Seifert bemerkt dazu:

„Hier beginnt die schwierige Aufgabe, das eigene Bild, das eigene Selbst zu erkennen, ohne dabei das Verlangen – im

Sinne des Konkurrenzdenkens – zu haben, einzigartig, der Beste, der Herausragendste zu sein. Das ist eine besonders wichtige Frage, *weil sich hier zwei Prinzipien treffen, die einander ausschließen:* Einerseits ist jeder von uns einzigartig, ein Individuum, das bis jetzt noch nie so existierte und klar von allen anderen Personen zu unterscheiden ist. Andererseits bedeutet ‚klar zu unterscheiden‘ nicht, besser, schöner, außer Konkurrenz zu sein, sondern einfach anders, einzigartig, eben ‚wie ich bin‘ und sich damit von jedem anderen zu unterscheiden. Besonders wenn diese Einzigartigkeit nicht mit Arroganz und Stolz kombiniert ist, ist Gemeinschaft sowohl mit anderen Personen als auch mit dem Neuen, das sich aus der eigenen Seele heraus entwickelt, möglich. Wenn unsere Einzigartigkeit allerdings auf der Abwertung anderer Menschen beruht, nehmen wir eine isolierte Haltung ein, die die Gemeinschaft zerstört. Ich stelle mich selbst abseits der Gemeinschaft, weil ich nicht wie sie sein will, sondern im Gegenteil immer besser und schöner sein möchte. Diese Isolation führt zu Einsamkeit, dann zu Angst und schließlich zu dem immer brennenderen Verlangen, besser und herausragender zu sein: Ein Teufelskreis, der zum Zusammenbruch einer gesunden, natürlichen Gemeinschaft führt." (Seite 75-76; Hervorhebung von der Autorin)

Wollen wir diesen Narzißmus und die daraus resultierenden Schuldgefühle vermeiden, so müssen wir erkennen, daß wir nicht besser und nicht schlechter sind als jeder andere. Wir mögen ja verschiedene Rollen zu spielen haben, aber niemand von uns *ist* wirklich eine seiner Rollen. Das erinnert mich an das Lehrstück vom „Club der Lords": Jedes Mitglied dieses Clubs muß adlig sein, Mitglieder von geringerem Rang gibt es nicht. So ist es für die Lords kein Problem, Rollen wie Türsteher, Koch, Stallbursche und Gast zu spielen. Weil sie alle wissen, daß sie Lords sind, fühlt sich keiner von ihnen herauf- oder herabgesetzt, und alle fühlen sich ausgesprochen wohl.

Diese Geschichte mahnt uns, uns mit dem Selbst, dem Aspekt des Göttlichen, das in jedem von uns gleichermaßen präsent ist, zu verbinden anstatt mit unseren wechselnden Rollen.

Unsere Fähigkeit, unser Selbst mit dem Selbst anderer zu verbinden, folgt aus unserer psychologischen Genesung. Das ist die Sphäre des Mitgefühls, ein Wort, das buchstäblich *mit-fühlen* bedeutet, weil man die Isolation der eigenen persönlichen Sphäre verläßt und in das Leben eines anderen eintritt. Joseph Campbell nennt Mitgefühl die Blume psychospirituellen Wachstums. In seinem Buch *Creative Mythology: The Masks of God* erzählt Campbell die Gralslegende des mittelalterlichen Poeten Wolfram von Eschenbach nach. Der heilige Gral – die Passahschale, die Jesus beim letzten Abendmahl benutzte und in der sein Blut aufgefangen wurde, als man ihn vom Kreuz abnahm – ist ein beeindruckendes archetypisches Symbol für unsere Fähigkeit, ein authentisches Leben zu leben, das im Erblühen des Mitgefühls kulminiert. „Auf Wolframs Gralsburg, wo keltische, orientalische, alchimistische und christliche Grundzüge zu einem gemeinsamen Ritual von unorthodoxer Form und Art vereinigt sind, besteht die spirituelle Prüfung des jungen Helden darin, sich selbst, sein Ego und seine Ziele zu vergessen und mitleidend an der Qual eines anderen Lebens teilzunehmen." (S. 454)

Jesus meinte dasselbe, als er sagte, daß wir unser Leben nur dann erlangen, wenn wir es verlieren. In *The Power of Myth* (dt. *Die Kraft der Mythen*) bezeichnet Campbell den Gral als „das, was von Menschen erreicht und verwirklicht wird, die ihr eigenes Leben gelebt haben. Der Gral verkörpert die Erfüllung der höchsten geistigen Möglichkeiten des menschlichen Bewußtseins... Der Gral wird zum Symbol eines wahrhaften Lebens, das nach seinem eigenen Willen, seinem eigenen Triebsystem gelebt wird, das sich *zwischen* den Gegensatzpaaren von Gut und Böse, Licht und Dunkel hindurchbewegt. Ein

Dichter der Gralssage fängt sein langes Epos mit einem kurzen Gedicht an, in dem es heißt, daß jede Handlung sowohl gute als auch schlechte Folgen hat... Am besten tun wir, wenn wir uns dem Licht zuneigen, den harmonischen Beziehungen, die aus einem Mitgefühl mit Leiden, aus einem Verstehen des *anderen Menschen erwachsen*." (S. 221 ff.)

Campbell weist hier auf einen grundlegenden psychospirituellen Zusammenhang hin. Mitgefühl, das eine interpersonelle Brücke darstellt, ist die Vereinigung von weltlichen und spirituellen Ebenen. Es ist der Ort, wo das Göttliche in die menschliche Beziehung eintritt, wie wir es gemeinsam im dritten Teil dieses Buches erkennen werden. Durch das Mitgefühl oder das Mitleid sind wir völlig im Augenblick gegenwärtig. Wir können den Augenblick mit einer anderen Person teilen, und wir können auch Mitgefühl mit dem Leben selbst empfinden, indem wir die Großartigkeit eines Sonnenaufgangs, die Gewalt eines Sturms, das Grünen des Laubs im Frühling bewußt erleben. All diese Momente von mitfühlender Unmittelbarkeit vermitteln uns die Fülle des Selbst.

Natürliche Erfahrungen des Selbst: Die „Entrückung des Herzens"

Am Leben teilzunehmen, ja zum Leben zu sagen erfordert unsere unmittelbare Aufmerksamkeit – unsere Bewußtheit. Wann immer wir aufmerksam präsent sind – ganz gleich, was wir tun –, erfahren wir das Selbst und seine Attribute Frieden, Weisheit und Mitgefühl. Haben Sie sich je dem Augenblick völligen Friedens und vollkommener Zufriedenheit hingegeben, wenn Sie aus tiefem, traumlosem Schlaf erwachten und Ihr Verstand noch nicht vor Plänen und Sorgen schwirrte? Oder dem Augenblick, wenn Sie Ihre Schuhe von den Füßen schleudern, einen Seufzer der Erleichterung ausstoßen und es sich bei einer Tasse Kaffee gemütlich machen, nachdem Sie ein paar Stunden herumgelaufen sind. Wissen Sie, was ich meine? Der Verstand hört auf zu arbeiten. Oder die Momente, als Sie mit einer geliebten Person gelacht haben, jemanden umarmt haben, um den Sie sich zuvor Sorgen gemacht hatten, oder im Wald spazierengegangen sind? Das sind die Augenblicke, die wir festhalten, Augenblicke, in denen wir mit unserem Selbst verbunden sind.

Der griechisch-orthodoxe Priester und Archimandrit Kallistos Ware nennt die Gegenwart „den Punkt, wo die Zeit die Ewigkeit berührt". Die zeitgebundene Welt und der transzendentale Bereich treffen sich in den Augenblikken, in denen wir das Selbst erfahren. Der bekannte Psychologe Abraham Maslow spricht von „Gipfelerfahrungen". Dann scheinen Farben ungewöhnlich lebhaft, Gerüche unglaublich intensiv, Geräusche ungewöhnlich volltönend und Stoffe fast lebendig zu sein. Es ist so, als würde ein unsichtbarer Schleier von der Welt genommen, so daß ihre leuchtende Schönheit klar zum Vorschein kommt. Es gibt keine Furcht mehr, nur Liebe, Frieden, Weisheit, Verbundenheit und ein überwältigendes Gefühl von Liebe und Sicherheit, das im Jetzt verweilt.

Die antiken Philosophen vergleichen das Selbst mit einem Stein, der auf dem Grunde eines Teiches liegt. Er ist immer da, aber wenn die Oberfläche des Teiches bewegt ist, sehen wir ihn nicht. Wenn der Verstand immer damit beschäftigt ist, zu grübeln und sich zu sorgen – wie es gewöhnlich der Fall ist –, dann bleibt das Selbst hinter der mentalen Bewegtheit verborgen. Aber wenn der Verstand zur Ruhe kommt, wird der Stein wieder sichtbar. Unser Vergnügen an Gartenarbeit oder an einem Spaziergang in der Natur rührt daher, daß Vergangenheit und Zukunft in solchen Momenten unbedeutend werden. Nur die unmittelbare Verbindung zur Welt und ihrer Schönheit zählt. Die friedvolle, liebevolle Qualität der Quelle des Lebens durchfließt unsere Verbindung zum Augenblick. „Ach, ich liebe den Wald", denken wir, aber der Frieden wohnt nicht im Wald, den wir lieben, der unsere Aufmerksamkeit aber nur zeitweise auf sich zieht. Es ist in *uns* präsent. Und wenn wir mit diesem inneren Urquell verbunden sind, empfinden wir unsere Verbundenheit mit allem, was lebt, viel stärker.

Literatur und Poesie sind reich an Schilderungen heiliger Momente, in denen das Selbst und seine Verbundenheit mit der Quelle des Lebens enthüllt werden und die Seele Freude und Verwunderung empfindet. Rhoda Orme Johnson, Professorin für Literatur und Sprache, zitiert eine Vielzahl bemerkenswerter literarischer Darstellungen dieser transzendentalen Augenblicke. Sie führt z. B. James Joyce an, der diese heiligen Augenblicke „Epiphanien" nannte – Momente des Stillstands, in denen der Geist weder von Verlangen noch von Abneigung berührt wird und einfach innehält. In Joyces *Porträt des Künstlers als junger Mann* bemerkt der Protagonist Stephen Dedalus: „Der Moment, da diese höchste Qualität der Schönheit, die klare Ausstrahlung des ästhetischen Bildes, leuchtend wahrgenommen wird vom Geist, der von seiner Ganzheit gefangengenommen und von seiner Harmonie fasziniert worden ist, ist die leuchtend stumme Stasis des ästhetischen Wohlgefallens, ein geistiger Zustand, der jener Herzverfassung sehr ähnlich ist, die der italienische Physiolog Luigi Galvani, mit einem Ausdruck, der fast so schön ist wie der Shelleys, die Entrückung des Herzens genannt hat."

Wie wir lernen, das Selbst zu erfahren

Bruchstücke des Selbst treten gelegentlich und oft ganz zufällig auf, wenn die Gedanken zur Ruhe kommen. Aber die meisten von uns sind nicht in der Lage, sich friedvoll, in ihrer Mitte ruhend und aus einer bewußten Entscheidung heraus mit dem Selbst verbunden zu fühlen, weil uns nur wenig darüber beigebracht wurde, wie wir das stärkste Werkzeug, das wir haben, nutzen können – den Verstand. Meine Patienten, die an Schlaflosigkeit leiden, kennen das Problem zu gut und klagen gewöhnlich darüber, welches Eigenleben der Verstand entwickelt – besonders mitten in der Nacht! Viele Menschen beginnen mit Meditationen, in der Hoffnung, daß sie lernen, wie man den Verstand „an die Kandare" nehmen kann, wenn er sinnlos herumjagt und nichts anderes produziert als obsessive Angst. In diesem Zustand sagen wir buchstäblich nein zum Leben, weil wir nicht bereit sind, es zu erfahren. Wir sitzen in der Falle unseres Verstandes.

Die alte Wissenschaft des Yoga, was Einheit mit dem Selbst bedeutet, basiert auf dem Wissen – wie es im Yogasutra des Patandschali formuliert wird –, daß der „Verstand so ruhelos wie der Wind ist" und daß, wer das Selbst erfahren will, sich den Verstand zum Diener machen muß, anstatt zuzulassen, daß er uns beherrscht. Die mentalen und physischen Übungen des Yoga zielen deshalb darauf ab, den Verstand zur Ruhe kommen zu lassen und ihn in einen geordneten Zustand zu versetzen. Das bedeutet, daß wir uns mitten in die Gegenwart befördern, so daß wir unsere Handlungen in der Welt bewußter durchführen können: ehrlicher, liebevoller, kompetenter und vertrauensvoller.

Zu lernen, den Verstand als Werkzeug zu benutzen und bewußt zu *denken*, anstatt auf selbstgesponnene Phantasien und das wiederholte Abspielen alter Tonbänder zu reagieren – nur darum geht es beim Yoga. Wenn es nicht erforderlich ist zu denken und es dem Verstand gestattet ist, sich auszuruhen, wird das Selbst automatisch erfahren. Mentales Training ist der Grundstock für viele asiatische Kampfsportarten, Meditationsschulen und alte Philosophien, die sich Menschen westlicher Kulturen erst zu einem geringen Teil erschlossen haben. Aber während der

144

letzten zehn Jahre sind die Techniken zur Kontrolle des Verstandes und des Körpers durch Psychologie und Medizin auch bei der breiten Masse populär geworden. Dr. Herbert Benson und andere haben alte Yoga-Praktiken entmystifiziert, indem sie die ihnen zugrunde liegende Physiologie erforschten und sie als medizinische Behandlungsmethode gegen streß- und angstbezogene Krankheiten verfügbar machten, ganz gleich, woran man religiös oder spirituell glaubt.

Das Besondere dieser Techniken, von denen viele detailliert in meinem Buch *Gesundheit ist lernbar* beschrieben werden, liegt darin, daß sie sich mit jeder Weltsicht — weltlich oder religiös — vereinbaren lassen; sie stellen gleichsam die Grundlage für eine Wissenschaft des Verstandes dar. Alle diese Praktiken wurden ursprünglich als Methoden, die den Zugang zum Selbst ermöglichen, formuliert. Ein Nebeneffekt besteht darin, daß mit ihnen der Kampf-oder-Flucht-Mechanismus ausgeschaltet oder zumindest gedämpft werden kann. Heutzutage fangen viele Menschen in erster Linie wegen dieser physiologischen Nebenwirkungen an, zu meditieren oder die vielen Stellungen des Hatha-Yoga zu praktizieren, und dann setzen sie ihre Bemühungen fort, weil sie die Erfahrung des Selbst und die Vorzüge wachsender psychologischer Selbst-Bewußtheit genießen, die mit der Meditation einhergehen.

Grundlagen der Meditation

Wann immer Sie das Selbst berühren, anstatt sich in den isolierenden Belangen des Ego festhalten zu lassen, erfahren Sie einen meditativen Zustand. Obwohl dies auch auf ganz natürliche Weise geschehen kann, läßt sich das Selbst leichter erfahren, wenn Sie formale Meditationspraktiken benutzen, die den Verstand zur Ruhe kommen lassen. Über die Jahrhunderte wurden zwei grundlegende Meditationsschulen überliefert.

Bei der „Konzentrationsmeditation" konzentriert sich der Verstand auf ein spezifisches Stimulans wie eine Kerzenflamme, ein Wort, ein Gebet, das Bild einer heiligen Person, den Atem oder irgend etwas, das eine eingleisige Richtung angibt. Dieser Prozeß endet eventuell mit dem Erfahren des Selbst. Bei der „aufmerksamen" oder „offenen Meditation" wird der Versuch gemacht, den Verstand im Selbst zu fixieren und dann den ewig wechselnden Fluß der Gedanken, Gefühle, Erregungen und Vorstellungen zu beobachten.

Konzentrationsmeditation ist eine uralte Technik, die in vielen spirituellen Traditionen genutzt wird. Sie wurde in letzter Zeit durch transzendentale Meditation populär. Wissenschaftlich wurde sie von Dr. Herbert Benson erforscht. Er bezeichnete die besonderen körperlichen Veränderungen, die durch Konzentrationsmeditation induziert werden, als Entspannungsmechanismus.

Die Idee der transzendentalen Meditation besteht darin, den Verstand durch einen besonderen, sich wiederholenden Stimulus so zu beschäftigen, daß die „normalen" Sorgen gewissermaßen entgleisen. Dieser Stimulus kann darin bestehen, im Geiste bei jedem Ausatmen das Wort „eins" zu wiederholen, oder darin, sich auf den Atem zu konzentrieren, wie er Ihren Bauch hebt und senkt oder die Nasenflügel bewegt. Man kann sich auch auf einen Stimulus von mehr spiritueller Art konzentrieren. Seit die Meditation als eine spirituelle Praktik aufkam, mit der man die abgetrennte Seele wieder mit dem Göttlichen vereinigen wollte, dient ein Mantra – eine Bezeichnung für das Göttliche, ein Gebet oder einen Aspekt des Göttlichen – als bevorzugtes Medium der Konzentration.

Ein allgemeines Sanskrit-Mantra, das zu jeder religiösen Tradition paßt, ist die Wiederholung von *ham sah: ham* beim Einatmen und *sah* beim Ausatmen. *Ham* bedeutet „Ich bin", und *sah* bezeichnet „das Selbst". Das Mantra soll uns daran erinnern, wer wir wirklich sind, und die Weisen glaubten, daß der Atem uns in jeder Minute unseres Lebens unsere wahre Identität zuflüstert: *ham sah*, ich bin das Selbst. Und mit einer gewissen Übung wiederholt sich das Mantra automatisch – Sie werden herausfinden, daß sie ihm zuhören, anstatt es selbst einzuleiten.

Jüdische und christliche Traditionen greifen gleichermaßen auf die Konzentrationsmeditation zurück. Die jüdischen Mystiker der kabbalistischen Tradition wiederholten die vier hebräischen Buchstaben des Tetragramms – auf deutsch: J H W H –, die Gott den Juden anstelle seines heiligen, unausprechlichen Namens übermittelt hatte. Einige christliche Sekten haben aus diesen vier hebräischen Buchstaben das Wort Jehova gemacht, aber in der jüdischen Tradition werden diese Buchstaben nie zusammen ausgesprochen, sondern in einer Vielzahl von Möglichkeiten kombiniert als Zentrum der Meditation, die zu einem direkten Erfahren von Gott führt.

Die Tradition christlicher Meditation ist ebenfalls sehr vielfältig. Die Wüstenväter, frühe christliche Mönche aus dem 4. Jahrhundert, führten ein Leben des beschaulichen Gebets, das sich in dem Mantra konzentrierte, das als Gebet des Zöllners bekannt ist: „Herr, Jesus Christus, Sohn Gottes, erbarme dich meiner, eines armen Sünders." Die Kurzform dieses „Jesusgebets" lautet im ursprünglichen Griechisch *Kyrie eleison* – Herr erbarme dich.

Bill war sechzig, als ich ihn in einem Frühling in der psychosomatischen Klinik kennenlernte. Er war ein großer, schlaksiger Mann mit den schwieligen Händen eines Arbeiters und litt an einer chronischen Form der Leukämie, die ein paar Jahre lang stabil geblieben war, aber jetzt anfing, sich zu verschlimmern. Bill verfolgte mit der Meditation drei Ziele. Er glaubte, sie würde ihm über die Unannehmlichkeiten der Krebsbehandlung hinweghelfen, möglicherweise den Verlauf seiner Krankheit verlangsamen und ihm helfen, seine Verbindung zu Gott zu stärken. Und Meditation hat wirklich diese Fähigkeiten. Der im 18. Jahrhundert lebende jüdische Zadik Rabbi Nachman verglich die Meditation mit einem Baum, dessen Früchte wir zu Lebzeiten essen können und dessen Wurzeln uns in der Zeit danach nähren.

Als Bill und ich uns über ein Mantra für seine Meditation unterhielten, schlug Bill sofort *Kyrie eleison* vor. Während wir zusammen dasaßen und meditierten, sang Bill in Gedanken *kyrie* beim Einatmen und *eleison* beim Ausatmen. Innerhalb von Minuten entspannte er sich merklich, und der Frieden im Zimmer wurde greifbar. Als er schließlich wieder die Augen öffnete, erzählte er mir, daß seine Furcht und seine Einsamkeit in diesen zwanzig Minuten verschwunden seien. Er fühlte sich zutiefst – auf eine Weise, die nicht mit Worten auszudrücken sei – verbunden mit all den Menschen, die durch die Jahrhunderte hindurch das Gebet Jesu in ihren Herzen angestimmt hatten. Immer wieder wird dies auch von den Hindus, Buddhisten, Christen, Juden, Sufis und anderen Gläubigen, für die Meditation eine lebendige spirituelle Verbindung bedeutet, berichtet: daß diese alten Mantras erfüllt sind von der Liebe und dem Glauben derjenigen, die sie früher ausgesprochen haben, daß sie eine Art von lebendem Talisman sind und die kollektive Kraft der Sehnsucht vieler Herzen nach der Wiedervereinigung mit ihrem Ursprung enthalten. Aus diesem Grund ermöglicht die Wahl eines „etablierten" Mantras aus einer bestehenden spirituellen Tradition oft ein kraftvolleres Zentrieren als die Erfindung eines neuen.

Die Konzentrationsmeditation besteht aus vier Schritten:

1. *Setzen oder legen Sie sich mit gerader Wirbelsäule hin. Ihr Körper sollte im Gleichgewicht und symmetrisch sein (anders ausgedrückt: Arme und Beine sollten nicht verschränkt sein).*

2. *Entspannen Sie Ihre Muskeln, so gut Sie können, entweder indem Sie sie kurz strecken oder indem Sie Ihren Körper im Geist von den Haarspitzen bis zu den Zehen durchchecken.*

3. *Konzentrieren Sie sich auf das Mantra, wiederholen Sie es mit Ihrem Atem.*

4. *Wenn Sie abgelenkt werden – und das werden Sie bestimmt –, atmen Sie tief aus, und kehren Sie dann zum Mantra zurück.*

Der Vorgang kann nur gelingen, wenn Sie die richtige Einstellung haben. Die schuldbewußte Vorstellung, daß Sie in der Lage sein müßten, sich vollkommen zu konzentrieren und Ihren umherwandernden Verstand nach ein paar Minuten, ein paar Wochen, ein paar Monaten oder sogar ein paar Jahren Training auszutricksen, ist sinnlos. Verfallen Sie nicht in den Irrtum, die „Qualität" der Meditation überhaupt beurteilen zu wollen. Meditieren Sie einfach, nehmen Sie sich die Worte des heiligen Franziskus zu Herzen, der uns versicherte, daß, selbst wenn die Gedanken während einer ganzen Stunde Meditation ständig abschweifen sollten, diese Stunde doch eine angenehm verbrachte Stunde gewesen sei.

Durch Ihre Meditation werden Sie zu einer besonders wichtigen Erkenntnis gelangen: Sie werden allmählich anfangen zu verstehen, daß Sie *nicht* mit Ihrem Verstand gleichzusetzen sind. Gedanken kommen und gehen, und Sie lernen, dazusitzen und ihnen zuzusehen wie den Wolken, die am Himmel ziehen. Sie *haben* Gedanken, aber Sie *sind nicht* Ihre Gedanken. Manchmal wird Ihr Verstand natürlich von Gedanken davongetragen, und zeitweise werden Sie sich mit ihnen identifizieren. Dann holen Sie ein- oder zweimal tief Luft und kehren zurück zu Ihrem Mantra oder Ihrem Atem, beobachten wieder nur passiv die vorbeiziehenden Gedanken und stärken so

das, was ich die „mentalen Muskeln des Gehenlassens"
nenne.

Die andere große Meditationstradition – „Pfad der Einsicht" genannt – ist mit der buddhistischen Tradition verbunden. Sie beginnt mit der Praktik der reinen Aufmerksamkeit, *sathipatthana*. Der Meditierende fängt damit
an, daß er sich auf den Atem konzentriert, um mit dem
Selbst oder der innewohnenden Seele eins zu werden. In
vielen Sprachen ist das Wort für Atem ein Synonym für
Seele. Im Hebräischen bedeutet *ruach* Atem, Wind und
Seele. Im Griechischen heißt *pneuma* Luft, Atem oder
Seele. Das englische Wort *respiration* – Atmung – kommt
von der lateinischen Wurzel *spiro*, was Atem oder Seele
bedeutet.

Wenn er erst einmal in seinem Atem ruht, hält der Meditierende Ausschau nach Gedanken, Gefühlen und Wahrnehmungen, bemerkt seine unmittelbare Erfahrung, aber
ohne sie zu beurteilen, sie zu kommentieren oder zu versuchen, sie zu ändern. Nach einer Weile erkennt er, daß
der ihm eigene Blickwinkel der Realität, den er so schätzt,
auf sukzessiven Einheiten von „Verstandesschrott" aufgebaut ist, die in sich selbst bedeutungslos sind. Eine
völlig neue Ansicht vom Verstand wird enthüllt – ein
Prozeß, der die Entwicklung der Einsicht oder *vipassana*
genannt wird und zum Status des *nirvana* führt, in dem
der Verstand und das Objekt, über das er nachdenkt, als
eins erfahren werden.

In jeder Form der Meditation werden Sie schließlich lernen, Ihre Gedanken nur mehr zu beobachten, gewissermaßen Augenzeuge Ihrer Gedanken zu werden, anstatt
sich mit ihnen zu identifizieren. Die Erkenntnis, daß Gedanken mitnichten die Realität darstellen, ermöglicht es
Ihnen, sich den Befehlen Ihrer Gedanken, der Vorherrschaft Ihres Verstandes zu widersetzen, und eröffnet Ihnen ganz neue Fähigkeiten. Sehr bald wird Ihnen klar,
daß das grundlegende Bewußtsein, das wir Selbst nennen, automatisch hervortritt und in aller Ruhe die Possen

des Verstandes beobachtet, sobald Sie sich nicht mit den Gedanken identifizieren und sie passieren lassen können, ohne sie zu beurteilen oder auszuschmücken. In einigen Meditationsschulen wird das Selbst tatsächlich als Augenzeuge bezeichnet.

Ehe Sie weiterlesen, sollten Sie einen Augenblick innehalten und versuchen, Ihren Verstand zu beobachten. Schließen Sie die Augen und atmen Sie ein paarmal tief und entspannend aus – richtige Seufzer der Erleichterung. Lehnen Sie sich währenddessen bequem in den Sessel zurück und lassen Sie Ihren Atem seinen natürlichen Rhythmus finden. Ruhen Sie sich in der entspannenden Wahrnehmung Ihres Atems aus. Nun stellen Sie sich vor, daß Sie ein Detekiv sind, der eine wichtige Unterhaltung belauscht. Achten Sie auf jedes Wort oder jede Vorstellung, die Ihnen in den Sinn kommt. Entspannt, doch mit aufmerksamem Interesse horchen Sie auf Ihren Verstand, während Sie weiter in Ihrem Atem ruhen. Halten Sie diese Übung eine oder zwei Minuten durch.

Was haben Sie erlebt? Vielleicht fingen Sie gerade an, Ihre Gedanken, die kamen und gingen, zu beobachten, als einer kam, der Sie ganz besonders beindruckte – und schon verfingen Sie sich in ihm. Es kommt natürlich immer wieder vor, daß wir uns mit dem Gedankenfilm, dem Traum oder dem Augenblick identifizieren. Vielleicht saßen Sie aber auch ganz gelassen am Ufer Ihres Verstandes und ließen die Gedanken vorbeifließen, während Sie friedlich im Zentrum Ihrer Beobachtung ruhten. Oder – Wunder über Wunder – war Ihre Plaudertasche von Verstand wirklich einmal still?
Mehr als die Hälfte der Menschen, die zum ersten Mal eine Gedankenbeobachtung versuchen, bleiben mit leeren Händen und sehr überrascht zurück. Wohin sind all die Gedanken verschwunden? Ein Kollege von mir sagt

oft scherzhaft, daß der Verstand sich schämt, wenn man ihn beobachtet. Kommt der Verstand zur Ruhe, so berichten viele, spürten sie ein angenehmes, entspanntes Gefühl, das oft das Gefühl der liebevollen Verbundenheit mit dem Leben verstärke. Wenn Sie Ihre Gedanken beobachten, dann sind Sie aus dem Verstand herausgetreten in die essentielle Natur des Selbst, die Frieden und Liebe ist. Sie haben zeitweilig Ihre mißverstandene Identität korrigiert und sich daran erinnert, wer Sie wirklich sind.

Wenn Sie bereits gelernt haben, das Innere Kind zu lieben, dann ist Ihnen wahrscheinlich der wundervolle Strom der Liebe vertraut, der Sie durchfließt, wenn Ihr ganzes Nervensystem und jede Zelle in Ihrem Körper auf Ihre Vorstellungskraft reagieren. Ähnlich, aber weniger intensiv ist das Gefühl, das Sie schließlich haben werden, wenn Sie lernen, sich vom Strom des Denkens zu lösen, der Sie aus Ihrer Mitte reißt. Wir alle haben diesen tief in sich ruhenden Zustand vollkommenen Geliebtwerdens und vollkommenen Liebens schon des öfteren erfahren. Ich erinnere mich, daß ich so empfunden habe, wenn ich schweigend dasaß und den Schlaf meiner kleinen Söhne beobachtete. Diesmal allerdings beobachten Sie Ihr eigenes Selbst. Sie stoßen auf denselben Urquell der Liebe, den wir bei Kindern so schätzen und in der Natur anbeten, den Quell, der in uns entspringt als unsere eigene essentielle Natur.

Wann immer Ihr Ego Sie im Laufe eines Tages überfällt und anfängt, Sie zu beurteilen und zu kritisieren – versuchen Sie dann, ein paarmal tief einzuatmen, sich aus Ihrem Verstand zu lösen und die Position des Beobachters einzunehmen. Sie können das erreichen, indem Sie das Innere Kind trösten und sich dann von dieser Vorstellung wieder lösen, um die friedvollen, beruhigenden Gefühle zu genießen, die zurückbleiben. Oder nehmen Sie den Beobachterposten ein, indem Sie zum Zeugen Ihrer Gedanken werden, wie wir es soeben geübt haben. Welche Technik Sie wählen, spielt keine Rolle – tun Sie das, was Ihnen am natürlichsten erscheint. Wenn Sie auch nur einen kurzen Augenblick die Verbindung zu dem, was Sie wirklich sind, hergestellt haben, werden Ihnen die Warnungen Ihres Ego, bloß nicht die Grenzen des Wohlverhaltens zu überschreiten, als gar nicht mehr so ernst zu nehmend vorkommen.

Meine eigenen Meditationsübungen beginne ich gerne damit, daß ich das Selbst zum Mittelpunkt meiner Konzentration mache. Ich rufe mir einen „heiligen Moment" in Erinnerung und konzentriere mich dann auf den Strom der Liebe und der Verbundenheit, die zurückbleiben, nachdem die eigentliche Erinnerung verblaßt ist. Wenn Sie die Begegnung mit Ihrem Selbst häufiger durchführen – ob Sie es nun bei der Meditation oder während Ihrer Tagesgeschäfte tun –, werden Sie auch Ihre eigene Würde entdecken, und Sie werden sie achten, weil Sie sie direkt erfahren. Sie werden wissen, ohne darüber nachdenken zu müssen, daß Sie nicht Ihre Furcht, Ihre Sehnsüchte, Ihre Wut sind: Das alles sind nur Gemütszustände. Indem Sie diese mißverstandene Identität korrigieren, werden Sie sich schließlich als Selbst erfahren.

Die Kraft der rituellen Zentrierung

Die meisten von uns sind so sehr mit den äußeren Notwendigkeiten des Lebens beschäftigt, daß unsere Aufmerksamkeit ständig abgelenkt wird und von einer Sache zur nächsten springt. Das Leben nötigt uns, unsere Energie vielen verschiedenen Rollen zuzuwenden. Zum Beispiel war ich in den letzten vierundzwanzig Stunden mit allen Konsequenzen Mutter, Ehefrau, Freundin, Tochter, Schwägerin, Köchin, Putzfrau, Partygast, Meditierende, Schlafende und Autorin. Mit einigen unserer Rollen identifizieren wir uns sehr stark und vergessen dann darüber leicht das Selbst. Aber jede Aktivität, die bewußt durchgeführt wird, kann uns mit dem Selbst verbinden. Teller zu spülen kann genauso zu einem „heiligen Moment" führen wie ein Sonnenuntergang. Freunden zuzuhören, mit Kindern zu spielen, mit Haustieren herumzutollen, von Herzen zu teilen, zu meditieren – das sind Wege, um uns auf natürliche Weise zu zentrieren. Aber wann immer wir uns regelmäßig auf unsere Mitte konzentrieren wollen – mit der Intention, unsere Verbindung zum Ursprung zu stärken –, benutzen wir die ungeheure Macht des Rituals dazu.

Meditation zum Beispiel ist ein Ritual, das wir mit dem Ziel ausführen, uns an das Selbst zu erinnern. Wenn wir es täglich ausführen, verpflichten wir uns einer Vision, die tatsächlich die Macht hat, eine Änderung zu bewirken. Erst indem wir Zeit und Energie aufwenden, um uns an das Selbst zu erinnern, bringen wir es uns zu Bewußtsein. Und wie wir später sehen werden, ist unsere Sehnsucht, zum Ursprung zurückzukehren und uns an das Selbst zu erinnern, auch ein Weg, um Gnade zu erlangen.

Meditation ist ein einsames Ritual. Es gibt auch gemeinsame Rituale, die uns daran erinnern, daß wir alle in einem großen, sich immer wiederholenden Drama mitspielen. Solche Rituale bewahren uns manchmal davor, daß wir uns zu ernst nehmen und glauben, wir seien etwas Besonderes. (Die Annahmen, wir seien besonders gut oder besonders schlecht, sind gleichermaßen unruhestiftende Haltungen.) „Besonders sein" heißt immer auch „anders sein". Weil das Selbst – der gemeinsame Kern des Bewußtseins – bei jeder Person gleich viel wert ist, werden wir uns, solange wir auf unserer Besonderheit bestehen, auch weiterhin auf unser Ego reduzieren und unter Schuldgefühlen zu leiden haben. Beim Ritual einer gemeinsamen Handlung – die immer wieder auf die gleiche Art ausgeführt wird – verlieren wir unsere individuelle Illusion der Besonderheit und gelangen zu einer Gruppenidentität, in der das Selbst leichter hervorkommen kann. In einer jüdischen Familie findet am achten Lebenstag eines männlichen Kindes traditionell eine Zeremonie statt: eine rituelle Beschneidung, die den Eintritt des Kindes in den uralten Bund mit Gott markiert. Die Familie kommt zusammen, um an dieser neuen Bindung im Augenblick der Schmerzen des Kindes teilzunehmen, was bald in eine Feier des Lebens mündet. Die Zeremonie feiert die Hoffnung, die das Neugeborene bedeutet, und den Fortbestand der Familie. Sie ist Ausdruck einer kulturellen Tradition, die während einer langen Zeit der Diaspora, als die Juden über die ganze Erde verstreut waren, sich erhalten hat, und eines spirituellen Erbes, das durch die Jahrtausende zurückreicht bis zu dem Augenblick, da Moses die Gesetzestafeln auf dem Berg Sinai empfing. Die Katholiken haben das Sakrament der Kommunion, das Mysterium, mit dem Körper und dem Blut Jesu – der Vision und der Seele – eins zu werden, das er uns als dauernde Mahnung an das Ziel des Lebens und als Zeichen seiner immerwährenden Liebe und Vergebung gab. Und sowohl im Judentum als auch im Christentum gibt es das Ritual, den Sabbat einzuhalten – einen Tag der Woche zu reservieren, um sich zu besinnen.

In diesen Ritualen liegt Macht, wenn sie bewußt durchgeführt werden, mit dem Verständnis dafür, daß sie Akte der Besinnung sind, die das Individuum mit etwas Größerem – Familie, Stamm, Kultur, Gott – zusammenführen sollen. Im Augenblick des Zusammenschlusses gleiten alle Teile an ihren Platz – wie die farbigen Glasstücke in einem Kaleidoskop. Alles ist zentriert, befindet sich in seinem jeweiligen Mittelpunkt, das Muster ist vollständig, und wir sind dort, wo wir hingehören, mit einem größeren Ganzen durch unsichtbare Bänder verbunden. Wir leben einen Augenblick lang in einer einheitlichen, geheiligten Zeit, und wir wissen, wer wir sind und wo wir sind. Die Mitspieler im Drama haben ihre in der Regieanweisung vorgegebenen Plätze eingenommen, und mit der Welt ist alles im Lot.

Jede Kultur, jede Tradition besitzt Rituale, die die Wegstrecken des Lebens markieren und ihren Mitgliedern erlauben, sich periodisch rückzubesinnen und sicherzustellen, daß man auf dem richtigen Weg ist. Manche Kulturen besaßen geheiligte Bezirke – wie die der Ureinwohner Amerikas, die sie *mesas* nannten. Es handelte sich um Berggipfel, auf denen traditionell Rituale der Besinnung stattfanden. Bei vielen Religionen waren diese Bezirke geschlossene Räume – Tempel und Kirchen, die ursprünglich in einer geheiligten Geometrie gebaut wurden, um unsichtbare Kraftfelder, die von Mystikern aufgespürt und in der Universalsprache der Mathematik und Geometrie aufgezeichnet wurden, sichtbar zu machen. Ebenso ist das menschliche Herz ein geheiligter Ort. Und wenn wir jeden Tag ein Ritual in Form eines Gebets, einer Meditation oder einfach eines Augenblicks stiller Dankbarkeit vollziehen, um ihn zu betreten, werden wir uns wiedervereinigt finden mit einer höheren Macht – der Kraft der schöpferischen Liebe, der Weisheit, des Humors und der Intuition, die uns während unserer Heldenfahrt leiten wird.

Träume und Intuition

Obwohl uns nicht bewußt ist, welche Rollen und Archetypen wir während unserer Heldenfahrt spielen und in Szene setzen, so weiß es doch unser Unterbewußtsein. Es versucht uns das in Träumereien, Tagträumen, ungerufenen Einsichten und dem nächtlichen Spiel unserer Träume mitzuteilen. Wir verbringen annähernd ein Drittel unseres Lebens schlafend, und jeder von uns träumt etwa zwanzig Prozent dieser Zeit. Unsere Träume enthalten, wenn wir sie aufmerksam betrachten, einen ungeheuren Vorrat an kreativer Inspiration, psychologischem Verständnis und spiritueller Anleitung.
Die Literatur über Träume strotzt vor Anekdoten über

kreative Innenansichten und Erfindungsgabe. Jeremy Taylor zählt in seinem Buch *Dreamwork* (dt. *Das innere Universum)* einige wissenschaftliche Erkenntnisse auf, zu denen Menschen im Traum gelangten:

„Die philosophische Grundaussage des rationalen Empirismus, auf der die gesamte Entwicklung der modernen Wissenschaft beruht, formulierte Descartes zunächst als Ergebnis einer lebhaften Traumerfahrung. Kekulé erkannte die ringförmige Molekularstruktur von Benzol als Resultat eines Traumes, in dem eine Schlange sich in den Schwanz biß. Als Albert Einstein in seinem späteren Leben gefragt wurde, in welchem Moment ihm die Vorstellung von der Relativitätstheorie zum erstenmal gekommen sei, gab er zur Antwort, daß er seine frühesten Ideen nur bis zu einem Jugendtraum zurückverfolgen könne. In jenem Traum fuhr er Schlitten. Als der Schlitten seine Fahrt immer mehr beschleunigte, bis er sich der Lichtgeschwindigkeit näherte, lösten sich die Sterne in erstaunliche Muster und Farben auf und blendeten ihn durch die Schönheit und Kraft ihrer Verwandlung. Anschließend sagte Einstein, man könne in vieler Hinsicht seine gesamte wissenschaftliche Karriere als ausgedehnte Meditation dieses Traumes verstehen." (S. 18f.).

Jeremy Taylor ist Pfarrer der Unitarier und Psychologe. Seit mehr als zwanzig Jahren leitet er Traumgruppen. Meiner Meinung nach stellt sein Buch die beste Einzeldarstellung zur Erforschung der psychospirituellen Bedeutung von Träumen dar, die je geschrieben wurde. Er faßte das Kernstück der Traumarbeit wie folgt zusammen:

„Träume dienen immer dazu, die Ganzheit zu fördern. Sie haben eine befreiende Wirkung, und sie bringen jene Aspekte unseres Wesens ins Bewußtsein, die wir aus unserem Wachzustand verbannt haben... Selbst der schlimmste Alptraum existiert vor allem aus einem Grund, nämlich um eine Unausgewogenheit im Bereich der Wahrnehmung, Einstellung oder des Verhaltens im

Wachzustand auszugleichen." *(Das innere Universum,*
S. 31, 57)
Freud bezeichnete die Träume als „königliche Straße"
zum Unbewußten. Sie wollen Bewußtheit fördern und
präsentieren uns oft Informationen, die wir im Wachzustand zu leugnen versuchen. Ein Teil meiner eigenen Genesung von der Schuld bestand in dem Eingeständnis,
daß ich das erwachsene Kind eines Alkoholikers und
selbst schuld- und arbeitssüchtig bin. Weil in meiner Familie Alkohol nur heimlich getrunken wurde und die
Familie nach außen hin zu funktionieren schien, hatte ich
mich vom Thema Sucht und Co-Abhängigkeit nie persönlich betroffen gefühlt. Diese Art der Verdrängung kommt
bei erwachsenen Kindern von Alkoholikern sehr häufig
vor.
Mein Leugnen kam erst durch ein cleveres Wortspiel in
einem sehr lebendigen, Aufmerksamkeit heischenden
Traum ans Licht. In dem Traum treiben meine Mutter und
ich auf einem Floß am tiefen Ende eines Schwimmbek-
kens. Ich schwimme zum anderen Ende, wo einige alte
Frauen beisammenstehen. Eine, sie ist mindestens neunzig, ist offenbar eine Frau von großer spiritueller Weisheit.
Ich möchte sie meiner Mutter vorstellen, damit sie ihre
Weisheit mit uns teilen kann, und schwimme aufgeregt
zum Floß zurück. Als ich zu der weisen Frau zurück-
komme, finde ich sie dem Tode nahe am Rand des
Schwimmbeckens liegen. Ihre Brust ist aufgerissen, und
das Fleisch sieht aus wie Truthahnbrust. Die anderen
Frauen im Pool essen Sandwiches mit ihrem Fleisch. Ich
bin zornig, enttäuscht und verwirrt. „Warum macht ihr
nicht eine Dose Thunfisch auf?" schreie ich. „Wir essen
lieber Sandwiches mit kaltem Truthahn", lautet die
knappe Antwort.
Ich erwachte perplex und verstört – meist ein Zeichen
dafür, daß ein Trauminhalt besonders wichtig ist. Im
Dämmer der Halbwachheit, während ich dalag, den
Traum Revue passieren ließ und ihn in mein Gedächtnis

packte, damit ich ihn später in meinem Traumtagebuch aufschreiben konnte, verstand ich das Wortspiel mit *cold turkey* – kalter Truthahn – zunächst nicht. Doch als ich richtig wach war und den Traum aufschrieb, sprang mich die umgangssprachliche Bedeutung für *cold turkey* – Entzug – förmlich an, und ich konnte nicht umhin, den Satz der Frau mit einer Lachsalve zu quittieren, die meine Verdrängung beiseite schob. Es war Zeit, das Suchtverhalten zuzugeben, das mich schon so lange gefangenhielt, und davon zu genesen, bevor es mich buchstäblich umbrachte. Es wurde Zeit, auf Entzug zu gehen.

Der erste Schritt zur Genesung von einem Verhaltensmuster besteht darin, sich seiner bewußt zu werden. Das war das wirkliche Geschenk in meinem Traum: daß mir das Suchtverhalten in meiner Familie plötzlich bewußt wurde. Anscheinend um sicherzugehen, daß ich die Botschaft auch verstanden hatte, kreisten meine Träume in den folgenden Wochen beständig um das Thema Sucht, und es tauchten immer wieder zwei Arten von Suchtträumen auf. Die erste Art folgte einem Muster, das dem typischen Traum zugrunde liegt – voller Metaphern und mit vielen Ebenen der Symbolik. Die zweite halte ich für einen instruktionellen Traum, der aus dem Bereich des höheren Selbst stammt. Die letztere Kategorie ist eigentlich kein Traum, sondern eine Folge von erleuchtenden Erklärungen, die man ohne visuelle Begleitung hört.

Träume sind auch eine exzellente Quelle für Informationen über den Schatten. Träume, in denen wir verfolgt oder angegriffen werden, stellen oft die Aufsplitterung der Psyche in ihre Bestandteile dar. Sie enthüllen die inneren Kriege, in denen dunkle Schattenfiguren die Ego-Masken zu zerstören drohen, die wir angenommen haben. In einem Traum repräsentieren alle Charaktere – selbst die furchterregenden – einen Aspekt von uns selbst. Eine Frau aus einem meiner Kurse, die seit Jahren ihre Träume aufzeichnete und mit ihnen arbeitete, erzählte mir einen sehr interessanten Schattentraum: Sie ist eine Hebamme bei der Geburt von zwei Babys. Die erste Mutter bekommt einen gesunden, molligen Säugling. Die zweite Geburt dauert sehr lange, und das Baby kommt in der Steißlage, Füße zuerst. Voller Abscheu registriert sie, daß die Beine des Babys in Klauenhufen enden und daß sie bei der Geburt eines Dämons hilft. Noch im Traum interpretiert sie, daß sich dieser auf ihre Anstrengungen bezieht, sie selbst zu werden, sich selbst zu gebären. Sie hatte ein gesundes Ego entwickelt, und sie war auch sehr resolut darin, den Schatten, der ihr im Traum schon fast auf der Welt zu sein schien, zu suchen und ihm gegenüberzutreten. Erst wenn er ganz geboren sein und neben dem rosigen, molligen Baby stehen würde, so war sie überzeugt, würde sie vollständig sein. Beim Erwachen fühlte sie sich stark und voll innerer Ruhe.

Sie haben wahrscheinlich schon festgestellt, daß die Träume, die ich eben geschildert habe, verschiedene Ebenen besitzen. Jeder Traum bietet viele verschiedene Deutungsmöglichkeiten, und neue Deutungen ergeben sich immer dann, wenn der Träumer eine neue Lebensphase durchläuft, reifer wird und sich verändert. Das wird offensichtlich, wenn Sie ein Traumtagebuch führen und die Träume von Zeit zu Zeit nachlesen. Edgar Cayce, Jeremy Taylor und andere Traumexperten raten dem Träumer, den Traum zu überdenken und zu versuchen, ihn im Gedächtnis zu behalten, ehe man wieder einschläft. Selbst wenn man nur ein kleines Traumfragment festhalten kann, wird man aus dem Traum wahrscheinlich noch Erkenntnisse ziehen können. Man sollte den Traum im Präsens aufschreiben. Das hilft auch beim Erinnern. Dann sollte man einen Titel wählen, der bezeichnend für den Inhalt des Traumes ist. Ich habe zum Beispiel meinen Suchttraum „Cold Turkey" genannt. Die Frau aus dem Kurs nannte ihren Schattentraum „Geburt in die Ganzheit". Wenn man sein Traumtagebuch mit der Absicht neben das Bett legt, Träume entweder gleich oder am nächsten Morgen aufzuschreiben, wird die Erinnerung an die Träume immer leichter fallen.

Zusätzlich zu den kreativen und psychologischen Innenansichten wurden die Träume lange Zeit als Botschafter des spirituellen Bereichs angesehen. Als solche sprechen sie die Sprache des höheren Selbst – die universale Sprache der Sage und des Symbols, die durch alle Kulturen und alle Zeiten konstant bleibt. Jeremy Taylor erinnert uns daran, daß „Mythos und Traum letztendlich aus der gleichen Quelle im kollektiven Unterbewußtsein stammen. Man kann daher Mythen als kollektive Träume ansehen – als den kollektiven Ausdruck von Dramen, die allgemein menschlich sind und deshalb immer als personenbezogen erlebt werden, obwohl sie sich gleichzeitig endlos im individuellen und kollektiven Leben aller Menschen wiederholen." (*Das innere Universum*, S. 84)

Weil Mythos und Traum Ausdrücke des kollektiven Unbewußten sind, erscheinen uralte Grundmuster der spirituellen Reife oft als Traummotive. Sie haben heute noch genauso Gültigkeit wie seit Tausenden von Jahren. Sie können den Träumer zum Beispiel über eine vorübergehende Phase oder eine allgemeine Richtung seines Lebens informieren. Mein Mann Myrin und ich hatten in der ersten Nacht, die wir gemeinsam verbrachten, einen gemeinsamen Traum über einen solchen mythischen Archetyp. Dieser kurze Traum ist, wie alle Träume, angefüllt mit vielen Schichten Symbolik. In den zwanzig Jahren unserer Ehe haben wir viele seiner Geheimnisse aufgedeckt, aber er vermittelt uns immer noch neue Innenansichten.

In dem Traum ist es Nacht. Wir stehen oben auf einem Steinturm auf einer winzigen Felseninsel mitten im Meer. Der Turm wird vom Blitz getroffen, fängt Feuer, und es beginnt zu röhren wie bei einem Höllenfeuer. Wir halten uns an den Händen und springen ins Meer. Wir erwachten beide im selben Augenblick. Mit klopfendem Herzen, weit aufgerissenen Augen und immer noch atemlos von der uns lebendig vor Augen stehenden Phantasie, wandten wir uns einander zu und sagten: „Ich hatte gerade einen höchst seltsamen Traum."

Auch wenn weder Myrin noch ich das Wort „Archetyp" zur Zeit des „Turmtraums" gehört hatten, erkannten wir beide intuitiv, daß der Traum das uralte Drama von Tod und Wiedergeburt symbolisierte und daß er uns psychologische und spirituelle Innenansichten unseres gemeinsamen neuen Lebens vermittelte.

Die Bedeutung des Traumes entfaltete sich dramatisch, als wir zwei Jahre später zum ersten Mal das Kartenspiel Tarot kennenlernten. Wir blätterten das Kartenspiel durch, erblickten eine Karte, die „Der Turm" genannt wurde, und waren verblüfft, als wir unseren gemeinsamen Traum erkannten.

„Das Tarot repräsentiert eine allegorische Reise, bei der jede Karte die Erfahrung von etwas (einer universellen Energie) während des Weges darstellt, wie etwa die Episoden in Dantes *Göttlicher Komödie*, in Bunyans *Pilgerfahrt* oder sogar in Tolkiens *Herr der Ringe*... Die esoterische Tradition, wie sie durch das Tarot repräsentiert wird, fällt einige grundlegende Feststellungen über den Menschen und die Natur des Universums, das sein Lebensraum ist. Sie sagt aus, daß es eine vollkommene Ordnung gibt, die man wahrnehmen kann, und daß es so etwas wie Zufall nicht gibt. Für jede Regung jedes Blattes auf jedem Baum gibt es einen Grund, und alle Bewegungen aller Dinge stehen in Beziehung zueinander... Die Annahme, daß unser Universum so präzise geordnet ist, ist für das Tarot ebenso grundlegend wie der Gedanke, daß die Bilder des Tarot akkurat das System des Universums symbolisieren." (Robert Wang, *Qabalistic Tarot*, dt. *Das Tarot des Golden Dawn*, S. 84 ff.)

Die Turmkarte bezeichnet den Pfad, der die Persönlichkeit im Gleichgewicht hält. Sie repräsentiert die Vereinigung des Intellekts (den Weg der Vernunft) mit der Intuition (dem Weg des Herzens). In den meisten Versionen der Turmkarte wird die Krone des Turmes vom Blitz heruntergerissen, was die abrupte Zerstörung aller Werte symbolisiert, die für uns zuvor die Realität ausmachten. Auf der einen Ebene symbolisiert der Turm das Ego, das zerstört wird durch die plötzliche Macht und Kraft des höheren Selbst, welches das Individuum auf die Reise zum Bewußtsein drängt. Auf der anderen Ebene repräsentiert der Turm Glaubenssysteme, Religionen oder eine fesselnde Kraft, wie es in unserem Fall eine Ehe, die veränderte Beziehung zu den Eltern oder neue spirituelle Werte – um nur einige Veränderungen zu nennen, die wir plötzlich zu bewältigen hatten – darstellen.

Wie die Karte enthüllte, wurde unsere gemeinsame Reife durch verschiedene Elemente bewirkt: durch das Gleichgewicht von Intellekt und Herz, durch gelegentliche Gewitter, die von Zeit zu Zeit den Turm unseres jeweiligen Individuums niederbrannten, und durch getrennte Vorhaben, die uns in einen neuen Bewußtseinsstand versetzten. Während der folgenden schwierigen Zeit des sozialen Aufstiegs diente uns der Turmtraum immer als Talisman, der uns an den Weg der Partnerschaft und Reife erinnerte, dem wir – aus welchem Grund auch immer – folgen müssen.

Der Traum war auch immer eine wichtige Mahnung, daß Reife oft ein schmerzlicher Prozeß ist – aber ein methodischer –, der in vielen uralten Weisheitsquellen wie dem Tarot zusammengefaßt ist. Jeremy Taylor erklärt: „Die Tarotkarten sind ein konkretes Beispiel der archetypischen Tradition des Buchs Allen Wissens. Eine Geschichte erzählt, daß die Tarotkarten in den Köpfen der letzten Bibliothekare aus der großen Bibliothek von Alexandria entstanden, als diese zusehen mußten, wie während der moslemischen Invasion im Jahre 646 die gesammelte Weisheit der Welt den Flammen zum Opfer fiel. Als sie die Bibliothek brennen sahen, kamen sie überein, daß sie es nie mehr zulassen dürften, daß die gesammelte Weisheit aller Zeiten so leicht verlorenginge. Sie machten sich daran, eine Reihe Bilder zu entwerfen, die die im Feuer verlorene Weisheit darstellen sollten – die archetypischen Muster des Wissens vom kollektiven Unbewußten. Sie fertigten Bildkarten an und erdachten volkstümliche Unterhaltungen und Spiele, die Geschicklichkeit erforderten oder auf Zufall beruhten, damit das uneingeweihte Volk die Karten lieben und immer bei sich tragen würde. So würden sich die Karten auf der ganzen Erde verbreiten und könnten nie mehr auf ähnliche Weise verlorengehen. *(Das innere Universum,* S. 141)

Träume sind ein weiterer Weg, den die Seele uns eröffnet, um unsere Intuition zu entwickeln und uns wieder in unserer Mitte zu verankern, damit wir uns gehenlassen, mit der Strömung schwimmen, anstatt sie zu überwinden zu versuchen – eine Vorstellung, die mir in einem Traum sehr klar wurde.

An einem Punkt meines Lebens, als ich mir die ewige Frage nach dem Dualismus von freiem Willen und Schicksal stellte, hatte ich folgenden Traum: Wir graben im Hinterhof einen Teich. Das Loch ist etwa anderthalb Meter tief, und Wasser sickert allmählich ein. Es gibt einen großen, dem Wechsel der Gezeiten unterworfenen Fluß hinter dem Haus (tatsächlich gibt es keinen solchen Fluß), und während sich der Teich füllt, fängt das Wasser an, sich neu in den Marschen und Kanälen, die den Fluß speisen, zu verteilen. Plötzlich ändert der Fluß seinen Lauf, ein Nebenarm fließt in die Einfahrt meines Nachbarn, und das Wasser läuft in seinen Keller. Ich fühle mich sehr schuldig. Dann hole ich mir die Zeitung und lese, daß Geologen vorhergesagt haben, daß der Fluß bald seinen Verlauf ändern wird. Mit großer Erleichterung merke ich, daß nicht ich den Lauf des Flusses geändert habe, sondern nur als Agent des Universums handelte.

Als ich mir diesen Traum ansah, hatte eine seiner vielen Deutungsebenen mit der Frage zu tun, die ich vor dem Schlafengehen meinem höheren Selbst gestellt hatte – die Frage nach dem freien Willen. Der Traum antwortete mit einer hübschen Metapher, indem er mir versicherte, daß ich nicht der göttliche Lenker des Flusses, sondern nur der Agent des universellen Willens bin und daß meine individuelle Tat in einen größeren Plan paßt. Freier Wille bedeutet für mich die Wahl, sich entweder seiner selbst bewußt zu werden und seinen Intellekt und seine Intuition dazu zu benutzen, mit der Strömung zu schwimmen und die Heldenreise zu unternehmen, oder aber unbewußt zu bleiben, sich gegen die Strömung zu stemmen und sich in den Beschwerlichkeiten der Reise zu verlieren.

Dichter wie der indische Mystiker Kabir, Rabindranath Tagore, William Blake, Rainer Maria Rilke, Alfred Lord Tennyson, Walt Whitman, Khalil Gibran und der Poet des Alten Testaments, der das wunderschöne Hohelied Salomos geschrieben hat, hatten alle die Gabe, Traum, Mythos und Metapher in Worte zu fassen, die den Leser erwecken und ihn wieder in die Strömung einbeziehen können. Atmen Sie ein paarmal tief aus, und ziehen Sie sich in die Stille Ihres Herzens zurück, ehe Sie das folgende Gedicht von Thomas Merton lesen.

Sei still
Lausche den Steinen der Mauer
Schweig, sie versuchen deinen
Namen
auszusprechen.
Höre
auf die lebendigen Mauern.
Wer bist du?
Wer
Bist du? Wessen
Schweigen bist du?

Vorschläge für den Leser

1. *Können Sie sich an Momente erinnern, als Sie spontan zentriert waren und in Kontakt zu dem Selbst standen? Diese Momente sind ein guter Talisman – sie sind Einnerungshilfen, wenn Sie sich zerrissen, nicht in Ihrem Zentrum fühlen und wenn Sie sich mit dem Ego identifizieren. Atmen Sie ein paarmal tief aus und erinnern Sie sich an eine dieser Gipfelerfahrungen, einen dieser heiligen Momente.*

2. *Üben Sie sich mehrmals am Tag im inneren Beobachten. Wann immer Sie das tun, werden sich Ihnen neue Wege eröffnen, mit Ihren schuldbewußten Gedanken umzugehen. Erinnern Sie sich daran, daß der Beobachterposten Ihre Mitte ist – er ist wie das Auge eines Sturms. Ganz gleich, was geschieht – der Beobachter fühlt sich immer sicher und mit der Quelle der Liebe verbunden. Das innere Beobachten ist es wert, regelmäßig ausgeübt zu werden.*

3. *Eine Meditationsübung soll sich natürlich und spontan entwickeln, wann immer Sie das Bedürfnis dazu haben. Sie können sich auch täglich fünfzehn oder zwanzig Minuten Zeit nehmen, um in der Natur spazierenzugehen, ein Gedicht zu schreiben, Musik zu hören oder sonst eine Tätigkeit durchzuführen, die natürliche meditative Erfahrung bietet. Der Schlüssel zur Meditation ist, daß sie Freude macht. Wenn sie zu einem Muß wird, werden Sie eher Ihr Ego als Ihr Selbst erfahren – die auf Schuldgefühlen beruhende Abwehr dagegen, jemals wieder meditieren zu wollen.*

4. *Versuchen Sie jede Nacht, Ihre Träume aufzuzeichnen. Es hilft, wenn Sie das Datum des nächsten Tages und den Wochentag in Ihr Tagebuch eintra-*

gen, bevor Sie zu Bett gehen. Taylor schlägt auch vor, daß Sie knapp darlegen, warum Sie sich an Ihre Träume erinnern möchten. Was ist Ihr Ziel dabei? Wenn Sie Ihre Träume einer oder mehreren Personen mitteilen, die am psychospirituellen Reifen respektvoll interessiert sind – z. B. Mitgliedern einer Traumgruppe –, verleiht dies Ihrer Traumarbeit mehr Tiefe. Beachten Sie dabei bitte diese Grundregeln, die aus Taylors Das innere Universum übernommen sind:

a) Jeder Traum dient der Ganzheit und der Heilung.

b) Jeder Traum hat viele Deutungsebenen.

c) Es ist unwahrscheinlich, daß Sie alle Bedeutungen in einer Sitzung ausschöpfen können – wenn überhaupt jemals.

d) Wenn Sie den Traum einer anderen Person kommentieren, machen Sie auch sprachlich klar, daß es sich hier um Ihre Sichtweise handelt, indem Sie sagen: „Wenn das mein Traum wäre...", ehe Sie mit Ihrer Interpretation anfangen. Der Hydrant, der für Sie männliche Sexualität symbolisiert, kann für eine andere Person eine völlig andere Bedeutung haben. Sogar Freud behauptet, daß eine Zigarre manchmal wirklich nur eine Zigarre ist! Obwohl Träume auf einer Ebene allgemeingültige Archetypen enthalten, sind sie auf einer anderen Ebene psychologische Projektionen. Jede Interpretation des Traumes von jemand anderem ist genau das – eine Projektion, die nicht unbedingt den Kern trifft. Taylor stellt fest, daß der einzig verläßliche Berührungspunkt für eine Interpretation das Gefühl des Wiedererkennens, der Schauder, die Gänsehaut ist. Das zeigt Ihnen, daß Ihre Intuition am Werk ist. Es ist Sache des Träumers, die anderen wissen zu lassen, ob eine bestimmte Interpretation zulässig ist oder nicht.

e) Schaffen Sie eine Atmosphäre, in der sich der Erzählende sicher fühlt, und stimmen Sie Grundregeln wie der der Anonymität zu; das bedeutet, daß die Träume außerhalb der Gruppe zwar diskutiert werden können, aber nur so, daß der individuelle Träumer nicht zu identifizieren ist. Vielleicht bittet ein bestimmtes Gruppenmitglied auch um strenge Vertraulichkeit, so daß der Traum überhaupt nicht weitererzählt werden darf.

Spirituelle Re-Vision

Ich kann mich noch gut daran erinnern, wie ich mit sieben Jahren vom ersten Besuch der Sonntagsschule in der konservativen Synagoge, die meine Familie besuchte, zurückkam. Während der ganzen Heimfahrt im Bus war ich, obwohl von Schulkameraden umgeben, ungewöhnlich still und gedankenverloren. Die exotischen und schönen Linien des hebräischen Alphabets erschienen mir rätselhaft und erfüllten mich mit Ehrfurcht vor ihren magischen Geheimnissen und ihrem uralten Wissen. Der weiche Rhythmus der jahrtausendealten Gebete hallte in meinen Ohren wider und verband mich mit einer Tradition, deren Anfänge bei der Geburt der Zivilisation selbst lagen. Ich konnte die tiefen Wurzeln der Vergangenheit spüren, obwohl ich noch nicht in der Lage war, sie zu erfassen, und ich war sehr aufgeregt.

Ich sprang die Steinstufen zu unserer Wohnung hoch und drückte den Klingelknopf, begierig, meine Erfahrungen zu erzählen. Mein Vater wartete schon hinter der Tür, weil er ebenso neugierig darauf war zu erfahren, wie die religiöse Erziehung in den frühen fünfziger Jahren aussah. Sein breites Lächeln und seine funkelnden Augen luden mich dazu ein, ihm meine aufregenden Erlebnisse mitzuteilen. „Was hast du in der Sonntagsschule gelernt?" fragte er. Ich kann mich noch an seine tiefe, liebevolle Stimme erinnern, als wäre es gestern gewesen.

Ich kletterte auf seinen Schoß, zeigte ihm das Buch mit

dem hebräischen Alphabet und das Bilderbuch über die Propheten, die ich gerade bekommen hatte. Eine Illustration zeigte Moses, wie er auf den Berg Sinai steigt, um die Zehn Gebote entgegenzunehmen, und einen bärtigen, weißhaarigen Gott, der hinter den Wolken hervorlugt. Daddy lachte herzlich. „Glaubst du wirklich, daß Gott so aussieht, Joanie? Glaubst du, daß er oben in den Wolken wohnt?"

Ich wurde ganz aufgeregt bei dieser Frage, denn das war etwas, das mich abends, wenn ich allein war in meinem Zimmer und das Mondlicht durch das große Fenster schien, auch immer beschäftigte. Mein Bruder Alan, der zehn Jahre älter war, hatte mir erklärt, daß das Universum unendlich sei. So lag ich da und versuchte mir vorzustellen, wie groß Unendlichkeit war und wie die Sterne, deren Ausmaß jenseits allen Verständnisses lag, aus dem Nichts heraus entstanden waren. Ich fragte mich, wie Gott selbst entstanden war und welche Rohmaterialien er für die Schöpfung verwendet hatte. Aber ich blieb immer an einem Punkt stecken: Wie konnte Gott aus dem Nichts heraus entstehen? Also zog ich den Schluß, daß Gott immer existiert haben mußte, aber das strapazierte meinen Verstand übermäßig, und an diesem Punkt der Überlegungen schlief ich gewöhnlich ein. Daher waren die Erklärungen meines Vaters, wo Gott sich aufhielt und wie er aussah, von größerem Interesse als die Sonntagsschule.

Ich lauschte ihm also erwartungsvoll. „Joanie", appellierte er an meinen sieben Jahre alten Intellekt, „wenn Gott wirklich ein kleiner alter Mann wäre, der in den Wolken lebt, dann würden die Flugzeuge ihm ja glatt durch den Bauchnabel fliegen. Genau so – richtig?" Er ließ mit einer überzeugenden Geste seine Finger durch die Luft gleiten und produzierte mit dem Mund ein verblüffend lautes Flugzeuggeräusch.

Ich kicherte bei seiner Vorführung. Ich war amüsiert, aber auch enttäuscht: Ich wollte eine Antwort. „Wo ist

170

Gott dann?" wollte ich wissen. Und mein Vater legte mit einem leisen Lächeln seinen Zeigefinger direkt auf mein Herz.

Der Blick nach innen

Mein Vater lehrte mich viele Dinge, darunter auch, wie man beim Versteckspielen gewinnt. Während meine Freundinnen sich immer die hintersten Winkel in Schränken, Badewannen und Spielkisten aussuchten, hielt ich Ausschau nach den offensichtlichsten Orten zum Verstecken, weil dort gewöhnlich niemand nachsah. In einer alten Geschichte der Sufi vervollständigt Gott seine Schöpfung – nachdem die „vielen Bleiben", von denen die Bibel spricht, erschaffen worden sind – durch die Theater, in denen die endlosen Variationen der Heldenreisen zurück zum Ursprung durchgespielt werden müssen. Dann hält er Ausschau nach einem Ort, wo er sich verstecken kann, während er darauf wartet, daß die Seelen, die er erschaffen hat, ihre Lektionen lernen und dann mit der erworbenen Weisheit zu ihm zurückkehren. Gott wählte einen Platz, der so offensichtlich war, daß wir nicht daran denken würden, dort nachzuschauen: Er versteckte sich in unseren Herzen.

Die Verbindung des menschlichen Herzens mit dem Geist Gottes ist ein uralter Archetypus, der immer wieder auftaucht – manchmal an den unwahrscheinlichsten Orten. Ich hielt einmal ein Seminar über Techniken für Körper und Geist vor einer Gruppe von Psychotherapeuten und Ärzten ab. Nach der Veranstaltung fragte mich eine Psychiaterin, die etwa zehn Jahre älter war als ich, ob ich Zeit für ein Gespräch hätte. Etwas in ihren Augen schuf sofort eine Verbindung zwischen uns. Wir beschlossen, in der Sonne des späten Herbstnachmittags einen Spaziergang zu machen, und genossen bald von einer verschlafenen Landstraße aus den Ausblick über das Meer. Die salzige Luft war frisch, und ein Adler segelte über das Wasser zu seinem Nest auf den zackigen Klippen. „Ein heiliger Moment", dachte ich, weil die Welt stillzustehen, die Natur ein schweigender Beobachter der Ewigkeit zu sein schien.

Bea, meine Begleiterin, war eine stille Frau, konservativ gekleidet, mit einer leicht professoralen Ausstrahlung. Nachdem wir ein paar Minuten schweigend gegangen waren, drehte sie sich mit einem offenen Gesichtsausdruck zu mir um. „Etwas, das Sie heute gesagt haben, war das letzte Teilchen eines Puzzles, das sich jetzt seit drei Jahren zusammenfügt. Ich würde Ihnen gern die Geschichte erzählen."

So setzten wir uns auf einem umgestürzten Baumstamm, der immer noch warm von der Mittagssonne war, und Bea pflückte sich einen Grashalm, der voller Samen hing. Sie streifte die flaumigen Körner ab und begann sie im Wind zu zerstreuen, während sie von dem tiefen Verlust erzählte, den der Tod ihres Ehemannes für sie bedeutet hatte. Es war eine schreckliche Zeit für Bea gewesen, als ihr Mann nach zwanzig Jahren Ehe plötzlich an einem Herzanfall starb. Sie hatte sich zerschmettert, wie von Sinnen und allein gefühlt und darüber nachgegrübelt, wie unfair das Leben war. Als ihr Elend seinen Höhepunkt erreicht hatte, schleppte sie sich zu einem psychiatrischen Kongreß in Arizona. Am Ende ihres Aufenthaltes machte sie einen Ausflug nach Sedona, einer kleinen Stadt inmitten vieler goldener Hügel, die den Navajos heilig sind. Dort kam sie zu einer kleinen Kapelle, die neben einem Berg erbaut worden war.

„Die Kapelle war so friedvoll und so schlicht. Sie schien ein natürlicher Bestandteil dieser urwüchsigen Landschaft zu sein. Wenn man sich umsah, waren die Wolken scheinbar zum Greifen nahe, und der Himmel schimmerte in einem kräftigen Blau, das im Sonnenlicht strahlte. Und es war still. So still... Ich muß dort über

eine Stunde gesessen haben, ohne an etwas zu denken. Es
schien so, als ob dort alles mit der Welt im Lot sei. Es war
einfach nicht möglich, sich Sorgen zu machen. Schmerz
und Traurigkeit schmolzen dahin. Was für eine Erleichterung war das für mich", erinnerte sie sich.

„Nachdem ich die Kapelle verlassen hatte, hielt der Friede
in mir den ganzen Rückweg über an. Ich kam etwa eine
Stunde vor dem Abendessen zurück und legte mich hin,
um ein Nickerchen zu machen. Sobald ich meine Augen
geschlossen hatte, hatte ich eine verblüffende, lebens-
echte Vision. Es war eine Art biblische Figur, gekleidet,
wie es am Mittelmeer üblich ist, und sie stand neben dem
Bett, nicht mehr als einen Meter von mir entfernt."

Bea hielt aufgrund meines verwunderten Gesichtsaus-
drucks kurz inne. „Ich weiß, es klingt verrückt, aber ich
glaube wirklich, daß es Maria, die Mutter Jesu, gewesen
sein könnte." Sie kicherte verlegen. „Ziemlich ungewöhnlich für ein anständiges jüdisches Mädchen, nehme
ich an. Tatsächlich war mein erster Gedanke, daß ich
durch den ganzen Streß einen Zusammenbruch erlitten
hatte und halluzinierte, daß ich psychotisch geworden
sei. Ich setzte mich mit einem Ruck auf und riß die Augen
auf, aber die Figur blieb stehen. Seltsamerweise fürchtete
ich mich überhaupt nicht. Ich war nur neugierig."

Fasziniert fragte ich: „Hat sie mit Ihnen auf irgendeine Art
kommuniziert?"

Bea nickte. „Ja, aber ohne Worte. Sie lächelte mich an,
sanft und liebevoll. Ihr rechter Arm war ausgestreckt, und
sie deutete auf mein Herz. Ich fühlte mich gleichzeitig
getröstet und verwirrt. Ich wußte irgendwie, daß das eine
Botschaft war, daß alles in Ordnung kommen würde – es
schon war. Aber es schien auch so, daß ihre Geste eine
bestimmte Art von Anweisung war. Und gerade heute,
während des Kurses, als wir über das Selbst redeten,
merkte ich, worin die Anweisung bestand. Sie teilte mir
mit, ich solle in mein Inneres blicken, daß die Antwort –
die Bedeutung – in meinem eigenen Herzen liegt." Bea

lachte und weinte in einem, und ich legte den Arm um ihre Schultern.

„Die ganze Vision dauerte vielleicht fünf Minuten, aber seitdem ist sie jeden Tag als Inspiration und Trost bei mir. Aber wissen Sie – ich habe sie nur einer anderen Person erzählt. Die meisten Leute würden wohl glauben, ich sei verrückt; selbst ich dachte das zuerst. Als Psychiaterin betrachte ich Visionen zunächst einmal als Manifestationen zeitweiliger Epilepsie oder einer Psychose. Sie positiv zu betrachten fällt schwer. Religiöse Visionen? Also, wirklich – magisches Denken in Reinkultur!“ Bea seufzte und lächelte mir zu. Ich konnte verstehen, wie schwer es ihr fiel, mit einer Akademikerin – oder überhaupt mit irgend jemandem! – über etwas Spirituelles zu sprechen. Mystische Erfahrungen sind kein Thema, das man an die Öffentlichkeit bringt.

Nach ihrer Vision besuchte Bea verschiedene Synagogen und Kirchen und fand schließlich eine Synagoge, in der der Rabbi vom Gottesdienst als einer lebendigen Beziehung zu Gott, einer mystischen Erfahrung sprach statt von einer akademischen Übung, die nach vorgeschriebenen Regeln und Verordnungen ablaufen müsse. Beas Suche nach einem Ort, wo sie ihre Spiritualität bestätigt fand, berührte mich tief. Manche von uns haben das Glück, den lebendigen Geist in einer Kirche, einem Ashram oder einer Synagoge zu finden. Andere wiederum finden ihn in der Natur oder in den Augen eines geliebten Menschen. Aber das Göttliche ist immer im Herzen präsent. Die Botschaft meines Vaters hatte dieselbe Aussage wie Beas Vision: Schau in dich hinein! Suche den Ort, wo sich die Seele versteckt, eingehüllt in die Liebe, die ihre Substanz ist und ihre Wirkung.

Amerika – eine Nation verkappter Mystiker

Erfahrungen der Art, wie Bea sie hatte, kommen häufiger vor, als Sie vielleicht glauben. 1973 begann Andrew Greeley, Priester, Professor für Soziologie und populärer Autor, zusammen mit seinen Kollegen am Nationalen Institut für Meinungsforschung der Universität von Chicago, die spirituellen Erfahrungen der Amerikaner zu erforschen.

Die Erhebungen, die Greeley und seine Kollegen 1973 durchführten und Mitte der achtziger Jahre wiederholten, zeigen eine Zunahme der Häufigkeit und der Vielfalt von „paranormalen" Erfahrungen, die vom Déjà-vu-Erlebnis bis zum Kontakt mit Toten reichen. Zum Beispiel bestätigten in den achtziger Jahren fast ein Drittel aller Befragten, Visionen gehabt zu haben; 1973 waren es nur acht Prozent. Die Hälfte der erwachsenen Amerikaner glaubt heute daran, mit einer verstorbenen geliebten Person in Kontakt getreten zu sein; 1973 glaubten es nur fünfundzwanzig Prozent der Bevölkerung. Zwei Drittel der Erwachsenen gaben an, übersinnliche Wahrnehmungen gehabt zu haben; in der früheren Befragung waren es nur achtundfünfzig Prozent. Eine der Fragen, die an diese repräsentative Gruppe gestellt wurde, war: Hatten Sie je eine mystische Erfahrung, bei der Sie sich „einer mächtigen, spirituellen Kraft sehr nahe fühlten, die Sie anscheinend aus sich heraushob?" Verblüffende fünfunddreißig Prozent bejahten das, und ein Siebtel davon – fünf Prozent der Bevölkerung – hatte buchstäblich „in Licht gebadet", wie es schon der Apostel Paulus von sich berichtet. Die meisten der Befragten erklärten weiter, daß sie ihre Erfahrung einer anderen Person nur selten oder gar nicht mitgeteilt hätten. Angst, daß ihnen nicht geglaubt würde oder sie sich lächerlich machen würden, und – in fundamentalistischen Kreisen – die Furcht davor, als „Sprachrohr des Teufels" denunziert zu werden, ließ diese Menschen ihre mystischen Erfahrungen für sich behalten. Für

Wissenschaftler wie mich ist die Angst, sich bei Kollegen lächerlich zu machen, sehr verständlich. Kein Wunder, daß so viele ihre Erfahrungen unter Verschluß halten.

Daniel Goleman gehörte dem beratenden Ausschuß des Institutes für Noetische Wissenschaft an, das von dem ehemaligen Astronauten Edgar Mitchell zur Erforschung nicht-intellektueller Arten des „Wissens" gegründet wurde. Goleman sagt: „Durch das Studium des Meditativen und anderer veränderter Zustände fangen wir an zu begreifen, daß durch andere Arten des Wissens Wahrheiten und Verstehensweisen erreicht werden können, die für diejenigen von uns, die in der weltlichen Realität des alltäglichen Bewußtseins steckenbleiben, nicht zu erreichen sind. Und die Wahrheiten, die von Mystikern verstanden werden, mögen, von ihrem Blickwinkel aus, ebenso zwingend sein wie die westlicher Wissenschaft ... Es ist eine Tatsache: Wir sind eine Nation verkappter Mystiker. Und es ist Zeit, daß wir die Tarnkappen ablegen." (*Noetic Sciences Review*, Spring 1987, S. 7)

Es herrscht eine allgemeine Tendenz zu glauben, daß Menschen, die mystische Erfahrungen erlebten, entweder religiöse Fanatiker oder Kandidaten für geschlossene Anstalten sind. Greeleys Umfrage beweist genau das Gegenteil. Diejenigen, die mystische Erfahrungen hatten, sind eigentlich ganz normale Menschen, die, was Bildung und Intelligenz betrifft, ein bißchen über dem Durchschnitt liegen und die, was ihr religiöses Engagement angeht, ein bißchen unter dem Durchschnitt liegen. Kurz gesagt – viele sind wie Bea. Als Greeley mit einigen dieser Leute psychologische Tests durchführte, standen sie auf der Skala für gesunde Persönlichkeiten ganz oben.

Eine kürzlich erfolgte Umfrage von Gallup bestätigt Greeleys Ergebnis von 1984, daß „paranormale" Erfahrungen in den USA im Ansteigen begriffen sind. Erstaunliche fünf Prozent der Befragten gaben 1981 an, Erfahrungen der Todesnähe gemacht zu haben – Erfahrungen, die das Leben oft verändern. Für mich persönlich war noch verblüffender, daß fünfundneunzig Prozent bestätigten, an Gott oder einen universalen Geist zu glauben. Nachdem ich selbst den Mut gefunden hatte, Menschen nach ihren spirituellen Ansichten zu fragen, habe ich herausgefunden, daß die meisten Menschen tatsächlich gläubig sind – besonders wenn das Wort „Gott" durch „höhere Macht" oder „universaler Geist" ersetzt wird.

Spiritualität ohne Religion?

Die Zunahme spiritueller Erfahrungen im letzten Jahrzehnt ging nicht einher mit einer wachsenden Religiosität. Tatsächlich meiden die meisten von uns jede Form organisierter Religion. Eine kürzlich erfolgte Umfrage von Gallup zeigte auf, daß achtundsiebzig Millionen Amerikaner weder einer Kirche oder einer Synagoge angehörten noch sie zu bestimmten Gelegenheiten besuchten. Diese Zahl belief sich 1978 noch auf nur einundsechzig Millionen. Selbst regelmäßige Kirchgänger fanden einiges zu bemängeln. Die Mehrheit war der Meinung, daß die Kirchen zuviel Zeit für Themen wie Vermögensbildung aufwenden, und ein Drittel fand die organisierten Kirchen in ihren Morallehren zu restriktiv. Fast jeder vierte der Befragten hat der organisierten Religion den Rücken gekehrt, um nach „tieferer spiritueller Bedeutung" zu suchen.

Walter Houston Clark, emeritierter Professor des theologischen Andover-Newton-Seminars in der Nähe von Boston, hat Jahre damit verbracht, die Psychologie der Religion zu erforschen und darüber zu schreiben. Während seiner jahrelangen Forschungs- und Lehrtätigkeit machte er tiefgründige Erfahrungen. Er verglich das, was die Kirchen vermitteln, mit einer Impfung: „Man geht zur Kirche und bekommt eine kleine Dosis, die einen dann vor der wirklichen Erfahrung beschützt." Das oft wenig befriedigende Erlebnis, sonntags in die Kirche oder samstags in die Synagoge zu gehen, Predigten zuzuhören und Gebete rein mechanisch herzusagen, führte bei vielen von uns dazu, auf diese Art von Religion zu verzichten, weil sie uns nichts mehr bedeutet.

Clarks Unterscheidung zwischen Theologie und spirituellen Erfahrungen ist Teil eines roten Fadens der Weisheit, der sich durch alle große Religionen der Welt zieht – auch wenn sich diese deutlich voneinander unterscheiden. Der Schriftsteller und Wissenschaftler Aldous Huxley nennt diesen roten Faden, der sich zweieinhalbtausend Jahre zurückverfolgen läßt, die „immerwährende Philosophie":

„In der Vedanta und der hebräischen Prophetie, im Taoteking und den platonischen Dialogen, im Johannesevangelium und der Mahajana-Theologie, bei Plotin und den Areopagiten, unter den persischen Sufis und den christlichen Mystikern des Mittelalters und der Renaissance – die immerwährende Philosophie hat fast alle Sprachen Asiens und Europas gesprochen und Gebrauch von der Terminologie und den Traditionen jeder größeren Religion gemacht... Die zweite Doktrin der immerwährenden Philosophie – daß es möglich ist, den göttlichen Grund durch direkte Intuition, die höher steht als weitschweifige Gedankengänge, kennenzulernen – kann man in allen großen Religionen der Welt finden. Ein Philosoph, der sich damit zufrieden gibt, die ultimative Realität nur theoretisch und aus zweiter Hand zu kennen, wird von Buddha mit einem Hirten, der eines anderen Mannes Kühe hütet, verglichen... (und von Mohammed) mit einem Esel, der eine Ladung Bücher trägt." (Aldous Huxley in seiner Einführung zu *The Song of God: Bhagavad-Gita* in der Übersetzung von Swami Prabhavananda und Christopher Isherwood, S. 11 f., 15)

Religiöse Erziehung, die darauf abzielt, Dogmen zu lehren, anstatt spirituelle Erfahrungen zu nähren, verursacht nicht notwendigerweise psychospirituelle Schäden. Sie ist nur unvollständig und läßt uns meist mit dem Gefühl zurück, unsere religiöse Tradition sei leer. Ich verbrachte zum Beispiel nach meiner ersten furchtbaren Erfahrung in jenem Ferienlager, das ich weiter oben beschrieben habe, acht Sommer in einem herrlichen jüdischen Ferienlager. Jeden Freitagabend feierten wir den Sabbat wie eine Königin, die von ihrem Hofstaat umgeben ist. Jede Woche trugen Mädchen aus wechselnden Schlafsälen Kerzen durch die Dämmerung, während wir ein wunderschönes Lied sangen.

Während wir sangen, fiel in dem friedvollen Duft des Pinienhains, in dem unsere kleine Feier stattfand, alles von uns ab. Der Gottesdienst am Samstagmorgen, an dem jeder Schlafsaal teilnahm, und die *havdalah* am Samstagabend, wenn der Sabbat ausklang, verliehen der Woche einen heiligen Rhythmus. Aber fern des Lagers fehlte die eingängige Erfahrung des Rituals und der Teilnahme daran. Die Synagoge war für die „hohen" Feiertage bestimmt und glich dann mehr einer Modenschau, als daß sie der Besinnung auf Gott diente. Da ich in meinem späteren Leben das Bedürfnis hatte, abermals diese starke Erfahrung des Selbst zu machen, die ich während des Rituals im Pinienhain empfunden hatte, begann ich überall danach zu suchen. In vielen Kirchen und Synagogen fand ich nichts Gleichwertiges, es sei denn, daß Gemeinschaft, Lieder und Liebe ein wichtiger Teil der Erfahrungen waren. Das schien am ehesten dort der Fall zu sein, wo die mystischen Aspekte der Weltreligionen betont wurden, wie im christlichen Mystizismus, im tibetanischen Buddhismus, im Sufismus mit seinen ekstatischen Tänzen und Gesängen, im Hindu Vedanta und schließlich in der Kabbala, dem mystischen Zweig des Judentums.

Anders als die Hauptströmungen der Religion, die oft mit Angst oder Herablassung auf andere Religionen reagieren, durchdringt der Mystizismus Grenzen aller Art. Er ist universell und mitfühlend und betont die Übereinstimmungen der großen religiösen Traditionen anstatt ihre Unterschiede. In allen mystischen Traditionen wird Gott ebensosehr als inneres göttliches Wesen wie als transzendente Kraft verstanden. Bei unseren Versuchen, eine lebendige Verbundenheit mit Gott in Kirchen, Synagogen und Ashrams zu finden, haben mein Mann Myrin und ich eine große Zahl von Menschen mit unterschiedlichstem religiösen Hintergrund getroffen, die alle eine immerwährende spirituelle Vision gemein hatten – die Suche nach dem Selbst.

In unserer Gesellschaft stehen die religiösen Institutionen an einem Wendepunkt. Die alten Formen haben viel von ihrer Lebendigkeit verloren, aber neue Formen sind noch nicht in Sicht. Es ist Zeit für eine spirituelle Re-Vision, die uns herausfordert, das Selbst in unseren religiösen Systemen zu suchen, die mächtigen Rituale, die über Jahrtausende lebendig waren, wiederaufleben zu lassen, nachdem das Dogma sie allzuoft aus den religiösen Systemen verbannt hat.

Religiöse Schuld

Religion entfremdet Menschen voneinander, wenn sie zu einer entzweienden statt zu einer einenden Kraft wird, wenn sie isoliert, anstatt zu heilen. Ein offensichtliches Beispiel für Entzweiung ist das seltsame Konzept des „Heiligen" Krieges, bei dem der Heiligkeit des menschlichen Lebens Gewalt angetan wird, indem im Namen „Gottes" getötet wird. Viele Menschen haben der Religion wegen dieser offensichtlichen Heuchelei den Rükken gekehrt. Andere haben sie hinter sich gelassen, weil sie psychologischen Schaden anrichtete und manchmal eine schreckliche Quelle der Schuld war. Immer wieder bin ich schockiert darüber, wie viele Menschen frühe traumatische religiöse Erfahrungen gemacht haben, die ihnen ein Leben lang religiöse Schuldgefühle bescheren und oft ein unerforschter Faktor für körperliche Krankheiten und Geisteskrankheiten sind.

Peter, ein fünfundvierzigjähriger Patient, der mit periodisch auftretenden Herpesausschlägen auf dem Gesäß zu mir kam, erzählte mir eine traurige Geschichte über seine strengen, prügelnden Eltern. Seine Eltern, beide katholisch, hatten entsetzliche Angst vor der Strafe Gottes. Sie schüchterten Peter ein, indem sie ihm von Todsünden erzählten, die ihn garantiert in die Hölle bringen würden. Die verzeihlichen Sünden mußte Peter daheim beim Abendbrot und sonntags in der Kirche bekennen.

Peter wuchs mit einer schrecklichen Angst vor seinem Vater auf, der nicht mit der Rute sparte, um seinem Sohn „Moral" beizubringen. Als er schließlich vor der Erstkommunion seine erste Beichte ablegen sollte, war Peter ein nervöses Wrack. Tief in seinem Herzen wußte er, daß er Johnny wegen seines Lastwagens beneidete, daß er seinen Eltern nicht gehorcht hatte und Mordgedanken gegenüber seinem Vater hegte, wie es mißhandelte Kinder gewöhnlich tun. Wochenlang grübelte Peter darüber nach, was er dem Priester erzählen sollte. Und wie jedem kleinen Kind fiel es ihm schwer, eine Autoritätsperson von der anderen zu trennen. Vater, Priester und Gott erschienen ihm alle wie böse Eltern, die ihn mit Sicherheit überführen und bestrafen würden – vielleicht mit dem Tod.

Der Priester stellte sich als ebenso hart wie Peters Vater heraus, indem er lange Bußen für winzige Verstöße verhängte. Er war keine Person, bei der ein kleines Kind sich wohl fühlt. Peter wußte zudem, daß er seinen Eltern all seine Sünden würde beichten müssen, weil die Buße eines jeden Familienmitglieds darin bestand, sie beim Abendbrot bekennen zu müssen. Sein Vater fügte der vom Priester auferlegten Buße noch seine eigene hinzu, indem er Peter oft mit einem Gürtel auf das Gesäß schlug, bis rote Striemen zu sehen waren. Total verängstigt, fing Peter bald an zu lügen. Er wog seine Möglichkeiten ab: Man mußte zumindest ein paar Sünden beichten, sonst glaubten sie einem nicht; andererseits durfte man nicht zu schwere Sünden beichten, weil die Strafen dann zu hart ausfielen. Dies ging jahrelang so weiter, wobei Bitterkeit und Zynismus an die Stelle von Peters Angst traten, als er älter wurde.

Mit fünfundvierzig hatte sich Peter sowohl seinem Vater als auch der Kirche entfremdet. Die Angstgefühle seiner Kindheit aber beherrschten ihn immer noch, auch wenn er sie zunächst erfolgreich verdrängt hatte. Als Peter sich bei einer außerehelichen Affäre mit Herpes infizierte, wurde seine verständliche – gesunde – Schuld wegen des Seitensprungs von unvernünftigen religiösen Schuldgefühlen überschattet. Obwohl Peter seit langem erklärte, er sei Atheist, fand er bald heraus, daß dem nicht so war. Seine Vorstellungen von einem bösen, strafenden Gott hatte er zwar verdrängt, aber er hatte sich nicht frei gemacht von ihnen! Er war überzeugt, daß die Herpesinfektionen eine Strafe für seine Sünden war. Und sein Körper bot eine verblüffende Demonstration: Die Herpeswunden zeichneten die Striemen seiner früheren Prügel nach – ein Hinweis auf das ursprüngliche psychospirituelle Trauma.

In Peters Fall wäre eine psychosomatische Therapie nur ungenügend auf die Wurzeln der Krankheit eingegangen. Er brauchte sowohl eine Psychotherapie als auch eine spirituelle Neuausrichtung, um die starken religiösen Schuldgefühle, die seit so vielen Jahren unterdrückt worden waren, auszuloten und zu korrigieren. Ich überwies Peter an einen klinischen Seelsorger, der ihm als psychospiritueller Führer dabei helfen konnte, in zweifacher Hinsicht eine falsche Identifikation zu korrigieren: Peters Identifikation von sich selbst als hoffnungslosem Sünder und seine Identifikation von Gott als nicht verzeihendem, strafendem Zuhörer.

Peters Geschichte ist nicht ungewöhnlich. Bei meinen Kursen über Schuld berichten Menschen oft ähnliche Erlebnisse. In Colorado dankte mir eine Frau mit Tränen in den Augen, daß ich bekräftigt hätte, was sie schon immer in ihrem Herzen gewußt habe – daß menschliche Wesen an sich gut seien. Sie erzählte, daß sie von den Nonnen in ihrer Klosterschule bestraft worden sei, als sie sich als Halbwüchsige gegen die Lehre von der Erbsünde wehrte. Die Nonnen, die glaubten, ihre Haltung sei „gefährlich" und würde sie zur Sünde verleiten, hatten sie geschlagen.

Mitte der achtziger Jahre konnte man in den Zeitungen die schockierende Geschichte eines kleinen Mädchens lesen, das von seinen Eltern, Angehörigen einer fundamentalistischen christlichen Sekte, tatsächlich zu Tode geprügelt worden war. Eines Tages hatte das Mädchen seinen Eltern anscheinend widersprochen. In dem irrigen Versuch, seine Seele vor der Sünde zu retten, schlugen die Eltern es so hart, daß es an inneren Blutungen starb.

Körperliche Mißhandlungen im Namen „Gottes" sind die durchschlagendste Methode, Kindern Angst vor einem strafenden Gott einzuflößen, aber es ist sicher nicht der einzige Weg. Unerbittliche Lehren über Himmel und Hölle und über die „Geretteten" und die „Verlorenen" können die gleiche Wirkung haben. Jede religiöse Lehre, die verkündet, sie wäre der einzige Weg, schafft eine „Wir-und-die-anderen"-Mentalität, die ängstlichem, ausgrenzendem Denken Vorschub leistet. Ich werde nie meine Überraschung vergessen, als mir – ich war fünf Jahre alt – unsere neue Haushälterin, die aus einer großen katholischen Farmerfamilie stammte, zum ersten Mal die Haare wusch. Sie rubbelte ungläubig meinen Schopf, ihre Augen wurden groß. „Du meine Güte", sagte sie, „Juden haben ja gar keine Hörner!" Als ich sie fragte, warum sie das denn geglaubt habe, erzählte sie mir, daß ihre Eltern das immer behauptet hätten. Juden seien schließlich Teufel.

Diese Art von religiöser Bildung fördert die Kluft zwischen Menschen und mindert ihre Fähigkeit, für Verständnis, Einheit und Liebe zu sorgen. Dieses Denken basiert sicher nicht auf der Bibel, denn Jesus faßt seine

Lehren in der Aufforderung zusammen: „Liebet zuerst Gott, und liebe deinen Nächsten wie dich selbst." Religion ist zu oft benutzt worden, um als Rechtfertigung für Unterdrückung zu dienen anstatt als ein System für das Erlernen der Liebe.

Religiöse Schuld ist die extremste Form ungesunder Schuld, weil sie uns mit der ewigen Trennung von unserem Ursprung droht. Religiöse Schuld trennt uns auch von anderen Menschen, die vielleicht anderen Glaubenssystemen angehören. Und schließlich trennt uns religiöse Schuld von uns selbst. Die Heilung dieser Trennung kann durch einen Prozeß erfolgen, bei dem religiöse Glaubenssätze, die vielleicht spirituell schädlich waren, neu überdacht werden. Man sollte religiöse Glaubenssätze danach überprüfen, ob sie spirituell aufbauend oder spirituell destruktiv sind, und sich dann auf die Suche machen nach einer spirituell optimistischen Philosophie oder religiösen Anschauung – das nenne ich spirituelle Re-Vision.

Wie kommt es zur spirituellen Re-Vision?

Geschichten über spirituelle Re-Visionen von Menschen sind immer faszinierend. Die Erfahrungen, die sie einleiten – zumindest diejenigen, die man mir erzählt hat –, kann man in drei große Kategorien einteilen. Erstens kann es, wie bei Bea, eine plötzliche Vision oder Offenbarung sein, die als Akt der Gnade erscheint und die spirituellen Ansichten eines Menschen vollkommen ändert. Dieser Erfahrung der Gnade kann eine Periode starker psychologischer Verwirrung oder eine schwere körperliche Erkrankung folgen, die vielleicht in einer Erfahrung der Todesnähe ihren Höhepunkt findet. Zweitens setzen ein Unfall oder eine körperliche Erkrankung, die uns an unsere Sterblichkeit gemahnen, oft eine spirituelle Suche in Gang: Während die Prioritäten sich plötzlich verschieben, tauchen Fragen über die Bedeutung des Lebens auf.

Drittens führt die Erkenntnis, daß Suchtverhalten auf eine Identifikation mit dem falschen Selbst zurückzuführen ist, viele Menschen zu einer spirituellen Re-Vision als Teil der Heilung von ihrer Sucht.

Ich kann mich glücklich schätzen, im Laufe der Jahre die Wendepunkt-Erfahrungen vieler Menschen geteilt haben zu dürfen. Allein das Anhören solcher Erlebnisse hat eine starke Wirkung, die selbst von der informativsten Lektüre über das Selbst nicht erreicht wird. Daher bitte ich die Teilnehmer meiner Kurse oft, „heilige Momente", Träume, Phantasien, Visionen oder Erfahrungen der Todesnähe zu erzählen.

Marcie, eine fünfunddreißigjährige Software-Ingenieurin, wäre beinahe an einer schweren Penicillin-Allergie gestorben, als sie Ende Zwanzig war, und hatte damals die Erfahrung der Todesnähe gemacht. Ich hoffe, ich lasse ihrer beeindruckenden Geschichte Gerechtigkeit widerfahren, wenn ich sie jetzt nacherzähle.

Marcie, um eine Wiedergabe ihrer Erfahrung gebeten, holte zunächst tief Luft und setzte sich bequem in ihrem Stuhl zurecht. Sie blickte nach innen, als sie sich die Erfahrung mit der Nähe des Todes wieder ins Gedächtnis rief. Mit leiser, klarer Stimme erzählte sie uns: „Ich, das heißt die Intelligenz, die ich als mein Ich identifiziere, machte sich frei von meinem Körper. Ich sah ihn im Bett liegen, und das war ein seltsamer Eindruck – er wirkte wie die Kleidungsstücke, die man abends, bevor man ins Bett geht, auszieht. Du benutzt sie, aber sie sind nicht du. Dann fühlte ich mich blitzschnell in einen Tunnel hineingesogen auf ein unglaublich warmes, unbeschreiblich blendendes Licht zu. Es war genau wie in den Beschreibungen, die ich später gelesen habe, aber keine Beschreibung wird dem gerecht. Ich kann nur sagen, daß das Licht voller Liebe ist und vollkommene Sicherheit vermittelt. Man möchte Freudentränen darüber weinen, daß man sich darin aufhält. Es ist wirklich wie eine Heimkehr. Man ist so dankbar, wieder in seinem vertrauten Zustand zu sein. Das Licht umhüllt dich ganz, und es scheint auch aus deinem Innern zu kommen. Du bist das Licht, und es ist du, und es ist sofort mit allem anderen im Universum verbunden. Das Licht ist selbstbewußt und intelligent, und indem du darin bist, teilst du diese Intelligenz. Plötzlich ergibt alles, was in deinem Leben geschehen ist, einen Sinn."

Sie schüttelte den Kopf, noch immer verblüfft über diese Erfahrung. „Die ganze Bedeutung und der Zweck des Lebens wurden mir klar. Ich konnte erkennen, daß die Ereignisse in meinem Leben alle aus einem bestimmten Grund geschehen waren: genug Vertrauen aufzubauen, um zu erkennen, daß Liebe die Kraft ist, die das Universum zusammenhält. Die einzige Lektion, die wir hier lernen müssen, ist die Lektion der Liebe. Plötzlich war mir die abgedroschene Phrase, daß Gott die Liebe ist, völlig klar. Es ist die Wahrheit. Es ist wirklich so."

Sie blickte auf und schaute uns alle an. Die Aufmerksamkeit eines jeden von uns richtete sich auf Marcie, und viele weinten. Marcie fuhr fort; ihr Gesicht und ihre Stimme waren sanft und erfüllt von der Liebe, über die sie sprach. „Ich erkannte, daß ich im Lauf meines Lebens bestimmte Sachen lernen sollte, und da wußte ich, daß ich in meinen Körper zurückkehren mußte, um mit diesem Lernen fortzufahren. Seit dieser Zeit habe ich meine Angst vor dem Tod verloren. Ich glaube sogar, daß es den Tod überhaupt nicht gibt."

Wenn wir einmal – wie Marcie oder Bea – eine mystische Erfahrung gemacht haben, stellt das unseren früheren Glauben in Frage, indem *Konzepte* über das Göttliche durch wirkliche *Erfahrung* mit dem Göttlichen ersetzt werden. Mystiker haben seit Jahrhunderten über ihre Erfahrungen mit dem Göttlichen geschrieben, wobei sie sie gewöhnlich als „unbeschreiblich" – mit Worten nicht zu fassen – bezeichneten. Trotzdem haben die Worte, mit denen Menschen diese Begegnungen mit dem Göttlichen beschreiben, etwas gemein: Sie beziehen sich oft auf die sehr reale und strahlende Erfahrung des Lichts, ein übermächtiges Gefühl der Liebe und eine Offenheit des Herzens, die typisch auch für Erlebnisse der Todesnähe sind. Wie Andrew Greeleys Umfrage zeigte, gilt das auch für die transzendenten mystischen Erfahrungen, von denen fünf Prozent der Befragten berichteten.

David war ein Mann Anfang Sechzig, der mit schwerer Arthritis in Hüften und Knien in unsere Klinik für Ganzheitliche Medizin kam. Er litt die meiste Zeit an fürchterlichen Schmerzen, trotz unzähliger Schmerztabletten und Behandlungen mit Goldinjizierungen. Er hatte sich gerade als Frührentner aus einer gutgehenden Druckerei zurückgezogen. Da er sich depressiv und völlig richtungslos fühlte, hatte David beschlossen, mit Hilfe von Meditation zu versuchen, sein Leben wieder in die Hand zu bekommen. Acht Wochen nach Beginn des Programms nahm er mich beiseite und bat um eine Einzelsitzung. Er war sehr aufgeregt und wollte erklären, wie und warum seine Schmerzen vor ein paar Wochen verschwunden waren.

Bei unserem Termin sah mich David schüchtern an. „Versprechen Sie mir, daß Sie mich nicht für verrückt halten werden", bat er, beugte sich näher zu mir und sprach ganz leise, als befürchtete er, daß man uns belauschte. „Es war vor vier Wochen. Ich lag in meinem Bett und schlief, als ich plötzlich ein ganz komisches Gefühl hatte. Es war so, als ob die Luft im Zimmer plötzlich elektrisch geladen sei. Dann spürte ich, daß etwas in der Schlafzimmertür stand. Ich weiß, das klingt nach ‚Begegnungen der dritten Art‘, aber hören Sie mir weiter zu. Ich weiß, daß ich mir das nicht eingebildet habe, und ich bin mir sicher, daß ich nicht verrückt geworden bin."

Davids Augen wurden groß, während er weitererzählte. „Ich drehte mich um und erblickte einen unglaublich hellen Lichtball im Türrahmen. Er bestand aus . . . Ich weiß nicht, wie ich es anders ausdrücken soll", stockte er, atmete tief ein und senkte seine Stimme noch mehr. „Er bestand aus . . . nun, aus Liebesenergie."

„Liebesenergie?" forschte ich nach. „Woraus besteht das, was meinen Sie damit?"

„Man kann es nicht wirklich erklären; man weiß nur, daß Gott gegenwärtig ist, man fühlt sich geborgen und geliebt. Es bewegte sich hinüber zum Bett und umhüllte mich. Erfüllte mich. Es war ich. Das war das Unglaublichste: Das Licht außen schien in mir ein Licht zu erwecken, und sie waren ein und dasselbe." Die Erinnerung ließ ihn eine ehrfurchtsvolle Pause machen. „Und einen Augenblick später war es fort und die Schmerzen auch. Ich sprang aus dem Bett und fing an, Kniebeugen zu machen. Ich konnte es – keine Schmerzen und keine Steifheit mehr! Und darüber hinaus war auch meine Angst verschwunden. In diesem Augenblick verstand ich, daß Gott wirklich die Liebe ist und daß es die ursprüngliche Elektrizität ist, die den Körper in Gang hält. Können Sie sich das vorstellen?"

David machte eine kleine Pause und fuhr dann fort: „Danach war ich volle drei Tage ohne Schmerzen, dann kamen sie allmählich wieder, aber nicht mehr so schlimm wie vorher. Wenn ich sie jetzt spüre, versetze ich mich schnell in einen meditativen Zustand, indem ich Zwerchfellatmung praktiziere, und dann stelle ich mir das Licht vor. Ich lasse das Licht durch meinen Kopf eindringen, und es erfüllt mich, Stück für Stück, bis ich schier platze vor dieser Art Energie, die in jener Nacht mein Zimmer füllte. Dann verschwindet der Schmerz, und ich bleibe mit einem Gefühl des Friedens und der Zufriedenheit zurück."

Die wirklichen Veränderungen, die solche mystischen Ereignisse schaffen, sind spirituelle Re-Visionen – die Verwandlung von Furcht und Zweifel in Vertrauen auf Gott und das schöpferische Wirken des Universums. Spirituelle Re-Visionen sind ein wirkungsvolles Mittel gegen Hilflosigkeit und Pessimismus. Außerdem beeinflussen sie andere Menschen positiv, selbst wenn diese nicht die Erfahrung teilen, die die Veränderung bewirkt hat.

Erleuchtung und die „dunkle Nacht der Seele"

Erleuchtung ist ein Wechseln der Identität. Anstatt uns mit dem zeitweiligen, falschen Selbst, dem Ego, zu identifizieren, finden wir unsere Identität im ewigen Selbst. Obwohl viele Menschen Augenblicke der Erleuchtung haben, halten nur wenige an der Realisation des Selbst als permanentem Zustand fest. Als Marcie die Todesnähe erlebte, befand sie sich im Zustand der Erleuchtung. Sie wußte, wer sie wirklich war, welche Bedeutung und welches Ziel ihr Leben hatte, und sie war in einer segensreichen mystischen Vereinigung mit dem all-liebenden, alles vergebenden mystischen Glanz des Lichtes versunken. Dasselbe trifft auf David nach seiner Begegnung mit dem Licht zu. Aber als sie ins alltägliche Leben zurückkehrten, fanden beide heraus, daß sie an der Auflösung ihrer Ego-Identifikation noch hart arbeiten mußten. Da sie die Gnade einer Erleuchtungserfahrung gehabt hatten, konnten sie ihre falsche Identifikation ein bißchen leichter erkennen, aber die Arbeit, sich daraus zu lösen, nahm ihnen keiner ab. Ihre Erleuchtung war ein Aufblitzen der Möglichkeiten, ein Gnadengeschenk, das zu einer spirituellen Re-Vision, aber nicht zu einem permanenten Zustand des Erleuchtetseins führte.

Der Prozeß, bei dem wir uns durch unsere falschen Identitäten hindurcharbeiten, ist mit dem Abziehen von Zwiebelschalen vergleichbar. Man bricht durch eine Schicht hindurch und fühlt sich viel besser, weil das innere Licht und die Vitalität des Selbst klarer durchscheinen können. Man gewöhnt sich an diese höhere Ebene von Energie und Einsicht und gerät dann mit ziemlicher Sicherheit in einen anderen Teil des Schattens. Während man den Prozeß des Erkennens und der Reintegration nach dem Ablegen einer falschen Identität durchläuft, fühlt man sich zeitweilig wieder sehr unwohl. Je tiefer man in die Zwiebel eindringt, desto größer werden die Schattendrachen, denen man begegnet, desto größer werden aber auch die

Energie und die Fertigkeit, sie zu erkennen, zu integrieren und wieder weiter vorzudringen. Während sie immer tiefer in die Zwiebel gelangen, machen manche Menschen sehr belastende Phasen durch, vor allem wenn sie die dunkelsten Geheimnisse ihres Schattens enthüllen. In dieser Phase verliert man gewöhnlich das Vertrauen in sein Selbst, bedauert seine Reise, fühlt sich verzweifelt, ängstlich und allein.

Diese schwierige Periode hat man die „dunkle Nacht der Seele" genannt. Das erfolgreiche Durchlaufen dieses Prozesses führt zu einer Wiedergeburt, in der das Selbst uns dem Leben näher bringt, oder – in einigen Fällen – zu einem permanenten Zustand der Erleuchtung. Das war der Fall bei Rabbi Eizik von Komarno, einem Lehrer der Chassidim, der von 1806 bis 1874 lebte. Sein geheimes Tagebuch *Megillat Setarim,* das in den vierziger Jahren dieses Jahrhunderts veröffentlicht wurde, handelt teilweise von der Tod-Wiedergeburt-Erfahrung seiner Erleuchtung. Er arbeitete viele Jahre an sich und verwandte große Anstrengungen auf Studium und Gebet. Dann sprach er davon, wie er eine Zeit großer spiritueller „Dürre" durchmachte, in der seine frühere Begeisterung dahinschwand. Monatelang war es ihm unmöglich, zu beten oder zu lernen, er wurde schließlich ernsthaft depressiv. Eine „dunkle Nacht" legte sich auf seine Seele und „große Bitterkeit entlud sich über meinem Haupt als Folge dieser Schmeicheleien. Es war wirklich bitterer als tausend Tode. Aber als ich diese Schmeicheleien überwunden hatte, fiel plötzlich, während ich lernte... ein großes Licht auf mich. Das ganze Haus war voller Licht, ein wunderbares Licht, und die *shekhinah* ruhte darin. Das war das erste Mal in meinem Leben, daß ich einen Vorgeschmack bekam auf Sein Licht, Er möge gesegnet sein. Aller Irrtum, alle Verwirrungen waren wie ausgelöscht. Es war eine wunderbare Freude und eine höchst erbauliche Erleuchtung jenseits allen Verstehens." (*Jewish Mystical Testimonies,* S. 240 f.)

Die *shekhinah* ist die göttliche Gegenwart von Gott in seiner weiblichen Form, die Hindus würden es *shakti* nennen. Im christlichen Gedankengut kommt der Heilige Geist, der Tröster, dieser Vorstellung am nächsten. Sie wird häufig dann empfunden, wenn das Herz durch psychische Schmerzen zerrissen – aufgebrochen – ist, wenn die psychologischen Verteidigungsmittel, die uns vom Schatten fernhalten, geschwächt sind oder sich als nutzlos herausstellen. Wenn der Schatten so klar erkannt wird, bricht die Illusion des „perfekten" falschen Selbst plötzlich zusammen, und die Maske, die wir fälschlicherweise damit gleichgesetzt haben, ist zerstört. An diesem Punkt ist es kein Wunder, daß wir das erfahren, was der Rabbi mit den Worten „bitterer als tausend Tode" gekennzeichnet hat, denn es ist wirklich der Tod unseres Ego. Wenn es uns gelingt, diese Bitterkeit zu ertragen, wird das Licht des Selbst anfangen, heller zu strahlen, und die Gegenwart des Trösters wird stärker werden. Diejenigen, die im Selbst zentriert bleiben, wie es Rabbi Eizik tat, ohne wieder neue Ego-Masken zu konstruieren, bleiben permanent erleuchtet.

Gnade

Menschen, die bedeutsame spirituelle Re-Visionen erlebten – ob nun durch ein Erlebnis mystischer Art, eine besonders schmerzhafte psychische Erfahrung, starke psychische Schmerzen oder durch Heilung von einer Sucht –, sagen alle dasselbe: Ihre tiefe Veränderung war eine Erfahrung der Gnade.

Sam war ein junger Arzt, der an Aids erkrankt war, und wir lernten uns kennen, als er mich bat, ihn in die Meditation einzuführen. Was als berufliche Begegnung begann, vertiefte sich zu einer außergewöhnlichen Freundschaft, während der wir beide Erneuerung im Glauben und eine

spirituelle Re-Vision fanden. Die Gnade unserer kurzen gemeinsamen Zeit wurde unverhofft in einer Erfahrung festgehalten, die wir miteinander hinsichtlich des alten Spirituals *Amazing Grace* teilten. An einem Sonntag morgen im Frühling machte ich mich zu der langen Fahrt ins Krankenhaus auf, wo Sam im Sterben lag. Der Frühlingstag mit seinen Krokussen und den dicken Knospen war wie ein Versprechen des neuen Lebens, und ich fühlte mich in einer bittersüßen Stimmung: Ich war traurig, weil Sam so gelitten hatte und weil er mir fehlen würde, aber ich fühlte mich ermutigt durch das, was wir zusammen gelernt hatten. Ich verspürte auch das Gefühl, feiern zu müssen, daß seine Seele bald frei, dem Geist wiedergeboren sein würde. Frieden breitete sich in mir aus, und ich sang plötzlich *Amazing Grace* – immer wieder, die ganze einstündige Fahrt zum Krankenhaus über. Als ich in Sams Zimmer kam, hatten sich schon seine Freunde und seine Familie dort versammelt. Ich umarmte Sam, und wir hielten uns an den Händen und schauten einander mit all der Liebe, die wir in unserem gemeinsamen Jahr miteinander erfahren hatten, in die Augen. Sam lächelte und äußerte eine überraschende Bitte. Er bat mich, *Amacing Grace* zu singen. Erst später fand ich heraus, daß es eins von Sams Lieblingsliedern war. Das war das letzte Mal, daß ich Sam vor seinem Tod sah.
Ein paar Tage später waren Myrin und ich geschäftlich in New Orleans. Wir waren traurig, weil Sams Beerdigung an diesem Tag stattgefunden hatte und wir nicht dabeisein konnten. Als wir durch das French Quarter gingen und über Sam redeten, trat ein Saxophonist aus einer Tür und erregte unsere Aufmerksamkeit. Er nickte mit dem Kopf, streckte das Saxophon gen Himmel und spielte *Amazing Grace*. Sie können das als Zufall ansehen, wenn Sie wollen, aber ich bin einer Meinung mit dem Chirurgen und „Heiler" Bernie Siegel, der sagt: „Zufall ist nur die Art Gottes, anonym zu bleiben."
Gnade ist ein uraltes theologisches Konzept, das in Web-

sters Wörterbuch auf vier Arten definiert wird: als die unverdiente Liebe und Gunst Gottes; als göttlicher Einfluß im Menschen, um ihn vor der Sünde zu bewahren; als Zustand der Aussöhnung mit Gott; und als spirituelle Anweisung, Verbesserung und Erbauung. Aber Gnade ist mehr als ein Konzept. Es ist ein lebendiger Akt und ein Ausdruck der Naturgesetze, durch die die Liebe sich selbst vergrößert. Der Anstoß, sich auf die Heldenreise zu machen, nach dem Selbst zu suchen, um sich mit Gott wiederzuvereinigen, ist ein Akt der Gnade. Das teilt uns das alte Spiritual so gut in der musikalischen Sprache des Herzens mit: „Bezaubernde Gnade, wie süß der Klang, der meine Seele gerettet hat. Einst war ich verloren, aber jetzt bin ich gefunden. Einst war ich blind, aber jetzt sehe ich." Gnade stellt unsere spirituelle Sehkraft wieder her, so daß wir sehen können, wohin wir gehen.

Gnade kommt unverdient und ungefragt. Der indische Weise Ramakrishna lehrt, daß die Winde der Gnade unaufhörlich wehen; wir müssen nur unsere Segel hissen. Jesus erklärt Gnade, indem er ein Gleichnis benutzt: Gott gibt seinen Kindern, was sie brauchen, genau wie es irdische Eltern tun. Aber während wir diese Gabe der Gnade nicht beeinflussen können, ist es doch möglich, durch unsere Handlungen einen zusätzlichen Faktor für die Gabe der Gnade zu schaffen. Um Jesu Gleichnis auszuweiten: Wenn unsere Kinder Interesse an dem zeigen, was wir ihnen beibringen, geben wir uns besondere Mühe dabei und investieren mehr Energie, als wenn sie gleichgültig reagieren. Diese zweite Art der Gnade ist gleichsam ein Kredit, der uns auf unserem Weg unterstützt.

Vor ein paar Jahren erklärte mir meine Freundin Rachel Naomi Remen, eine talentierte Ärztin und Heilerin, diese zweite Art der Gnade. Wir saßen in einem mexikanischen Restaurant in Nordkalifornien, und ich schüttete ihr mein Herz über eines meiner ältesten und widerstandfähigsten falschen Selbst aus – das Opfer. Meine Opfer-Maske resultierte teilweise aus der Demütigung, die ich erlitten

hatte, als ich als Siebenjährige aus dem Ferienlager fort-
lief, und teilweise aus der Beziehung zu meiner Mutter.
Als Resultat meiner Beschämung im Ferienlager und meiner subtileren Beschämung zu Hause waren Courage und
Kraft im Schatten verstaut worden. Ein Opfer-Selbst
wurde geboren.

Das Opfer ist unfähig, schwierigen Situationen dadurch
zu begegnen, daß es ehrlich und geradlinig seinen Bedürfnissen und Gefühlen Ausdruck gibt. Also sucht es sein
Heil darin, beim Unterdrücker Mitleid zu erwecken. Opfer brauchen Aggressoren, die sie unterdrücken. Wir können dann aufgebracht über unsere schlechte Behandlung
sein, kompensieren damit unsere Hilflosigkeit und Furcht
und erfahren durch unseren Ärger einen momentanen
Kraftschub. Dieses alte Ego-Muster hatte ich zwar erkannt, aber ich war nicht in der Lage gewesen, ihm zu
entkommen. Ich verzweifelte über meine Unfähigkeit,
mich zu ändern. „Schließlich", klagte ich Rachel, „sitzt
die Konditionierung zu tief. Wie kann man sich von Verhaltensmustern lösen, die man ein Leben lang gehabt
hat?" Ich war entmutigt.

Rachel beugte sich über den von Kerzen erleuchteten
Tisch zu mir herüber. Ihre Augen und ihre Stimme waren
voller Liebe und Ruhe. Sie nahm das Buttermesser vom
Teller, legte es über ihren Zeigefinger und präsentierte mir
eine völlig neue Sichtweise: „Stell dir eine Wippe vor. Du
arbeitest so lange daran, das Brett zu bewegen, bis es an
der Fünfzigprozentmarke sein Gleichgewicht hält."

Ich war wie gelähmt, während ich das Buttermesser beobachtete. „Bei einundfünfzig Prozent", fuhr Rachel fort,
„verändert sich das Gleichgewicht plötzlich." Das Buttermesser neigte sich beim kleinsten Druck. Rachel lächelte.
„Siehst du? Gut, du mußt hart arbeiten, aber die restlichen neunundvierzig Prozent sind ein Geschenk Gottes.
Man nennt das Gnade."

In diesem Augenblick veränderte sich wirklich etwas. Ich
hatte plötzlich eine neue Vorstellung, eine spirituelle Re-

Vision, die mir Hoffnung gab, und seit diesem Tag habe ich die Weisheit von Rachels Worten in vielen Lebensgeschichten immer wieder demonstriert gesehen. Am Tag unseres Gesprächs hatte ich, so schätzte ich, fünfunddreißig Prozent auf dem Weg zum Verstehen und zur Überwindung meines Opfer-Selbst aus der Kindheit zurückgelegt. Wann immer wir in der Folge miteinander telefonierten, berichtete ich über die Fortschritte – vierzig Prozent, fünfundvierzig Prozent. Rachel warnte mich, daß die letzten Prozent immer die schwierigsten seien, weil das Ego-Selbst – die falsche Persönlichkeit – sich weigert, ausgeforscht zu werden, und um sein Leben kämpft. Sie hatte recht. Aber eines Tages, mitten in einem altvertrauten Verhaltensmuster, beschloß ich, daß ich genug hätte, und ich kündigte eine berufliche Beziehung, in der ich schon zu lange verharrt und mich wie ein verärgertes Opfer gefühlt hatte. Weder war es einfach, noch geschah es mit Feingefühl, aber ich tat es. Und das war die Einundfünfzigprozentmarke, der Wendepunkt. Seit damals kann ich das alte Verhaltensmuster wesentlich einfacher erkennen und oft auch verhindern, daß ich wieder in die alten Fußstapfen trete.

Die Genesung von alten Verhaltensmustern geschieht nicht von heute auf morgen. Wir bekommen viele Gelegenheiten, uns unserer konditionierten Reaktionen bewußt zu werden und neue Entscheidungen zu treffen. Manchmal gelingt es uns, und manchmal versagen wir, trotz unserer größten Anstrengungen, aber Gnade kann sicher die Chancen zu unseren Gunsten beeinflussen.

Gnade kann ganz einfach erlangt werden, indem man um Hilfe bittet. Das ist die ewige spirituelle Weisheit des „Klopfe an, und es wird dir aufgetan". Manchmal, wenn ich mich unwiderstehlich zurück in meine Opferrolle gedrängt fühle, in dieses vertraute und ungute Verhaltensmuster meiner Vergangenheit, dann bete ich. Ich lasse Gott wissen, daß ich mir meiner Zwangslage bewußt bin und daß ich Hilfe brauche. Dieses Eingeständnis persön-

licher Machtlosigkeit schafft eine entscheidende Veränderung im Verhalten. Anstatt mich wie ein hilfloses Kind
zu fühlen, das ein Gefangener der Vergangenheit ist, fühle
ich mich als ein geliebtes Kind Gottes. Als solches kann
ich mich darauf verlassen, daß der göttliche Geist mich
mit größerer Weisheit, Macht und Liebe durchdringt, als
mein begrenztes Ego bereitstellen kann, und daß er mich
von dem Bedürfnis befreit, mich wie ein Opfer zu fühlen.

Gnade, Liebe und Bewußtheit

Es gibt zwei Grundgefühle: Liebe und Angst. Bei der
Angst verschließt sich das Ego im Selbstschutz, und unser
bewußtes Leben reduziert sich auf die plötzliche Sorge
oder das Problem, das uns gerade beschäftigt. Wir sind
nicht offen für neue Sichtweisen, sondern unser Verstand
kreist beständig darum, was wohl passieren wird. Sowohl
Verstand als auch Herz sind geschlossen wie stählerne
Fallen, und wir sind in unserer Angst gefangen. Bei der
Liebe sind sowohl Herz als auch Verstand offen für die
unzähligen Möglichkeiten des Lebens. Erfahrungen empfinden wir als neu und frisch. Wir sind oft erfreut und
überrascht und nehmen die Vielfalt des Lebens detailliert
wahr. Wir können feine Schattierungen und Muster würdigen, vielschichtige Gerüche riechen und empfinden tief
die Fülle des Lebens. Das ist, was Luigi Galvani die „Entrückung des Herzens" nannte.
Wenn man über die Autobahn fährt, können die Berge
und Bäume plötzlich lebendig werden, ihre Pracht den
Augenblick erfüllen. Oder ein Baum, den wir schon oft
gesehen haben, sieht plötzlich mit einem dünnen Mantel
aus Schnee oder Eis ganz anders aus, und wir würdigen
seine neue Schönheit. Oder wir schauen in das Gesicht
einer Freundin oder des Geliebten, und aus irgendeinem
Grund sehen wir sie nicht länger als eine Ansammlung

unserer eigenen Erinnerungen und Projektionen, sondern erkennen das Selbst in ihnen. Das sind heilige Momente, in denen wir in den Stand der Gnade, der uns immer zugänglich ist, eintreten.

Während die Gnade als das Verströmen göttlicher Liebe immer da ist, sind wir manchmal zu sehr auf unsere Probleme konzentriert, unfähig, uns diesem Geschenk des Lebens zu öffnen. Wenn wir zu sehr damit beschäftigt sind, über Irrtümer und Verpflichtungen nachzudenken, bleiben unsere Herzen verschlossen. Wenn Sorgen Besitz vom Verstand ergreifen, können uns die leckersten Speisen nicht erfreuen. Haben Sie jemals eine ganze Mahlzeit gegessen und kaum etwas geschmeckt, weil Ihre Aufmerksamkeit abgelenkt war? Wir können den schönsten Sonnenuntergang vor Augen haben, aber wenn unser Geist abwesend ist, empfinden wir seine Schönheit nicht. Wenn unser Kelch mit Angst, Zerstreutheit oder Begriffen gefüllt ist, ist kein Platz mehr für die Gnade.

Thich Nhat Hanh, ein vietnamesischer buddhistischer Lehrer und Dichter, präsentiert eine Methode, unsere Kelche von Begriffen zu leeren und aufnahmebereit für die Gnade zu machen, indem er die buddhistische Praktik der Konzentration auf den Augenblick benutzt. In seinem Buch *Being Peace* (dt. *Innerer Friede – äußerer Friede*) sagt er: „Das Leben ist voller Leiden, aber auch voller Wunder, wie dem blauen Himmel, dem Sonnenschein, den Augen eines Babys. Zu leiden reicht nicht. Wir müssen auch mit den Wundern des Lebens verbunden sein. Sie sind in uns und um uns, überall, jederzeit."

Er weist uns an, die Herzen zu öffnen: „Ich würde Ihnen gern ein kurzes Gedicht anbieten, das Sie von Zeit zu Zeit rezitieren können, während Sie atmen und lächeln.

Beim Einatmen beruhige ich Körper und Geist.
Beim Ausatmen lächle ich.
Während ich im gegenwärtigen Augenblick verweile,
Weiß ich, daß dies der einzige Augenblick ist.

Beim Einatmen beruhige ich Körper und Geist. Diese Zeile ist, als ob man ein Glas Eiswasser trinkt – man spürt die Kälte, die Frische durchdringt den Körper. Wenn ich einatme und diese Zeile rezitiere, spüre ich wirklich, wie sich mein Körper und mein Geist beruhigen.

Beim Ausatmen lächle ich. Man kennt die Wirkung eines Lächelns: Ein Lächeln kann Hunderte von Muskeln im Gesicht und das Nervensystem entspannen. Deshalb lächeln die Buddhas und Bodhisattvas immer. Wenn man lächelt, erkennt man das Wunder des Lächelns.

Während ich im gegenwärtigen Augenblick verweile. Während ich hier sitze, denke ich an keinen anderen Ort, keinen zukünftigen und keinen vergangenen. Ich sitze hier und weiß, wo ich bin. Das ist sehr wichtig... Wir neigen dazu, das Lebendigsein auf die Zukunft zu verschieben, die ferne Zukunft, wir wissen nicht, wann... Deshalb liegt die Technik, wenn man überhaupt von einer Technik sprechen kann, darin, im Augenblick gegenwärtig zu sein. Sich des Hier und Jetzt bewußt zu sein...

Weiß ich, daß dies der einzige Augenblick ist. Dies ist der einzige Augenblick, der real ist. Hier und jetzt zu sein und den gegenwärtigen Augenblick zu genießen ist unsere wichtigste Aufgabe.

Beruhigen, lächeln, gegenwärtiger Augenblick, einziger Augenblick. Ich hoffe, Sie werden es versuchen.“

Halten Sie für ein paar Minuten inne, und probieren Sie die Techniken aus, die in Thich Nhat Hanhs wundervollem Gedicht ausgedrückt sind. Seien Sie bei jedem Atemzug, in jedem Vers gegenwärtig. Das ist eine wirkungsvolle Technik – ihre scheinbare Schlichtheit täuscht – und eine große Hilfe, um für das Geschenk der Gnade empfänglich zu werden. Wie der „Beobachterposten“ ist es eine Technik des Zentrierens. Indem Sie den Strick, der Sie fesselt, durchschneiden, können diese zwei bewußten Atemzüge Sie zum Selbst, zum Jetzt führen. Mit der Zeit ist dieses Gedicht wie ein ständig

anwesender buddhistischer Lehrer. Es bringt Ihnen bei,
aufmerksam, gegenwärtig und sich des Lebens bewußt
zu sein. Wieder lebendig zu werden.

Aufmerksamkeit öffnet die Tür zur Freude – und damit
zur Dankbarkeit. Der große christliche Mystiker Meister
Eckhart meinte dazu: „Wenn ‚danke‘ das einzige Gebet
wäre, das wir jemals sprächen, es würde reichen."
„Danke" schließt den Kreis zwischen Schöpfer und
Schöpfung. Es bedeutet, daß wir das Geschenk, das die
Schöpfung uns zuteil werden läßt, erhalten haben und
daß wir Gottes Gnade und Liebe erlaubt haben, manifest
zu werden. Dies ist ein tiefgründiges Verständnis von
Schöpfung, das auf viele verschiedene Arten erklärt worden ist. Der Philosoph Martin Heidegger formuliert es
sehr schlicht: „Das ist die essentielle Berufung des Menschen – die Welt ins Sein zu bringen." Wir tun das, indem
wir mit einem offenen Herzen empfangen. In der Dankbarkeit erkennen wir, daß Leben, Gott und Selbst eins
sind. Wie es der russisch-orthodoxe Priester Johannes
von Kronstadt, der Ende des 19./Anfang des 20. Jahrhunderts lebte, so treffend ausgedrückt hat:

Ein Gebet ist ein Zustand andauernder Dankbarkeit.
Wenn ich nicht ein Gefühl der Freude
bei Gottes Schöpfung empfinde,
wenn ich vergesse,
Gott die Welt voller Dankbarkeit zurückzugeben,
bin ich nur sehr wenig
auf dem Weg vorangekommen.
Ich habe noch nicht gelernt,
wirklich menschlich zu sein.
Denn nur, indem ich danksage,
kann ich wirklich ich selbst werden.

Vorschläge für den Leser

1. *Was wurde Ihnen in Ihrer Kindheit über Gott beigebracht? Hat es Ihnen dabei geholfen, eine spirituelle Verbindung einzurichten, oder hat es Sie davon abgehalten? Vielleicht möchten Sie Ihre Erinnerungen, Gedanken und Gefühle in einem Tagebuch festhalten.*

2. *Vertiefen Sie sich in Thich Nhat Hanhs Gedicht der Aufmerksamkeit, wenn Sie mögen; oder machen Sie öfters am Tag ein paar tiefe Atemzüge, und kehren Sie auf den Beobachterposten, ins Jetzt zurück. Genießen Sie die Dankbarkeit und Zufriedenheit, welche die Öffnung Ihres Bewußtseins für die Gnade begleiten.*

Von religiöser Schuld
zu spirituellem Optimismus

John und Mark waren zwei junge Männer, die an Aids litten und als Patienten zu mir kamen. Beide waren zornig über diese Wendung des Schicksals, die sie letzten Endes ihr Leben kosten würde. Beide durchlitten Perioden intensiver Angst und Depression. Aber da hörte die Ähnlichkeit zwischen den beiden auch schon auf. John sah Aids als das Finale eines Lebens an, das es nicht wert war, gelebt zu werden, und als Gottes Strafe für seine Homosexualität. Aus Marks Blickwinkel war Aids zwar eine schwierige Phase, aber er nutzte die Nähe des Todes als eine Möglichkeit, seine Dankbarkeit für das Leben zu vertiefen und sich seine Nähe zum Göttlichen bewußter zu machen.

Mit Mark zusammenzusein war so, als würde man mit einem Kind zusammensein. Mitten in einer ernsthaften Diskussion konnte er beim Blick durchs Fenster plötzlich laut auflachen oder freudig strahlen. Die Possen eines Vogels, das Spiel von Licht und Schatten im Laub waren immer neue Wunder für ihn. Das Aufnahmeteam eines Fernsehmagazins aus Boston folgte Mark in den letzten zwei Jahren seines Lebens mit der Kamera. Sie dokumentierten die volle Bandbreite seiner emotionalen Vitalität: sein Glück und seine Freude, aber auch die Gefühle, die wir oft versuchen zu leugnen, weil sie „negativ" sind. Marks Traurigkeit, seine Angst und seine wortreiche Wut darüber, wie die Gesellschaft Homosexuelle und andere

Minderheiten behandelt, verliehen seiner intensiven Beziehung zum Leben Tiefe und Authentizität. Mark fürchtete den Tod nicht; doch er ergab sich ihm nur widerwillig, weil er das Leben als heilig ansah.

John dagegen reagierte auf die Mitteilung seiner Krankheit mit einem resignierten: „Nun, ich hatte mir schon gedacht, daß ich früher oder später Aids kriegen würde." Er hatte seinen Eltern, einer betulichen Mutter und einem distanzierten Vater, nie vergeben, daß sie sein Leben „neurotisch schlecht" gemacht hatten. Da er keinen Sinn mehr im Leben sah und von dem Gedanken gequält wurde, daß Aids Gottes Strafe für seine Sünden sei, kündigte John sofort bei der Anwaltskanzlei, in der er arbeitete, und verfiel in eine tiefe Depression. Das Leben hatte für ihn keine Bedeutung mehr, weder im zeitlich begrenzten noch im ewigen Sinne. Nur zwei Monate nachdem ihm die Diagnose gestellt worden war, starb John an einer schweren Lungenentzündung.

Viktor Frankl, der bekannte Psychiater, der vier Vernichtungslager der Nazis überlebt hat, schrieb die beredte Quintessenz seiner Erfahrungen in dem Buch *Der Mensch vor der Frage nach dem Sinn* nieder. Der junge Frankl brauchte nicht lange, um zu merken, daß Menschen, die den Willen zu leben aufgaben – die den Glauben daran verloren, daß ihr Leben überhaupt einen Sinn hatte –, sehr bald an den Seuchen, die in den Lagern grassierten, starben. Eine holländische Jüdin namens Etty Hillesum, die schließlich in Auschwitz ermordet wurde, machte ähnliche Erfahrungen. Sie hielt diese in ihren Tagebüchern fest, die wunderbarerweise wiedergefunden und unter dem Titel *An Interrupted Life* (dt. *Das denkende Herz – Die Tagebücher von Etty Hillesum 1941–1943*) veröffentlicht wurden. Sie kommentiert Sinn und Überleben, indem sie sagt: „Alles Leiden hat eine Grenze, vielleicht erhält ein Mensch doch nicht mehr zu tragen, als er ertragen kann – und wenn eine Grenze erreicht ist, stirbt er ganz von selbst. Ab und zu sterben hier Menschen an gebrochenem

Geist, weil sie den Sinn nicht mehr erkennen können, junge Menschen. Die ganz Alten wurzeln noch stärker im Boden und nehmen ihr Schicksal würdig und gelassen hin. Ach, man sieht hier so viele Arten von Menschen und beurteilt sie nach ihrer Haltung gegenüber den schwersten und letzten Fragen..." (S. 210)

Etty durchlitt mehrere Lager, bis sie schließlich in Auschwitz vergast wurde. Sie gab das einzige, was sie noch besaß – und was letztlich am meisten zählt: Mitgefühl. Etty machte die Heldenreise in ein „Land fern jeder alltäglichen Wirklichkeit" unter hoffnungslosen Begleitumständen, doch sie akzeptierte sie so wie Mark seine Aids-Erkrankung. Anstatt ihre Lebensumstände oder sich selbst als schlecht und böse zurückzuweisen, lebte Etty in den Lagern ein erfülltes Leben. Die folgenden Zeilen haben bei mir einen bleibenden Eindruck hinterlassen: „Die Menschen sagen manchmal: ‚Du machst auch überall das Beste daraus.' Ich halte das für eine kleinmütige Redensart. Es ist überall sehr gut. Und gleichzeitig sehr schlecht. Beides hält sich im Gleichgewicht, überall und immer. Ich habe nie das Gefühl, daß ich aus irgend etwas das Beste machen muß, alles ist immer gut, so wie es ist. Jede Situation, so elend sie auch sei, ist etwas Absolutes und hat das Gute und das Schlechte in sich eingeschlossen." (S. 215/216)

Als ich diese Sätze von Etty las, fühlte ich die ewige Weisheit bestätigt, den „Mittelweg" zwischen zwei Gegensätzen einzuschlagen – zwischen Gut und Böse, Licht und Dunkelheit, Maske und Schatten. Ettys Fähigkeit, das Leben leidenschaftlich und mitfühlend zu leben, obwohl sie von den Schrecken eines Konzentrationslagers umgeben war, zeigt die mythologische Erlangung des heiligen Grals auf der Ebene des realen Lebens. Der Mittelweg ist der Pfad der Weisheit, der die Entscheidung vorgibt, wann man um eine Veränderung kämpfen muß und wann man seine Lebensumstände akzeptieren soll. Dieser Mittelweg, der von solchen zeitgenössischen Heldinnen wie Etty eingeschlagen wurde, ist derselbe Weg, von dem Buddha und Jesus sprachen. Die Weisen erzählten uns, daß er so „schmal wie die Schneide eines Rasiermessers" sei.

Warum passieren so viele schreckliche Dinge?

Wenn etwas Schlimmes geschieht, dann versuchen wir es dadurch in den Griff zu bekommen, daß wir ergründen, warum es geschah. Sonst bleiben wir in dem Zustand der Hilflosigkeit stecken, der auf eine plötzliche Erschütterung unseres Weltbildes folgt.

Der Zustand der Hilflosigkeit ist in großangelegten psychologischen und physiologischen Untersuchungen erforscht worden. Psychologisch gesehen, bereitet Hilflosigkeit die Bühne für Angst, Depression, Pessimismus und schuldbewußtes Denken. Auf physiologischer Ebene kann Hilflosigkeit einen plötzlichen Herztod hervorrufen, wie Martin Seligman, Psychologe der Universität von Pennsylvania, ausgeführt hat. Sie kann auch zu einer chronischen Immunschwäche führen, wie Seligman und seine Kollegen erst kürzlich nachgewiesen haben. Sie demonstrierten, daß Nagetiere, die in Versuchen hilflos gemacht wurden, indem man ihnen verwehrte, „schlimme Vorfälle" wie intermittierende Schocks zu kontrollieren, bedeutend seltener in der Lage waren, Krebszellen abzustoßen, als Mäuse, die zwar die gleiche Anzahl Schocks erlitten, aber die Möglichkeit hatten, sie zu unterbinden. Wenn wir verstehen, wie wir mit schlimmen Ereignissen im Leben umgehen, erhalten wir wertvolle Informationen über unsere Stellung in dem Bereich zwischen Hilflosigkeit und der Kontrolle, wie sie Etty zeigte. Unsere Gedanken darüber, warum schlimme Dinge geschehen, reflektieren auch unseren religiösen Glauben und unser spirituelles Zentrum, wie wir an Mark und John sehen konnten.

Psychologie und Religion sind zwei Seiten der gleichen Medaille. Sie treffen sich in unseren Überlegungen darüber, woraus sich die Ereignisse unseres Lebens entwikkeln. Es gibt drei grundlegende Möglichkeiten, wie wir über den Ursprung schlimmer Ereignisse denken können: Wir können die Probleme auf uns selbst beziehen, auf eine Person oder eine Kraft außerhalb von uns selbst oder auf den Zufall.

Wenn wir uns selbst als die Ursache unserer Schwierigkeiten ansehen, können wir entweder die Verantwortung für unsere Taten auf eine Weise übernehmen, die zu Einsicht und Reife führt, oder wir können uns in Selbstanklagen ergehen. Seligman fand heraus, daß chronische Selbstankläger Pessimisten sind, die für die Probleme im Leben „interne" und „globale" Gründe sehen und sie zugleich als „unabänderlich" betrachten. Nehmen Sie zum Beispiel einen jungen Studenten, der durch sein Algebra-Examen fällt. Bei internen Erklärungen gibt man sich selbst die Schuld (zum Beispiel: „Ich bin dumm und faul"), anstatt auf etwas Externes wie schlechten Unterricht zu verweisen. Globale Erklärungen besagen, daß ich überhaupt dumm bin, nicht nur in Algebra („Ich werde auch in Englisch und Spanisch durchfallen, weil ich ein schlechter Student bin"). Drittens wird davon ausgegangen, daß das Problem immer dasein wird. Unser pessimistischer Student wird feststellen: „Ich werde nie gut lernen", anstatt Erklärungen abzugeben wie: „Dieses Semester sind die Kurse wirklich schwer" oder: „Ich kann etwas gegen meine Lernschwierigkeiten tun." Pessimismus reflektiert untergründige Hilflosigkeit und führt zu Depression anstatt zu verantwortlichem Handeln.

Wenn wir anderen unsere Probleme anhängen, können wir das auf vier verschiedene Arten tun. Wir können andere Leute oder die Gesellschaft grundsätzlich für diese Probleme verantwortlich machen, uns unserer Verantwortlichkeit entledigen und auf Einsichten verzichten. Wir können unsere Probleme auch einer Macht wie dem Schicksal zuschreiben, was gleichermaßen ein Abschieben der Verantwortlichkeit bedeutet. Die dritte Zuweisung, die wir machen können, zielt auf Gott. Das Eingreifen Gottes kann als gütig (ein Akt seines Willens, den wir nicht verstehen mögen, der aber zu unserem Besten ist) oder mißgünstig (Gott straft uns für unsere Sünden) angesehen werden. Die vierte externe Zuweisung, die wir treffen können, ist auf Satan gerichtet: „Der Teufel hat mich dazu gebracht, das zu tun", oder: „Der Teufel war der Grund dafür, daß dies geschehen ist." Unseren eigenen oder den kollektiven Schatten der Gesellschaft auf einen psychischen Schwarzen Peter zu projizieren blockiert den Lernprozeß zu Verantwortlichkeit und Reife gleichermaßen.

Wenn wir unsere Probleme auf den Zufall abwälzen, weichen wir den Streitfragen von Schuld und Verantwortung und der ständigen Frage, warum ein liebender Gott die Menschheit leiden läßt, aus. Obwohl uns diese Zuweisung Schuldgefühle erspart, macht sie uns doch nicht weniger hilflos. Tatsächlich verstärkt sie unsere Hilflosigkeit, weil sie uns keine Möglichkeit des Eingreifens – zu handeln, zu vermeiden oder um Glück zu beten – bietet. Je schuldbewußter und hilfloser wir uns fühlen, desto mehr wünschen wir uns eine eindeutige Antwort darauf, warum schlimme Dinge geschehen, und desto mehr verschließen sich unser Herz und unser Verstand. Doch wenn wir den Schwierigkeiten des Lebens bewußt und couragiert ins Gesicht sehen wollen, bezieht das ein freimütiges Erforschen, warum schlimme Dinge geschehen, mit ein. Betrachten Sie einmal diesen Fall: George ist sechsundfünfzig Jahre alt und hat Lungenkrebs. Er war sein Leben lang ein starker Raucher. Es gibt hier einen physischen Grund – die Zigaretten. Doch statistische Erhebungen beweisen, daß alleinlebende, verwitwete und geschiedene Männer öfter an Ursachen sterben, die im Zusammenhang mit Zigaretten stehen, als verheiratete Männer. George ist seit sechs Jahren geschieden, deshalb gibt es vielleicht zugleich einen psychologischen Grund. Zu klären wäre nun, ob es außerdem noch einen spirituellen Grund gibt. Für manche Leute könnte die Fragestellung lauten: „Straft Gott George?" Für andere: „Ist Georges Krebs Karma, das Resultat vergangener Taten?" Beide Blickwinkel implizieren Schuld.

Die einzigen „spirituellen Daten", auf die ich mich als Wissenschaftlerin beziehen kann, sind Berichte von Menschen, die die Erfahrung der Todesnähe gemacht haben, und die sehr spärlichen Daten über Wiedergeburt. Keine dieser Quellen beweist jedoch, daß schlimme Ereignisse wie Georges Lungenkrebs Strafen sind. Sie machen uns allerdings klar, daß unsere eigene begrenzte Erfassung verschiedener Bewußtseinsebenen zu eng ist, um uns spirituelle „Gründe" verstehen zu lassen.

Der Psychiater Brian Weiss berichtet in seinem Buch *Many Lives, Many Masters* über solch einen spirituellen Grund. Als er seine Patientin Catherine hypnotisierte, durchlebte sie eine Reihe von – wie Weiss annahm – früheren Leben. In den Intervallen zwischen den einzelnen Leben diente sie u. a. als Übermittlerin von Informationen über den Vater und den kleinen Sohn von Weiss, die beide tot waren. Weiss' Sohn war mit dreiundzwanzig Tagen an einer sehr seltenen Herzkrankheit gestorben, bei der das Herz gleichsam falsch herum im Körper liegt. Weiss war vollkommen überrascht, als Catherine, die überhaupt nichts über seine Familie wußte, ihm mitteilte: „Ihr Vater ist hier und Ihr Sohn, der ein kleines Kind ist. Ihr Vater sagt, Sie würden ihn erkennen, weil sein Name Avrom ist und Ihre Tochter nach ihm benannt ist. Er starb an einer Herzkrankheit. Auch bei Ihrem Sohn war das Herz wichtig, denn es lag falsch herum, wie bei einem Huhn. Er hat aus Liebe zu Ihnen ein großes Opfer gebracht. Seine Seele ist sehr weit fortgeschritten."

Catherine erklärte weiter, daß der Sohn die Geburt zum Wohl seiner Eltern auf sich genommen hätte. Die Buddhisten nennen diese Art der Seele *bodhisattva* – eine

Seele, die einen Körper zum Wohle anderer annimmt anstatt zur eigenen Reifung, da sie bereits über das Verlangen nach physischer Inkarnation hinaus ist. Weiss' Erfahrung läßt die uralte Frage: „Warum läßt Gott unschuldige Babys sterben?" in einem völlig neuen Licht erscheinen.

Schuld: Die Nahtstelle zwischen Psychologie und Religion

„Die Schlange aber war listiger als alle Tiere des Feldes, die Gott der Herr gemacht hatte, und sie sprach zum Weibe: Gott hat wohl gar gesagt: ‚Ihr dürfet von keinem Baume des Gartens essen!' Da sprach das Weib zur Schlange: Wir dürfen essen von den Früchten der Bäume im Garten; nur von den Früchten des Baumes mitten im Garten hat Gott gesagt: ‚Esset nicht davon; rühret sie auch nicht an, daß ihr nicht sterbet!' Da sprach die Schlange zum Weibe: Mitnichten werdet ihr sterben; sondern Gott weiß, daß, sobald ihr davon esset, euch die Augen aufgehen werden und ihr wie Gott sein und wissen werdet, was gut und böse ist. Und das Weib sah, daß von dem Baume gut zu essen wäre und daß er leiblich anzusehen sei und begehrenswert, weil er klug machte, und sie nahm von seiner Frucht und aß und gab auch ihrem Manne neben ihr, und er aß. Da gingen den beiden die Augen auf, und sie wurden gewahr, daß sie nackt waren; und sie hefteten Feigenblätter zusammen und machten sich Schurze." (*1. Buch Mose, 3,1–7*)

Das dritte Kapitel der Genesis erzählt weiter, daß Adam und Eva sich aufgrund ihrer neuen Fähigkeit zur Unterscheidung ihrer Nacktheit schämen und sich vor Gott, der im Garten spazierengeht, verstecken. Als Gott ihre Scham bemerkt, weiß er, daß sie ihm ungehorsam waren und vom Baum der Erkenntnis gegessen haben. Gott bestraft die Schlange, indem er sie dazu verdammt, ihr Leben lang auf dem Bauch zu kriechen, und indem er Feindschaft zwischen ihre und Evas Nachkommen sät. Er bestraft Eva – und damit die Frauen –, indem er die Schmerzen der Geburt verstärkt und die Frauen den Männern unterordnet. Er bestraft Adam – und damit die Männer –, indem er ihn bis zum Tod in den Feldern arbeiten läßt. Dann vertreibt er sie aus dem Garten Eden und stellt einen Engel mit dem Flammenschwert davor, damit Adam, der „wie unsereiner geworden ist und den Unterschied zwischen gut und böse kennt", nicht mehr von dem Baum essen kann und damit unsterblich wie die Götter würde.

In ihrem Buch *Adam, Eve and the Serpent* geht Elaine Pagels der Frage nach, inwieweit diese Geschichte die westliche Kultur geformt hat. Wo die Urchristen noch glaubten, daß die Menschheit von Gott durch die Gaben der Natur und der moralischen Freiheit – im Paradies hatte Eva einen freien Willen – gesegnet wurde, interpretierte Augustinus im späten 4. und frühen 5. Jahrhundert die Geschichte um und führte das ein, was Elaine Pagels bezeichnet als „eine Doktrin, die kategorisch das Gutsein der Schöpfung und die Freiheit des Willens leugnet... Augustinus betont die menschliche Versklavung in der Sünde. Augustinus besteht darauf, daß die Menschheit krank, leidend und hilflos ist, irreparabel geschädigt durch den Sündenfall, diese ‚Ursünde‘, die nichts anderes ist als Adams stolzer Versuch, autonom zu sein." (S. 99)

Wie gelangte Augustinus zu dem Glauben, daß die ganze Menschheit durch eine Sünde befleckt sei, die aus Adams und Evas Ungehorsam im Paradies resultierte? Sowohl Elaine Pagels als auch der freimütige Dominikanermönch Matthew Fox führen in ihren Überlegungen Augustinus' Kampf mit seinen sexuellen Trieben an, über die er in den *Confessiones* spricht. Augustinus beschreibt dort seinen natürlichen sexuellen Drang als Heranwachsender und seine beschämende Entdeckung, daß sein Sexualorgan nicht notwendigerweise seinem Willen gehorchte. Er zog vorschnell den Schluß, daß das gesamte Konzept des freien Willens nur eine Illusion sei. Elaine Pagels zitiert Augustinus' Schlußfolgerung daraus, daß er Trieben unterworfen war, die nicht seinem Willen entsprachen: „Daher lag der Grund nicht bei mir, sondern in der Sünde, die in mir wohnt seit der Strafe für die Erbsünde, weil ich ein Sohn Adams war."

Augustinus – so könnte man es, ausgehend von unseren früheren Ausführungen, einschätzen – gelang es, seinen Gefühlen der Hilflosigkeit auszuweichen, indem er die Sexualität, die er unterdrücken wollte, jemand anderem aufbürdete – in diesem Falle Adam, der von Eva in Versuchung geführt worden war, die wiederum von der Schlange verführt worden war. Augustinus wählte die unpersönliche Schuld der Erbsünde, anstatt persönliche Hilflosigkeit gegenüber natürlichen Trieben zuzugeben, die immer stärker geworden waren – wie es Triebe eben werden, wenn wir sie als böse bezeichnen und sie in den Schatten verbannen.

Augustinus' persönliche Bindung an die Doktrin der Erbsünde ist verständlich – doch warum verschrieb sich das Christentum ganz allgemein dieser Auffassung, die ja die Antithese zu dem weitverbreiteten Glauben an das Gute im Menschen darstellt? Elaine Pagels richtet unsere Aufmerksamkeit noch einmal auf die Frage nach dem Grund menschlichen Leidens: „Warum ist mir dies passiert?" Sie folgert: „Augustinus' Antwort kennt und leugnet gleichzeitig menschliche Hilflosigkeit; ich nehme an, daß in diesem Widerspruch seine Kraft liegt. Zum Leidenden sagt Augustinus im wesentlichen: ‚Du *persönlich* bist nicht für das verantwortlich, was dir zugestoßen ist; die Schuld geht zurück auf unseren Stammvater Adam und unsere Stammmutter Eva.' Augustinus versichert dem Leidenden, daß Schmerz unnatürlich, Tod ein Feind ist. Sie sind verbündete Eindringlinge in die menschliche Existenz. So spricht er das tiefe menschliche Verlangen an, frei von Schmerzen zu sein. Aber er versichert uns auch, daß Leiden weder bedeutungslos ist noch ohne spezifischen Grund stattfindet. Sowohl der Grund als auch die Bedeutung des Leidens liegen seinen Ausführungen zufolge darin, daß der Mensch es infolge einer *moralischen Wahl* auf sich nimmt und daß es nicht etwas von Natur aus Gegebenes ist. Wenn Schuld der Preis ist, der für die Illusion, die Natur zu kontrollieren, bezahlt werden muß... scheinen viele Menschen gewillt gewesen zu sein, ihn zu bezahlen." (*Adam, Eve and the Serpent*, S. 147)

Religiöse Schuld und spiritueller Pessimismus

Albert Einstein wurde einmal gefragt, wie die wichtigste Frage laute, auf die die Menschen eine Antwort finden müßten. Er entgegnete: „Ist das Universum ein freundlicher Ort oder nicht?" Wenn wir an die Erbsünde glauben oder einer wortwörtlichen Interpretation der göttlichen Bestrafung von Adam und Eva beipflichten, dann ist es ganz gleich, wie sorgfältig wir unser Gewissen geprüft haben – wir werden immer an der Sicherheit unserer Seele und der elementaren „Freundlichkeit" des Universums „Sündern" gegenüber zweifeln. Der Zustand der Hilflosigkeit, der durch diese Zweifel geschaffen wird, verursacht den spirituellen Pessimismus. Es handelt sich dabei um eine existentiell hilflose Position, die zwar psychologischem Pessimismus ähnelt, aber viel tiefer geht. Der zentrale Satz des spirituellen Pessimismus lautet: „Dieses Unglück hat mich getroffen, weil Gott mich damit für meine Sünden straft." Von diesem Standpunkt aus gesehen, sind Krankheiten oder Krisen der endgültige Beweis unserer Unwürdigkeit. Während psychologischer Pessimismus sich die Schuld an allem gibt und behauptet: „Diese schlimme Sache ist ganz allein mein Fehler, ich richte überall nur Durcheinander an, und das geht mein

Leben lang so", geht spiritueller Pessimismus noch weiter. Die Logik des spirituellen Pessimismus verläuft etwa folgendermaßen: „Diese schlimme Sache ist nur mein Fehler. Sie ist ein Beweis dafür, daß man mir nicht verzeihen kann und ich ewige Leiden ertragen muß." Spiritueller Pessimismus ist der äußerste Ausdruck der Angst, hervorgerufen dadurch, daß unsere Seele in Todesgefahr schwebt.

Ich nahm einmal an einer Talkshow teil, in der die Zuschauer gebeten wurden, anzurufen und von ihren größten Ängsten zu erzählen. Ein Mann teilte uns fast weinend mit, daß er entsetzliche Angst vor einer Ewigkeit in der Hölle habe. Ich fragte ihn behutsam, wobei ich verstand, daß er das vielleicht nicht öffentlich sagen wollte, was er Fürchterliches getan habe, um sich so vor der Hölle zu fürchten. Seine Antwort ist ein Paradebeispiel spirituellen Pessimismus: „Eigentlich nichts. Aber wir sind alle Sünder, und wir werden alle brennen. Man muß schon ein großer Heiliger sein – zumindest so gut wie Mutter Theresa –, um gerettet zu werden. Wie soll ich also mein Leben genießen, wenn ich weiß, was auf mich wartet? Ich mache mir jeden Tag deswegen Sorgen."

Spiritueller Pessimismus ist eng verbunden mit einem geringen Selbstwertgefühl. Ganz gleich, was wir im Religionsunterricht lernen – wir machen uns unsere eigenen Gedanken darüber, ob Gott nun vergibt oder straft. Unsere Antwort hängt davon ab, ob wir uns als Heranwachsende psychologisch sicher oder unsicher fühlten, denn sowohl Eltern als auch Gott sind übermächtige Autoritätspersonen, denen wir als Kinder auf Leben und Tod ausgeliefert sind. Je verängstigter wir als Kinder waren, desto mehr religiöse Schuldgefühle werden wir als Erwachsene entwickeln. Und ganz gleich, wie wir uns intellektuell zu dem optimistischen Standpunkt stellen, daß schlimme Ereignisse uns zu Einsicht und persönlicher Reife führen können – wenn wir nicht die psychologische Arbeit, das Innere Kind zu heilen, geleistet haben, bleiben wir emotional davon überzeugt, daß wir Gottes Zorn verdienen.

Die Psychologen Peter Benson und Bernard Spilka untersuchten Beschreibungen und Definitionen von Gott, die von Katholiken abgegeben worden waren, und setzten sie in Relation zu deren Selbstachtung. Obwohl die einhundertachtundzwanzig Leute, die untersucht wurden, die gleiche religiöse Erziehung genossen hatten, unterschieden sich ihre Auffassungen von Gott deutlich voneinander. Die Forscher fanden heraus, daß Menschen mit hoher Selbstachtung – diejenigen, die sich selbst bejahten und sich vertrauten – sich einen liebevollen und verzeihenden Gott vorstellten. Diejenigen mit geringer Selbstachtung – schuldbewußte, pessimistische Menschen – sahen sich dagegen einem strafenden, abweisenden Gott gegenüber. Die menschliche Haltung, Gott als eine Projektion von sich selbst anzusehen, ist typisch für alle Schuldbewußten, deren Getrenntsein von der Liebe sich auf jeder Ebene vollzieht – als ein Getrenntsein vom Selbst, ein Getrenntsein von anderen und ein Getrenntsein von Gott.

Der Schatten des spirituellen Pessimismus

Viele von uns halten an einer Maske spiritueller Sicherheit fest. Bewußt glauben wir, daß wir so lange Teil eines „sicheren" Universums sind, wie wir uns an bestimmte Moralvorstellungen festklammern, während wir unterbewußt unsere Angst vor göttlicher Strafe in unserem Schatten verstecken. Aber wie wir unsere psychologischen Schatten auf andere projizieren, wobei wir in ihnen das erkennen, was uns bei uns selbst unangenehm oder furchterregend ist, projizieren wir auch unsere spirituellen Schatten.

Vor vielen Jahren, während unserer Hippie-Tage, hatten

mein Mann Myrin und ich eine sehr unangenehme Auseinandersetzung mit unseren Vermietern, die schließlich vor Gericht geklärt werden mußte und aufgrund deren wir uns eine neue Wohnung suchten.

Als Myrin zum ersten Mal den Rasen um unser neues Zuhause mähte, traf ihn ein Stück scharfes Metall, das die Rotormesser hochgeschleudert hatten, und brach ihm das Bein. Wenige Tage später erschienen unsere ehemaligen Vermieter, um uns Sachen zurückzubringen, die sie von uns einbehalten hatten. Natürlich entdeckte die Frau Myrins Gipsbein. „Aha!" rief sie, wärend sie ihre religiösen Schuldgefühle und ihren spirituellen Pessimismus auf Myrin projizierte, „Gott straft Sie für Ihre Sünden!"

New-Age-Philosophie und spiritueller Pessimismus

Der überall vorhandene spirituelle Pessimismus und die religiöse Indoktrination, die oft authentisches psychologisches und spirituelles Wachstum blockieren, mündete in einer Bewegung, die der organisierten Religion den Rücken kehrte. Die Frage stellte sich: An was können wir glauben?

Seit Mitte der fünfziger Jahre, als Aldous Huxley über die bewußtseinserweiternden Bestandteile des Peyotl in seinem klassischen Werk *The Doors of Perception*, (dt. *Die Pforten der Wahrnehmung*) schrieb, hat das kulturelle Interesse an spiritueller Erfahrung ständig zugenommen. Huxley zitiert den Dichter William Blake: „Wenn die Tore der Wahrnehmung gereinigt wären, würde jedes Ding dem Menschen erscheinen, wie es ist – unendlich."

Die Sehnsucht nach dieser unendlichen Erfahrung führte in den sechziger und Anfang der siebziger Jahre zu weitverbreiteten Experimenten mit bewußtseinsverändernden Drogen. Solche Drogen wurden seit Jahrtausenden in

214

den religiösen Riten verschiedener Kulturen benutzt, um die Tore der Wahrnehmung zu öffnen. Aber als sie wahllos von Menschen benutzt wurden, die mit ihrer Wirkung nicht vertraut waren und sie aus ihrem kultischen Zusammenhang lösten, waren die Erfahrungen, die man mit ihnen machte, sehr unterschiedlich. Manche Menschen hatten klassische Lichterlebnisse und kehrten von ihrem „Trip" in den übernatürlichen Bereich mit dem Vorsatz zurück, das Leben bewußter und aus der Liebe heraus zu leben. Andere erhaschten einen kurzen Blick auf das kosmische Bewußtsein und kehrten mit der arroganten Auffassung zurück, daß sie „wissend" seien, während der Rest der Menschheit immer noch in tiefer Unwissenheit stecke. Wieder andere fanden sich in den gefährlichen Bereichen ihres Bewußtseins wieder, wo sich ihre persönlichen Angstvorstellungen vervielfachten; da sie sich vor ihnen nicht schützen konnten, erlebten sie einen wahren psychischen Terror.

Sogar Menschen, die durch diese Drogen mystische Erfahrungen gesammelt hatten, merkten, daß sie nur Ausschnitte eines Bereichs gesehen hatten, der nur auf einem anderen Weg – dem langen Weg – zu erreichen war. Es gibt keine Abkürzungen bei der anstrengenden inneren Arbeit der Selbsterforschung, die zu einer dauerhaften psychologischen Heilung und der sie begleitenden spirituellen Reife führt. Das Erbe der psychedelischen Ära war ein erneuertes Interesse an der Philosophie des Immerwährenden und den uralten Techniken, Weisheit zu erlangen, und das schloß auch Meditation und Kontemplation mit ein. Dieses neuerwachte Interesse führte zu einer Öffnung unserer westlichen Kultur für Philosophie und Metaphysik. Die neue Strömung war begleitet von einer bunten Mischung aus verschiedenen bewußtseinserweiternden Philosophien und Techniken, die von computergesteuerten technischen Systemen zur Veränderung der Hirnströme bis zum Channeling reichen, und wurde unter dem Schlagwort „New Age" zusammengefaßt.

C. G. Jung, der den östlichen Mystizismus selbst ernsthaft studiert hat, warnte schon früh vor den Gefahren, die der Versuch, Glaubenssätze von einer Kultur in die andere zu transportieren, mit sich bringen würde – waren ihre Psychologie und ihre Metaphern doch so unterschiedlich. Er glaubte, daß dieser Transfer unweigerlich zu Mißverständnissen und zum Mißbrauch der fremden Philosophie und ihrer Techniken führen würde.

Tatsächlich hat der Versuch der New-Age-Bewegung, östlichen Mystizismus und östliche Metaphysik in die westliche Kultur zu integrieren, nicht nur positive Ergebnisse gezeitigt. Östliches Gedankengut kann nicht in der Art und Weise zum einfachen Gebrauch „verpackt" werden, wie Menschen der westlichen Welt dies gewöhnt sind. Vorzugsweise darin geübt, Theoreme im Gedächtnis zu behalten und Probleme zu lösen, hat es der westliche Verstand nie gelernt, sich von seinen Vorstellungen und Konzepten freizumachen und schweigend auf eine Erfahrung zu warten. Wenn die Erfahrung dann kommt, wollen wir sie besitzen, benennen, klassifizieren und abheften, damit wir sie in Zukunft benutzen können. Wir wollen wissen, was sie *bedeutet*. Menschen aus dem Osten beschäftigen sich weniger mit der Bedeutung. Zu *sein* ist ihnen genug.

Die Adaption östlichen Gedankenguts wird auch durch beschränkte sprachliche Übertragungsmöglichkeiten behindert. Hindu-Schriften zum Beispiel sind in Sanskrit geschrieben, einer Sprache, die reich an unterschiedlichen Bedeutungen ist; ihre Worte übermitteln eine Unmittelbarkeit der Erfahrung, die unserer westlichen Sprache unbekannt ist. Sanskrit enthält Hunderte von Wörtern, die zwischen verschiedenen Bewußtseinszuständen unterscheiden, für die es für uns keine Entsprechungen gibt. „Ich weiß, daß ich nichts weiß" – diesen Satz sollten wir uns ins Gedächtnis schreiben, denn ein begrenztes Wissen kann eine gefährliche Sache sein, wenn wir es für die Wahrheit halten. Der westliche Geist tendiert immer wieder zu der voreiligen Behauptung, die ganze „Wahrheit" zu kennen.

Der größte Irrtum, der der New-Age-Bewegung bei dem Versuch, östliches Gedankengut zu integrieren, unterlaufen ist, kommt am deutlichsten zum Ausdruck in der Aussage, daß „man sich seine eigene Realität schafft". Obwohl wir sicher daran teilhaben, unsere eigene Realität zu schaffen, gibt es nirgendwo im östlichen Gedankengut auch nur den geringsten Hinweis, der die Behauptung, wir seien alleinige „Macher" unseres eigenen Schicksals, stützen würde.

Die Ironie dieser Fehlkonzeption liegt darin, daß sie tatsächlich eine aufgewärmte Version westlichen spirituellen Pessimismus ist, obwohl die New-Age-Philosophie aus dem Bedürfnis entstand, die Ketten der Schuld und Hilflosigkeit abzuschütteln. Die New-Age-Bewegung hat also den Schatten des spirituellen Pessimismus auf östliches Gedankengut übertragen und es damit verfälscht. Die Lehre des „Man schafft sich seine eigene Realtität" behauptet zwar, eine neue Freiheit, eine tiefere Weisheit, die sich auf den spirituellen Reichtum von Jahrtausenden stützt, anzubieten – in Wirklichkeit aber bietet sie nur Altes in neuer Verpackung: Die Eisenketten der Erbsünde hat sie durch goldene Ketten ersetzt, die zwar verlockend glänzen, aber trotzdem genauso fesseln.

Schuldgefühle des New Age

„Seitdem Shirley MacLaine auszog und ihre neugefundenen spirituellen Kräfte beschrieb, wurde der Slogan ‚Wir erschaffen unsere eigene Realität' zu einem Patentrezept der Selbsthilfe. Verständlicherweise bietet ein ausgeprägter Sinn für die persönliche Inititative eine gesunde Alternative zu einem passiven Fatalismus in bezug auf das Leben, ein Aspekt, den der Chirurg Bernie Siegel in seinem Bestseller *Love, Medicine and Miracles* überzeugend dargestellt hat. In den letzten Jahren setzte sich allerdings im Bereich der alternativen Medizin eine extremere Interpretation durch, der Glaube daran, daß wir persönlich – bewußt oder unbewußt – für alles verantwortlich sind, was uns geschieht." (*New Age Journal*, September/Oktober 1988, S. 50)

Die Herausgeber des *New Age Journal* kritisieren in der Folge, daß für diese Ideen in einer Fülle von Selbsthilfebüchern aufdringlich geworben würde, und konstatieren abschließend: „Diese hybride Bewertung des menschlichen Heilungspotentials, anscheinend basiert sie auf Interpretationen metaphysischer Gedanken wie Karma und Wiedergeburt, könnte zunächst ein Trost für diejenigen sein, die sich mit einer ernst zu nehmenden Krankheit auseinandersetzen müssen – es sei denn, sie versagen dabei, sich gesund zu denken."

Die Unfähigkeit, sich gesund zu denken, und die damit verbundene falsche Philosophie führen zu dem, was der Psychologe und Metaphysiker Ken Wilber als „Schuldgefühl des New Age" bezeichnet. Ken Wilber ist ein ernst zu nehmender Wissenschaftler, der sich sein Leben lang mit östlicher Philosophie und westlicher Psychologie auseinandergesetzt hat. Er hat elf Bücher und Hunderte von Artikeln über Bewußtsein und Psychologie geschrieben und gilt als ausgesprochener „Bilderstürmer" mit scharfem Witz. In einem Interview greift er die These des „Man schafft sich seine eigene Realität" als „narzißtisch und überheblich" an: „Der New-Age-Bewegung gelang es nicht nur, eine Krankheit als psychisch begründet zu interpretieren – wobei sie ihr anfangs einen körperlichen Ursprung zugestanden hatten ... sondern sie gingen noch einen Schritt weiter und interpretierten die Krankheiten als spirituell begründet, als ‚Lektion', die man sich selbst erteilt ... Für sie zählt nur die Frage: ‚Was willst du mir mit dieser Krankheit sagen?' Bei jemanden, der beispielsweise Augenkrebs hat, werden sie nachforschen: ‚Was willst du nicht sehen?', und jemandem mit einem gebrochenen Bein werden sie vorwurfsvoll fragen: ‚Warum willst du nicht mehr aus eigener Kraft aufstehen?'"

Die Psychologie, die hinter der unkritischen Zustimmung zur Lehre des „Man schafft sich seine eigene Realität" und ihrer Schlußfolgerung, die Krankheit sei eine Metapher, steckt, ist genau die gleiche wie diejenige, die die Christen im 5. Jahrhundert dazu verleitete, Augustinus' Lehre von der Erbsünde zu akzeptieren. Was wir schaffen, können wir auch vernichten, behaupten sie, und wenn wir etwas nicht schaffen, ist es letztlich unser Versagen. Das Schuldbewußtsein wird dem Gefühl der Hilflosigkeit vorgezogen, darauf wies uns bereits Elaine Pagels hin.

Pessimistische Menschen sind wegen ihrer unterschwelligen Hilflosigkeit in großer Gefahr. Sie neigen dazu, Verantwortung mit Schuldgefühlen zu verwechseln – den verantwortungsvollen Umgang mit einer Krankheit mit dem schuldhaften Bewußtsein, sie verursacht zu haben. Krankheit wird als Versagen angesehen, und die Illusion der Macht wird durch die Haltung erlangt, daß wir heilen können, was wir verursacht haben. Manchmal gelingt es, unsere Krankheit zu überwinden, aber manchmal auch nicht. Der Gedanke, daß unser körperlicher Zustand einfach unseren psychischen oder spirituellen Zustand widerspiegelt, ist ein gefährliches und weitverbreitetes Mißverständnis. Selbst große Heilige und erleuchtete Weise werden krank und sterben. Manche sterben jung und manche sehr alt. Hat die Dauer ihres Lebens etwas damit zu tun, wie „gut" sie waren? Sie sterben an Herzinfarkten, sie sterben an Krebs und an allen möglichen anderen Krankheiten. Doch sie sterben nicht, weil Gott sie straft oder weil sie irgendeine Lektion nicht begriffen haben oder weil sie nicht gut genug meditiert haben.

Ich kam einmal mit einer Erkältung in einen meiner Kurse, und einige Teilnehmer reagierten so, als ob sie den Papst im Bordell erwischt hätten. Wie konnte ich, die doch meditierte, eine Erkältung bekommen? Mir wurden Fragen gestellt wie: „Waren Sie in letzter Zeit gestreßt?" und: „Was haben Sie angestellt, daß Sie diese Erkältung gekriegt haben?", und auch Kommentare wie: „Das ist Gottes Art, Ihnen mitzuteilen, daß Sie es langsamer angehen lassen sollen" blieben nicht aus.

Sicher ist es sinnvoll, die Botschaften seines Körpers zu beachten. Wir werden manchmal durch Streß und Erschöpfung krank, und Krankheit kann ein nachdrücklicher Hinweis darauf sein, daß man in seinem Leben etwas ändern sollte. Auch für mich war Krankheit ein wichtiger Lehrmeister. Aber ich weiß auch, daß gelegentliche Erkältungen für Eltern mit schulpflichtigen Kindern ein „Berufsrisiko" sind und daß es sehr wohl möglich ist, eine Erkältung zu bekommen, selbst wenn man nicht gestreßt, depressiv oder ruhebedürftig ist! Dasselbe gilt für Krebs und andere Krankheiten. Vererbung und Umwelt sind wichtige Faktoren, die nicht ignoriert werden dürfen. Wenn Sie zuviel Vinylchlorid einatmen, werden Sie Leberkrebs bekommen, ganz egal, wie optimistisch Sie eingestellt sind. Aber weil Krebs eine beängstigende Krankheit ist, die bei vielen ein Gefühl des Ausgeliefertseins verursacht, ist es kein Wunder, daß wir uns Erklärungen suchen, warum wir erkrankt sind. Wir glauben, daß wir uns absichern können, indem wir die Gründe genau bestimmen.

Ein anderer Bestandteil des New-Age-Schuldbewußtseins ist der Gedanke, daß eine Krankheit die Erfüllung eines früheren Karmas bedeutet – ein Gedanke, der das Motiv von Schuld und Sühne vom jüdisch-christlichen spirituellen Pessimismus übernimmt und es in eine falschverstandene östliche Verpackung steckt. Das östliche Karma bezieht sich einfach nur auf das Naturgesetz, das besagt, daß auf jede Aktion eine Reaktion erfolgt, weil die Energie weder erschaffen noch zerstört wird, sondern lediglich die Form wechselt. Die Lebenskraft – die Energie der Schöpfung – ist immer in Bewegung und nimmt verschiedene Gestalten an. Es ist das Prinzip von Ursache und Wirkung und damit ein Naturgesetz wie die Schwerkraft – und keineswegs ein Werturteil.

Wenn wir unseren Schatten nicht beachten und den gleichen Fehler immer wieder machen, werden wir natürlich das Ergebnis unseres Handelns in irgendeiner Form des Leidens erfahren, und wir können das als Karma ansehen. Das bedeutet aber nicht, daß alles, was uns geschieht, Karma ist und daß nur unser Karma Ursache für unsere Freude oder Trauer ist. Wir müssen uns damit abfinden, daß wir nicht erklären können, warum manche Dinge geschehen – weil wir es einfach nicht wissen. Erklärungsversuche mögen uns weniger hilflos erscheinen lassen, aber sie schaffen entweder Schuldgefühle oder die gefährliche Vorstellung der Allmacht.

Die Herausforderung unseres gegenwärtigen Zeitalters liegt darin, die persönlichen und kulturellen Fehlkonzeptionen, die uns ständig die gleichen falschen Verhaltensmuster wiederholen lassen, auszumerzen. Zu diesem Zweck müssen wir auf ein neues Modell psychischer und spiritueller Gesundheit hinarbeiten, das auch eine größere physische Gesundheit mit sich bringen wird. Um dieses Modell zu finden, ist es sinnvoll, sich vertraute Traditionen ins Gedächtnis zu rufen, die vom spirituellen Optimismus geprägt sind und die uns so helfen können, entweder unsere eigene religiöse Tradition als eine Verbindung zur Seele zu stärken oder einen individuellen Ausdruck von Spiritualität zu finden, der uns reifen läßt.

Erbsünde oder Erbsegen? Traditionen des spirituellen Optimismus

Der Dominikanermönch Matthew Fox war ein freimütiger Kritiker der römisch-katholischen Kirche und ihrer Lehre von der Erbsünde, die das spirituell optimistische

Erbe Christi vergiftete und für den Irrweg des spirituellen Pessimismus verantwortlich ist. In dem Buch *Original Blessing* betrachtet er jene traditionell optimistischen Aspekte der religiösen Lehre, von der sich Augustinus abwandte. Fox zeichnet die lebensspendende, schöpfungszentrierte Spiritualität auf, die seit dem 9. Jahrhundert v. Chr., als die Psalmen geschrieben wurden, Teil der westlichen religiösen Tradition und viele Jahrhunderte früher schon Bestandteil der östlichen Tradition war. Er erklärt die Philosophie des Immerwährenden, wie sie im Christentum präsent ist, indem er die wirklich universalen Ansätze der großen christlichen Mystiker wie Julian von Norwich, Hildegard von Bingen, Franz von Assisi, Meister Eckhart und vieler anderer vorstellt.

Fox setzt die ursprüngliche Theologie des Feierns, die das Leben als einen Segen ansieht, in Kontrast zu der viel jüngeren Theologie der Buße und des Sündenfalls, die dem Menschen die Rolle des Sünders zuweist, der der Gnade verlustig gegangen ist und vom Augenblick der Geburt an der Buße bedarf. Er klagt, daß der Religion „der Kontakt mit den Quellen der Weisheit verlorengegangen" sei, und ruft die Kirche auf, ihr überholtes dualistisches Muster von Erbsünde und daraus folgender Buße, das den Schöpfer von der Schöpfung trennt, fallenzulassen.

Wie Fox stellte auch Erich Fromm die zentrale Frage, die uns in diesem Buch beschäftigt: „Warum nur zieht der Mensch die Nekrophilie der Biophilie vor?" Anders gesagt: Warum sagen wir lieber nein zum Leben statt ja? Fox antwortet darauf: „Die westliche Zivilisation hat die Liebe zum Tod der Liebe zum Leben in dem Ausmaß vorgezogen, daß ihre religiösen Traditionen die Buße der Schöpfung, die Sünde der Ekstase und den individuellen Blick nach innen kosmischer Bewußtheit und Zuneigung vorgezogen haben. Religion hat bei Menschen immer dann versagt, wenn sie sich nicht geäußert hat über die Freude, die kosmische Schöpfung, die fortlaufende Kraft der fließenden Energie des Schöpfers, den Erbsegen ...

222

Was am meisten in den letzten sechs Jahrhunderten in der Gesellschaft und der Religion des Westens gefehlt hat, war eine Via positiva – ein Weg oder ein Pfad der Bekräftigung, Danksagung und Ekstase." (*Original Blessing*, S. 33)

Fox' theologisches Konzept der Via positiva ist die Forderung des spirituellen Optimismus, daß man das Leben feiern, nicht fürchten muß, weil Gott ein Universum aus Nächstenliebe erschuf mit dem Ziel, Nächstenliebe zu lehren. Es fordert eine Theologie der Liebe anstatt eine der Furcht, der Ganzheit anstatt der Bruchstücke, der ewigen Weisheit, der Liebe und des Wachstums anstatt der Sünde, der Strafe und des Todes.

Während Fox sich der Frage der Genesung als Theologe nähert, könnte auch die Psychologie ähnliche Schlüsse ziehen. Allen Psychologen ist B. F. Skinners Feststellung bekannt, daß Strafe ein effizienter Weg ist, Verhaltensweisen zu ändern, aber gewöhnlich nicht in die gewünschte Richtung führt. Viele Eltern haben in der Praxis die gleichen Erfahrungen gemacht. Wenn man ein Kind bestraft, weil es seine Hausaufgaben nicht macht, erwächst daraus kaum das Verlangen zu lernen. Statt dessen werden Wut, Haß, Mißtrauen, Lügen und Rebellion – kurz gesagt: Angst – verstärkt. Andererseits lassen sich mit Belohnung und Lob Verhaltensweisen auf sehr effektive Weise ändern. In einem oft publizierten Versuch wurde Lehrern mitgeteilt, daß ihre künftigen Klassen auf ihre zu erwartenden Leistungen hin getestet worden seien. Sie erhielten eine Liste von Schülern, die es wahrscheinlich zu etwas bringen würden – in Wirklichkeit waren sie willkürlich ausgewählt worden. Am Ende des Schuljahres waren diese Schüler tatsächlich den Erwartungen der Lehrer gerecht geworden: Ihre Anstrengungen waren besonders aufgefallen und belohnt worden. Ermutigung, Anerkennung und Liebe führen zu Reife. Angst und Strafe führen zu Hilflosigkeit, Ängstlichkeit, Depression, geringem Selbstbewußtsein, Willensverlust, schlechter Gesundheit und der Ausbildung eines falschen Selbst. Sie führen zu dem Syndrom ungesunder Schuld, das sich in sogenannten dysfunktionalen Familien entwickelt, in denen die Eltern aufgrund ihres geringen Selbstbewußtseins keine authentischen fürsorglichen interpersonellen Brücken zu ihren Kindern herstellen können.

1988 reagierte die katholische Kirche auf Matthew Fox' Thesen, indem sie ihn aufforderte, ein Jahr lang zu schweigen. Fox stimmte diesem Schweigejahr zu, nachdem er zuvor die Kirche öffentlich mit einer dysfunktionalen Familie verglichen hatte. Psychologisch gesehen traf Fox damit genau ins Schwarze.

Der verlorene Sohn – ein Gleichnis des spirituellen Optimismus

Genau wie das Märchen von Schneewittchen als Entwurf für die Heilung von ungesunder Schuld und psychologischem Pessimismus zu betrachten ist, bietet die neutestamentliche Geschichte vom verlorenen Sohn ein entsprechendes Konzept für die Heilung von spirituellem Pessimismus an. Dieses Gleichnis erzählt von unserer eigentlichen Beziehung zu einem fürsorglichen Gott und beantwortet die zentrale Frage, wie er mit unseren Fehlern umgeht.

Jesus erzählt das Gleichnis vom verlorenen Sohn in einem besonderen Kontext. In Lukas 15 versuchen die Pharisäer, Jesu Integrität zu erschüttern, indem sie ihm vorwerfen, er verbringe zuviel Zeit mit den Sündern – mit Prostituierten und Zöllnern. Jesus antwortet, daß Gott Freude bei der Rückkehr dieser „verlorenen Schafe" empfinde – warum sollte man denen predigen, die sowieso schon in Verbindung mit dem Göttlichen stehen? Er erzählt dann das Gleichnis vom verlorenen Sohn als archetypisches Muster, als Versprechen von Gottes Liebe und Vergebung, die dem Sünder in Form von Gnade zuteil wird.

Die Geschichte ist sehr einfach. Ein Mann hat zwei Söhne. Der jüngere bat um seinen Anteil am Erbe und ging in ein fernes Land, wo er es bei Wein, Frauen und ausschweifendem Leben verpraßte. Der ältere Sohn blieb inzwischen treu an der Seite seines Vaters und pflügte den Acker. Schließlich hatte der jüngere Sohn kein Geld mehr, und zu allem Überdruß gab es in dem Land, wohin er gezogen war, eine Hungersnot. Endlich fand er Arbeit als Schweinehirt, aber er war so hungrig, daß er das Schweinefutter am liebsten selbst gegessen hätte. Als er sich endlich besann, wurde ihm klar, daß selbst die Diener seines Vaters ein besseres Leben führten als er. Er erkannte, daß er falsch gehandelt hatte, und beschloß nach Hause zu gehen und sich für sein schlechtes Benehmen zu entschuldigen, in der Hoffnung, sein Vater würde ihn zumindest als Knecht aufnehmen.

Sein Vater erblickte ihn schon, als er noch weit entfernt war, lief auf ihn zu und begrüßte ihn herzlich. Der Sohn entschuldigte sich, gab seine Fehler zu, und ihm wurde sofort vergeben. Der Vater befahl den Dienern, seinem Sohn die besten Kleider zu bringen und ein fettes Kalb zu schlachten, um zu seinen Ehren ein Festessen zu geben.

Der treue Sohn war während der Heimkehr des Bruders auf dem Feld. Als er zum Haus zurückkam, hörte er Musik und Tanz, und er fragte einen der Knechte, was geschehen sei. Er erfuhr, daß das Fest für seinen eigenen Bruder, „der heil und gesund" nach Hause gekommen war, gegeben würde. Zuerst ärgerte er sich und weigerte sich, zu der Feier zu gehen. Er fragte seinen Vater, warum für ihn in all den Jahren, in denen er ihm treu ergeben war, nie ein Kalb geschlachtet worden sei. Warum habe man es aber für seinen schlechten Bruder, der „deine Habe mit Dirnen aufgezehrt hat", getan? Der Vater erklärte ihm liebevoll, daß der treue Sohn ja immer bei ihm gewesen sei und daß alles, was er besitze, ihm gehöre. Aber „dein Bruder war tot und ist lebendig begraben worden, und er war verloren und ist wiedergefunden worden".

Diese Geschichte ist ein großartiges psychospirituelles Lehrstück über Liebe, Vergebung und Gnade. Weil wir es nicht besser wissen, trennen wir uns von der Quelle der Liebe und fangen bald an zu leiden, weil wir von unserem Nährboden abgeschnitten sind – wir verhungern buchstäblich. Plötzlich besinnen wir uns und erkennen, daß wir gesündigt haben. Indem wir zugeben, was wir getan haben (wir erkennen unseren Schatten an), bereuen wir (unser Fehler tut uns ehrlich leid) und bitten um Vergebung (um nach Hause zurückzukehren). Weil es Gottes größte Freude ist, uns sein Königreich zu schenken, hält er schon lange Ausschau nach unserem Verlangen zurückzukehren und läuft uns entgegen, so erfreut über unsere Rückkehr, daß er uns mit seiner Gnade überschüttet. Unser altes, unwissendes Selbst stirbt und wird, als Resultat unseres Abenteuers, in einem neuen, klugen Selbst wiedergeboren. Die Gnade, die uns an unserer seelischen Integration arbeiten läßt, zieht die Gnade an, die zur spirituellen Integration führt.

Die Einheit von psychologischer und spiritueller Weisheit

Das falsche Selbst entsteht, um uns vor der Hilflosigkeit und der Angst der Kindheit zu schützen, aber als Erwachsene hindert es uns daran, unsere psychische und spirituelle Vollendung zu erreichen. Solange wir in der irrigen Annahme leben, daß wir existieren können, wenn unsere guten Seiten sich auf einer Seite der Mauer befinden, unsere schlechten Seiten hingegen auf der anderen Seite der Mauer im Schatten verstaut sind, opfern wir unsere Möglichkeiten, ein vollständiges, authentisches Leben zu

leben. Kreativität kann sich nicht entfalten, wenn unser inneres Königreich in sich gespalten ist. Das Leben wird öde und leer. Das ist der psychologische Hintergrund für Wolframs Gralslegende, wie sie Joseph Campbell in *Die Kraft der Mythen* interpretiert: „Das Thema des Gralsromans ist, daß das Land, das ganze Gebiet, um das es geht, verödet ist. Es wird als ein wüstes Land bezeichnet. Und was macht ein wüstes Land aus? Es ist ein Land, in dem jeder ein unwahres Leben führt und macht, was die anderen machen, was man gesagt bekommt, ohne den Mut zum eigenen Leben aufzubringen. Das ist das wüste Land... Der Gral (ist das), was von Menschen erreicht und verwirklicht wird, die ihr eigenes Leben gelebt haben. Der Gral verkörpert die Erfüllung der höchsten geistigen Möglichkeiten des menschlichen Bewußtseins." (S. 221) Campbell erklärt dann, wie der christliche Gralskönig bei einem Turnier durch einen heidnischen Ritter verwundet und warum sein Königreich zur Wüste wurde: „Beide legen sie ihre Lanzen aufeinander an und reiten gegeneinander. Die Lanze des Gralskönigs tötet den Heiden, aber die Lanze des Heiden kastriert den Gralskönig. Gemeint ist damit, daß die christliche Trennung von Stoff und Geist, von der dynamischen Kraft des Lebens und dem Reich des Geistes, von natürlicher Anmut und übernatürlicher Gnade, im Grunde die Natur kastriert hat. Und das europäische Denken, das europäische Leben ist sozusagen durch diese Trennung entmannt worden... Und was verkörpert nun der Heide? Er war eine Person aus den Randbezirken von Eden. Er wurde als ein natürlicher Mensch aufgefaßt, und auf der Spitze seiner Lanze stand das Wort ‚Gral' geschrieben. Das soll heißen, die Natur zielt auf den Gral hin. Das geistige Leben ist das Bukett, der Duft, die Blüte und Erfüllung eines Menschenlebens, keine ihm auferlegte übernatürliche Tugend." (*Die Kraft der Mythen*, S. 222 f.)
Campbell behauptet, daß sich Stoff und Geist, das Materielle und das Spirituelle, in der Freude darüber treffen,

daß die Natur die Via positiva einschlägt. Wenn wir ein erfülltes, selbstbewußtes Leben führen, dadurch, daß wir uns all unserer Instinkte bewußt sind, anstatt sie als unheilig zu verleugnen, wächst das spirituelle Leben wie eine Blume aus unserer psychologischen Ganzheit. Stoff und Geist sind ein und dasselbe.

Das Christentum hatte nicht von Anfang an den Kontakt zur Natur und zu der Weisheit, die aus dem Wissen um unsere natürlichen Instinkte stammt, verloren. Eine frühe Form des Christentums, der Gnostizismus, ist benannt nach dem griechischen Begriff *gnosis,* den Elaine Pagels als Erkenntnis oder den intuitiven Prozeß der Selbsterkenntnis definiert. In ihrem mit einem Literaturpreis ausgezeichneten Buch *The Gnostic Gospels* (dt. *Versuchung durch Erkenntnis*) spricht sie vom Schnittpunkt zwischen psychologischer und spiritueller Weisheit, wobei sie feststellt, daß „sich selbst genau zu kennen, gleichermaßen heißt, Gott zu kennen".

Versuchung durch Erkenntnis beschreibt die Geschichte des Gnostizismus und geht dabei auf einige Manuskripte von Nag Hammadi ein. Dabei handelt es sich um eine bemerkenswerte Sammlung von dreizehn in Leder eingewickelten Papyri und ein paar losen Blättern, die 1945 in der oberägyptischen Wüste gefunden wurden, wo sie mehr als 1600 Jahre gelegen hatten. Die Papyri enthalten mehr als fünfzig Manuskripte, die zur Zeit der biblischen Evangelisten geschrieben und aus dem Griechischen ins Koptische, der in Ägypten zu jener Zeit benutzten Umgangssprache, übersetzt worden waren. Einige der Manuskripte waren Evangelien anderer Jünger Jesu. Es gibt sogar ein Evangelium der Maria Magdalena. Manche Evangelien behaupten, Jesu Geheimlehren an seine Jünger zu enthalten – Weisheiten, die nicht für das gewöhnliche Volk bestimmt waren.

Elaine Pagels beschreibt den Prozeß, in dem die Frühkirche ihre Lehre festigte. Sie erkannte einige Schriften an, die dann zum Neuen Testament wurden, und erklärte andere für häretisch, die eingeschlossen, die wir heute als die gnostischen Evangelien bezeichnen. Doch Gnostiker hielten ihren Glauben für eine Variante des Christentums, nicht für eine Häresie. Sie unterscheiden sich von der Kirche durch ihre Überzeugung, daß Spiritualität eine innere Erfahrung und keine intellektuelle Lehre sei. Dieser Blickwinkel paßte natürlich nicht in die hierarchischen Strukturen der Kirche, in der die Lehre als Glaubensbestandteil angenommen wird.

Viele der Lehren und Gleichnisse Jesu, die in den gnostischen Evangelien stehen, weisen bemerkenswerte Ähnlichkeiten mit denen im Neuen Testament auf. Andere hingegen sind völlig anders. Ich war besonders begeistert von den Lehren, die nachdrücklich die Bedeutung der Selbsterkenntnis betonen – eine für den Gnostizismus zentrale Aussage. Im gnostischen Evangelium des Thomas erzählt Jesus seinen Jüngern, daß das Königreich Gottes kein Ort sei, sondern ein Bewußtsein, das sowohl in uns als auch über uns existiere. Er erklärt weiter, daß wir das Königreich nicht ohne Selbsterkenntnis erkennen können: „Vielmehr ist das Reich Gottes in euch und es ist außerhalb von euch. Wenn ihr euch selbst kennenlernt, dann werdet ihr erkannt sein und ihr werdet gewahr werden, daß ihr die Söhne des lebendigen Vaters seid. Aber wenn ihr euch nicht selbst erkennt, dann lebt ihr in Armut und ihr seid diese Armut."

Die Jünger fragen Jesus, wie sie ins Königreich gelangen können: „Willst du, daß wir fasten? Wie sollen wir beten? Sollen wir Almosen verteilen? Welche Kost sollen wir zu uns nehmen?"

Jesus antwortet: „Erzählt keine Lügen und tuet nichts, was ihr hasset, denn alle Dinge sind aus der Sicht des Himmels gleich."

Diese einfachen spirituellen Anweisungen, ehrlich zu sich selbst zu sein und seinen Instinkten und Wünschen zu folgen, haben mich vollkommen begeistert. Sie sind ein solider psychologischer Rat, das falsche Selbst aufzugeben und ein authentisches Leben zu beginnen. Als die Jünger Jesus fragten, wie er sich offenbaren würde – eine Frage, die sich in Wirklichkeit darauf bezieht, wie wir den inneren Christus, das innere Selbst finden können –, war seine Antwort zugleich eine tiefgründige psychologische Heilung: „Wenn ihr euch auskleidet, ohne euch zu schämen, und eure Kleider nehmt und sie unter eure Füße legt wie kleine Kinder und auf ihnen herumtrampelt, dann werdet ihr den Sohn des Lebendigen sehen, und ihr werdet keine Angst haben." (*The Gospel of Matthew*, in: *The Nag Hammadi Library*)

Könnten wir eine bessere Umschreibung für die Aufforderung bekommen, unsere Masken abzunehmen, mit der Unbefangenheit des Natürlichen Kindes auf ihnen herumzutrampeln und stolz darauf zu sein, wer wir wirklich sind?

Spirituell optimistische Umbildungen traditioneller Glaubenskonzepte

Wenn wir die Weisheitstraditionen des spirituellen Optimismus wieder in Besitz nehmen, müssen wir darauf gefaßt sein, durch die Weisheit verändert zu werden. Weisheit, die uns nur als Idee berührt, aber nicht in den Teppich unseres wirklichen Seins eingewoben wird, kann uns allerdings nicht verändern. Sie setzt sich als Konzept, als bloßer Begriff fest, und solche religiösen Konzepte können uns, so der Theologe Huston Smith, „gegen spirituelle Erfahrungen immun machen". Wir werden wie der Universitätsprofessor, der einen Besuch bei einem buddhistischen Mönch machte. Der Professor war schokkiert, als er dem Mönch seine Teetasse hinhielt, um sie wieder füllen zu lassen, und der Mönch weiter Tee eingoß, obwohl die Tasse bereits überfloß. „Warum haben Sie das getan?" schimpfte der Professor. Der Zen-Mönch lächelte höflich. „Ihr Verstand ist wie diese Tasse. Er ist so voller Konzepte, daß er keinen Platz mehr für Weisheit hat."

Wenn Weisheit uns verändern soll, muß sie lebendig werden, muß an unserer persönlichen Geschichte teilnehmen und uns Neues über uns selbst zeigen, etwas, das uns zu größerer Freiheit und Lebensfreude führt. Jede gute Geschichte oder Parabel, die archetypisch ist, wird das leisten, wenn wir unsere Vorstellungen darüber, was diese Geschichte bedeuten soll, ablegen und danach forschen, was diese Geschichte für *uns* bedeutet. Weil wir buchstäblich jeden Tag, jeden Augenblick neu geboren werden, während die Inhalte unserer Erfahrung sich endlos kombinieren, können sich diese Geschichten in jedem Augenblick frisch und neu offenbaren. Unsere Einsicht in sie dehnt sich aus, je mehr sich unsere psychologische Selbst-Bewußtheit vertieft. Und unsere psychologische Selbst-Bewußtheit vertieft sich, wenn wir uns diese Geschichte immer wieder vor Augen führen.

Wir wollen noch einmal die Geschichte von Adam und Eva betrachten, wobei wir Joseph Campbell als Führer benutzen. Campbell weist darauf hin, daß die Geschichte von Adam und Eva nicht nur im Alten Testament steht, sondern in vielen anderen Kulturen ebenfalls als archetypisch auftaucht. In *Die Kraft der Mythen* erzählt er die Schöpfungsgeschichte des Bassari-Volkes in Westafrika. Ihre Version der Genesis beginnt damit, daß ihr Gott, Unumbotte, ein menschliches Wesen erschafft und es Mann nennt. Als nächstes erschafft er eine Antilope und dann eine Schlange. Er bestimmt, daß die beiden Tiere die Erde feststampfen sollen, und gibt ihnen dann Samen, die sie aussäen sollen. Eines Tages fragen sich die hungrigen Tiere, warum sie die Früchte nicht essen sollen. Da nehmen Mann und seine Frau von den Früchten und essen. Zu diesem Zeitpunkt steigt Unumbotte aus dem Himmel herab und fragt, wer von den Früchten gegessen habe. Das Paar erwidert, sie seien es gewesen, aber die Schlange habe sie dazu aufgefordert.

Campbell erklärt, daß die Schlange das Symbol für neuerwachtes Leben ist: Das Alte abwerfen und neu werden – genau das tut die Schlange, wenn sie sich häutet.

„Manchmal wird die Schlange als ein Kreis dargestellt, wie sie ihren eigenen Schwanz frißt. Das ist ein Bild des Lebens. Das Leben stößt eine Generation nach der anderen ab, um wiedergeboren zu werden. Die Schlange verkörpert die unsterbliche Energie, das unsterbliche Bewußtsein, das eingebunden ist in das Feld der Zeit und in einem fort den Tod abwirft und wiedergeboren wird. Wenn man es auf diese Weise betrachtet, hat das Leben etwas ungeheuer Entsetzliches. Und so ist die Schlange sowohl mit der Faszination als auch mit dem Schrecken des Lebens behaftet." (*Die Kraft der Mythen*, S. 54)

So gesehen, hatten Adam, Eva und die Schlange teil an der Entwicklung des Bewußtseins, anstatt den Sündenfall des Menschen zu verursachen. Nach Elaine Pagels sind bestimmte gnostische Evangelien ebenfalls unter der Voraussetzung zu betrachten, daß „die Geschichte nie wortwörtlich, sondern als spirituelle Allegorie verstanden werden sollte – nicht so sehr als eine *Geschichte mit einer Moral*, sondern als *Sage mit einer Bedeutung*. Die Gnostiker sahen jede Zeile der Schrift als Rätsel an, das auf eine tiefe Bedeutung hinwies. So gelesen, wird der Text zu einer schimmernden Oberfläche von Symbolen, die den spirituellen Abenteurer einladen, seine verborgenen Tiefen zu erforschen, Gebrauch zu machen von seiner eigenen inneren Erfahrung – das, was Künstler schöpferische Phantasie nennen –, um die Geschichte zu deuten." (*Adam, Eve and the Serpent*, S. 64)

Wenn die Geschichte von Adam und Eva als lebendige „Sage mit einer Bedeutung" verstanden wird, dann offenbart sie in vielen Konzepten, die bisher als Dogmen des spirituellen Pessimismus angesehen wurden – Vorstellungen über Gut und Böse, Sünde, Buße, Urteilsvermögen und den Teufel –, verborgene Tiefen der Weisheit. Eine wundervolle Form der Meditation besteht darin, eine archetypische Geschichte wie die von Adam und Eva zu lesen und dann darüber zu meditieren – schweigend, nur im Atem ruhend. Denn wenn man beginnt, über die Geschichte nachzudenken, zuzulassen, daß sie sich in der Stille über die Konzepte erhebt, wird sie sich allmählich als lebendige Wahrheit offenbaren, die sich durch die Metaphern und Erfahrungen des eigenen Lebens hindurcharbeitet. Schauen wir uns einmal einige alte pessimistisch-religiöse Glaubensstrukturen in diesem neuen Licht an.

Gut und Böse
Nach der augustinischen Interpretation der Geschichte von Adam und Eva war Eva die Mittlerin, durch die das Böse in die Welt kam – nicht die Heldin, die die Gabe eines freien Willens forderte und zum Lieferanten der Weisheit und des neuen Lebens wurde. Das Böse wurde durch die Schlange verkörpert, sie ist der Teufel, eine Schöpfung Gottes, die sich andauernd irgendwie gegen ihren Schöpfer wandte. In anderen Kulturen wird die Schlange jedoch als Symbol der Weisheit verehrt.
Eine völlig andere Interpretation der Geschichte ergibt sich, wenn man ihre universellen Metaphern erforscht, anstatt nur ihren oberflächlichen Sinn zu betrachten. Archetypisch ist der Garten Eden der Hintergrund für eine Schöpfungsgeschichte, die erklärt, wie die nicht manifeste Energie Gottes – das formlose Chaos, bevor das Schöpfungswort gesprochen wird – die sichtbare Welt auftauchen läßt. Jede Kultur und jede Religion besitzt ihre eigene Version dieser Erzählung. Für alle Schöpfungsgeschichten ist jedoch die Formierung von Gegensatzpaaren wesentlich, die in die materielle Schöpfung verwickelt sind. Das erste Kapitel erzählt das so: „Im Anfang schuf Gott den Himmel und die Erde. Die Erde aber war wüst

und öde, und Finsternis lag auf der Urflut, und der Geist Gottes schwebte über den Wassern. Und Gott sprach: Es werde Licht! Und es ward Licht. Und Gott sah, daß das Licht gut war, und Gott schied das Licht von der Finsternis. Und Gott nannte das Licht Tag, und die Finsternis nannte er Nacht. Und es ward Abend und ward Morgen: ein erster Tag." (*1. Buch Mose 1,1-5,*)

Der erste Akt der Schöpfung besteht darin, die Gegensätze zu trennen: Himmel und Erde, Licht und Dunkelheit, Tag und Nacht. Mit der Zeit entwickelt sich eine unendliche Anzahl von Gegensätzen – Mann und Frau, ich und du, jung und alt, krank und gesund, schön und häßlich, gut und böse. Auf diese Weise entsteht die zeitlich begrenzte Welt aus dem ewigen Bewußtsein. Als Adam und Eva den Apfel aßen, verließen sie den Mutterschoß der Einheit mit dem Nichtmanifesten und traten in die Erscheinungswelt der Zeit ein, wo Gut und Böse nur ein weiteres Paar der notwendigen Gegensätze darstellen.

Wenn das Böse als relativ angesehen wird – mit der demütigen Erkenntnis, daß wir nur über eine sehr begrenzte spirituelle Sicht verfügen –, wird es ein Bestandteil der natürlichen Ordnung der Dinge. War Judas böse, weil er Jesus an die Römer verriet? Schließlich wußte Jesus im voraus, wer der Verräter sein würde, und er verkündete es beim letzten Abendmahl öffentlich. Judas war auserwählt, eine bestimmte Rolle in dem Drama zu spielen – war er böse, weil er diese Rolle ausführte, oder wäre es vielleicht eher böse gewesen, wenn er sich seiner Bestimmung verweigert hätte? Schließlich hätte es ohne Judas keine Kreuzigung, keinen Tod und keine Auferstehung im kosmischen Christus gegeben.

Bei Jesaja steht geschrieben: „Ich schuf das Licht und die Dunkelheit: Ich mache Frieden und schaffe das Böse; Ich bin der Herr, der all das tut." Wo ist Gott in der Schöpfung denn nicht, wenn er die Lebenskraft dessen, was da ist, darstellt? Ist er im Licht gegenwärtig und in der Dunkelheit nicht? Gegenwärtig in der Freude, aber nicht im Leid?

Östliche Philosophien wie auch die mystischen Zweige des Christentums, des Judentums und des Islam lehren uns, daß das innere Königreich, wo wir eins mit dem Selbst werden, eine Ebene des Bewußtseins darstellt, auf der sich die Gegensatzpaare durchdringen. Menschen, die Erfahrungen mit der Todesnähe gemacht haben, berichten Ähnliches. Anscheinend sind „schlimme Erlebnisse" notwendig für den Ablauf eines viel größeren Dramas, dessen man sich nur bewußt werden kann, wenn man die Erscheinungswelt verläßt und in ein größeres Bewußtsein tritt. Dieses Mysterium geht über jede menschliche Vorstellungskraft hinaus.

Auf einer allgemeineren Ebene kann man leichter mit Gut und Böse umgehen. Gut sind die Dinge, die die Liebe in der Welt steigern. Böse sind die, die die Liebe leugnen und die Angst fortbestehen lassen – wir nennen sie gewöhnlich Sünden. Doch wir müssen uns daran erinnern, wie der Dichter Wolfram von Eschenbach die Gralslegende beginnen läßt: „Jede Tat hat gute und böse Folgen."

Der Teufel

Die Bedeutung, die viele von uns bösen Wesen beimessen – den Luzifern der Schöpfung –, ist im Sinne einer Funktion, die der der religiösen Schuld ähnlich ist. Es scheint eine Antwort auf unsere Hilflosigkeit zu sein, ein Versuch, böse Dinge davon abzuhalten, daß sie geschehen. Warum gibt es Aids? Es ist Satans Schuld, und wir ließen es geschehen, weil wir sündig sind. Warum begehen Menschen Sünden? Der Teufel verführt sie dazu. Der Teufel ist im Grunde nur eine Form für den kollektiven Schatten menschlichen Bewußtseins. Dank ihm müssen wir uns weniger Sorgen um das Böse in unseren eigenen Schatten machen und können es nach außen projizieren. Aber je mehr wir uns um das Böse „da draußen" kümmern, desto weniger werden wir es in uns erkennen und damit umgehen können. Das ist in Wirklichkeit der Weg, auf dem der „Teufel" uns in die Sünde führt.

Die Vorstellung, daß Luzifer – ein Engel, dessen Name „Licht" bedeutet – sich gegen Gott wandte und böse wurde, taucht in vielen Kulturen auf und gibt zu zahlreichen Interpretationen Anlaß. Mir gefällt eine islamische Erzählung über Luzifer so gut, daß ich sie hier wiedergeben möchte. Die Engel wurden ursprünglich erschaffen, um Gott zu dienen; aber als Gott den Menschen schuf und ihn im Himmel ein wenig höher als die Engel stellte, verpflichtete er die Engel dazu, den Menschen zu dienen. Luzifer „sündigte" gegen Gott, indem er sich weigerte, seiner Aufgabe nachzukommen, denn er liebte Gott so sehr, daß er die Trennung von ihm nicht ertragen konnte. Wegen seines Ungehorsams in die Hölle verbannt, hielt sich Luzifer dadurch aufrecht, daß er sich an die Stimme seines geliebten Gottes erinnerte, als er ihm befahl, in die Hölle zu gehen!

Auch die Hindus erzählen, daß die „Höllen" des Lebens die Zeiten sind, in denen wir uns von der göttlichen Liebe getrennt fühlen.

Wir können aus diesen Situationen einen Himmel machen, wenn wir uns, wie der Luzifer der islamischen Erzählung, an Gott erinnern.

Wenn wir es vorziehen, das Böse als eine absolute Kraft anzusehen, als eine dunkle Macht, dann stoßen wir schnell auf eine ganze Reihe von Problemen. Ziehen wir den Schluß, daß Gott nicht stark genug war, um das zu zügeln, was die alten Juden den „bösen Drang" nannten? In diesem Fall wäre der Teufel eine Art kosmische Krebserkrankung, ein Teil des göttlichen Körpers, der sich gegen den Stamm wendet und das Universum mit Zerstörung bedroht. Dieser Denkansatz impliziert, daß alles Gute, das wir tun – jedes Licht, das wir in die Welt bringen –, sich auch spontan in Dunkelheit verwandeln könnte. Damit aber ist der freie Wille zerstört, jede Entscheidungsmöglichkeit abgeschafft.

Wir könnten auch annehmen, daß der Teufel absichtlich geschaffen wurde. In diesem Fall bleiben uns noch zwei Möglichkeiten zur Auswahl – entweder hat Gott ihn für einen guten Zweck erschaffen, oder Gott ist selbst böse.

Sünde
Das Wort allein klingt beängstigend wie das Zischen der Schlange, die im Paradies herumkriecht. Und es fällt den meisten Menschen schwer, an Sünde zu denken, ohne gleich auch Bestrafung zu assoziieren. Die beiden gehören zusammen wie Brot und Butter. Aber von einem praktischen, optimistischen Standpunkt aus gesehen, stellt jeder Gedanke oder jede Tat, die das Gefühl der Nichtswürdigkeit und Isolation verstärkt, Sünde dar, denn Liebe ist das große Ziel des Lebens. Wie beim verlorenen Sohn sind unsere Sünden Einladungen, sich unser selbst bewußt zu werden, und eine Gelegenheit, Vergebung und Wiedervereinigung zu erfahren. Sünden sind keine Taten, durch die wir zu ewiger Verdammnis verurteilt werden. Angst und die Gedanken, Handlungen und Ansichten, die sie hervorbringt, trennen uns von unserem Selbst, von anderen Menschen und von Gott. Sünde ist alles, was uns von Freude und Begeisterung, von der Liebe zu unserem Nächsten und zu uns selbst, vom Gefühl der Verbundenheit mit allem anderen im Universum trennt.

Reue
Der verlorene Sohn besann sich und merkte, daß seine Sünden ihn von seinem Vater getrennt hatten. Da er nicht länger leiden wollte, gab er zu, daß er sich geirrt hatte, und war willens, die Konsequenzen seiner Taten zu tragen. Das ist Reue. Reue ist Bewußtsein, das Erkennen eines schwarzen Fleckens, das Erkennen des Schattens, so daß man in Zukunft mehr lebensbejahende Entscheidungen treffen kann. Dieser Prozeß kann sehr schmerzhaft sein, weil der Verlust unseres idealisierten Selbstbildes, unserer Maske, oft Angst und Depression bewirkt. Aber ohne

Reue gibt es keine Vergebung. Wir können weder uns selbst vergeben noch die Vergebung von anderen Menschen oder von Gott erlangen, wenn wir uns nicht unserer Fehler bewußt sind und willens, sie zuzugeben.

Gericht
Einer der interessantesten Aspekte an dem Gleichnis des verlorenen Sohnes ist, daß es kein richtendes Element Gottes enthält. Der Sohn richtet sich selbst, indem er die Konsequenzen seiner Taten erkennt, und er folgert, daß er die falsche Wahl getroffen hat. Dann benutzt er seinen freien Willen und bereut, was die Räder der Vergebung in Bewegung setzt.

Wenn wir wirklich daran glauben könnten, daß diese Geschichte auf uns alle zutrifft, dann würden wir uns von der bedrückenden Angst vor göttlicher Strafe, die religiöse Schuldgefühle schürt, befreien.

Ich hatte einmal einen Patienten, einen umgänglichen und intelligenten Mann namens Jeff, der ein sehr rationaler Mensch war. Er war an Leukämie erkrankt, und während er im Sterben lag, fing er an zu fragen, ob es einen Gott, ein Letztes Gericht oder ein Leben danach gab, aber dann verwarf er das alles und nahm wieder die Position ein, die er sein ganzes Leben lang vertreten hatte – die eines Atheisten, der glaubt, daß Leben in all seinen Formen ein biologischer Zufall ist. Jeffs Frau Susan erzählte, daß er große Angst vor dem Sterben hatte, und er wehrte sich lange dagegen, ehe er sich endlich losließ. Sein Sterben war schwierig für beide. Und dann geschah ein höchst bemerkenswertes und großartiges – ich bezeichne das gewöhnlich als „wundersames" – Ereignis. Wenige Stunden nach Jeffs Tod saß Susan allein in ihrem Wohnzimmer, als die Luft plötzlich wie elektrisiert war und Jeff sich in einer völlig lebensechten Vision materialisierte. Wie andere Menschen, die solche Visionen hatten, beharrte Susan darauf, daß „es keine Halluzination" war. „Er war wirklich da."

238

Die Vision dauerte ein paar Minuten, während derer Jeff seiner Frau erklärte, daß er sie nicht mit dem irrigen Gedanken, der Tod sei schrecklich und das Leben ein biologischer Zufall, verlassen könne. Er beschrieb eine vollständige „Leben-nach-dem-Leben"-Erfahrung mit all den üblichen Komponenten einer Erfahrung der Todesnähe, mit dem Unterschied, daß es – sofern wir gewillt sind, Susan zu glauben – in seinem Fall die Realität war. Jeff beschrieb die übliche Sequenz vom Fliegen durch einen Tunnel in ein unfaßliches, unbeschreiblich liebevolles Licht hinein, das einen vorbehaltlos annimmt und einem den Eindruck einer Heimkehr vermittelt. Das Licht ist intelligent, allwissend und vergibt alles.

Menschen, die diese Erfahrungen selbst gemacht haben, aber wieder ins Leben zurückgekehrt sind, berichten, daß sie das Licht nicht verlassen und nicht zurückkehren wollten. Aber an einem bestimmten Punkt merkten sie, daß sie es tun mußten und daß ihr irdisches Leben wie der Aufenthalt in einem Klassenzimmer ist, wo der Unterricht zu einer länger andauernden Verbindung mit der Lebenskraft führt.

In der Gegenwart des Lichtes erfahren viele Menschen einen Lebensrückblick – aber nicht in der Form, daß ein kosmischer Richter und Geschworene ihnen einen ewigen Wohnsitz im Himmel oder in der Hölle zuweisen, statt dessen wird ihnen gestattet zu erkennen, was sie gelernt haben und was sie lernen müssen: Hast du mit deinen Handlungen Liebe verbreitet, oder hast du andere verletzt? Hast du gelernt, mitfühlend zu sein? Der Lebensrückblick stellt keine intellektuelle Erinnerung von Taten dar, berichten solche Menschen, sondern konzentriert sich auf Emotionen, auf Gefühle. Die Konsequenzen ihrer Handlungen in bezug auf andere Menschen – ob sie in ihnen Liebe oder Furcht erwecken – werden aus der Sicht derjenigen, mit denen sie umgegangen sind, offenbart.

Während dies geschieht, waren die Menschen, die das

berichteten, vom Licht der Vergebung umgeben und wußten, daß Gott ihnen vergeben hatte. Die Frage ist, ob sie sich selbst vergeben können.

In *Heading Toward Omega* (dt. *Den Tod erfahren – das Leben gewinnen*), Kenneth Rings Buch über die Erfahrung der Todesnähe, erzählt eine junge Frau von ihrem Lebensrückblick und dem Gericht: „Man bekommt sein Leben gezeigt – und man beurteilt es... Es sind die vielen kleinen Dinge – vielleicht ein verletztes Kind, dem man geholfen hat, oder wenn man stehengeblieben ist, um einem Invaliden guten Tag zu sagen. Das sind die Dinge, die am wichtigsten sind... Man bekommt alle Sünden vergeben, aber ist man in der Lage, sich selbst dafür zu vergeben, daß man nicht das getan hat, was man hätte tun sollen? Sich die kleinen Betrügereien zu vergeben, die man vielleicht begangen hat? Kann man sich selbst vergeben? Das ist das Gericht." (S. 75)

Himmel und Hölle

Es gibt eine Geschichte, in der ein Mensch stirbt, und ein Engel führt ihn in ein verschwenderisch ausgestattetes Zimmer. Dort stehen Schüsseln mit dampfenden Köstlichkeiten auf dem Tisch, und die Menschen haben rosige Wangen und sind gut genährt. Es sind Juden und Christen, Buddhisten und Moslems, Atheisten und Agnostiker, Menschen jeder Rasse und Religion, schwarz und weiß, rot und gelb, jung und alt. Sie singen, umarmen sich, lachen und freuen sich. Aber seltsamerweise sind die Löffel dort so lang, zu lang, um sie sich selbst in den Mund zu stecken. Doch irgendwie scheint das die Fröhlichkeit noch zu steigern, denn die Menschen genießen es, einander zu füttern und gefüttert zu werden.

Als der Engel die Tür zum nächsten Zimmer öffnet, finden sich dort dieselben Samtvorhänge, die gleichen Sphärenklänge, süßen Düfte und Schüsseln voll dampfender Delikatessen, dieselbe Mischung von Menschen verschiedenster Religionen und Rassen. Aber in diesem Zimmer gibt es keine Freude und keinen Gesang, nur Schreien und Stöhnen sind zu hören. Die Menschen dort sind blaß und kränklich, siechen verhungernd dahin, verzehren sich in Zorn und Ärger, weil jeder versucht, den Löffel in seinen eigenen Mund zu bringen. Das, so erklärt der Engel, ist der Unterschied zwischen Himmel und Hölle: Mitgefühl. Wenn wir nicht gelernt haben mitzufühlen, werden wir allein leiden.

Himmel und Hölle sind keine Orte, sondern Geisteszustände. Wie John Milton es in *Das verlorene Paradies* geschrieben hat: „Der Verstand ist sein eigener Ort, und in sich kann er den Himmel zur Hölle, die Hölle zum Himmel machen."

Der Dichter Kabir schreibt:

Freund, hoffe auf den Gast, solange du lebst.
Nutze die Erfahrung, solange du lebst!
Denke… denke… solange du lebst.
Was du „Heil" nennst, gehört in die Zeit vor dem Tod.

Wenn du deine Fesseln nicht zerreißt, solange du lebst,
glaubst du,
daß Geister es danach tun werden?

Der Gedanke, daß deine Seele in Verzückung gerät,
nur weil der Körper verfällt –
das ist reine Einbildung.
Was du jetzt findest, hast du dann gefunden.
Wenn du jetzt nichts findest,
wirst du einfach in einer Wohnung in der Stadt des Todes enden.
Wenn du jetzt das Göttliche liebst, wirst du im nächsten Leben
das Gesicht befriedigten Verlangens tragen.

Vorschläge für den Leser

1. *Sind Sie spiritueller Optimist oder spiritueller Pessimist? Warum? Auf welchen Vorstellungen beruhen Ihr Optimismus oder Ihr Pessimismus? Glauben Sie wirklich an diese Konzepte, weil Sie deren Wirkung in Ihrem Leben erfahren haben, oder sind es nur Gedanken, die Sie von jemand anderem oder aus Ihrer religiösen Erziehung übernommen haben?*

2. *Wählen Sie sich eine Parabel wie die Geschichte von Adam und Eva, Wolframs Gralslegende, das Gleichnis vom verlorenen Sohn oder irgendeine Sage, die Sie interessiert. Benutzen Sie sie zur meditativen Besinnung.*

Dritter Teil

Mitgefühl: Die Blume der psychospirituellen Reife

Höre, Freund, hör auf dein Herz,
hör Mitgefühl im Geflüster der Liebe.
Ich bin, was ich bin.
Du bist, was du bist.

Wir sind das Licht der Welt,
Heilige und Sünder,
Lehrer und Schüler,
Geliebte und Verschmähte,

offenbart letztendlich
in jenem magischen Moment, wenn,
Gott in uns selbst erkennend,
wir ihn in jedem andern erkennen.

Der Weg zur Vergebung

In einer Ausgabe des *Parabola Magazine* veröffentlichte
P. L. Travers eine wundervolle Erzählung über Vergebung,
die im dunklen Zauberwald unseres Unterbewußtseins
spielt. Die Heldin dieser Geschichte ist sich schwach
immer einer Frau in einem langen blauen Schleier bewußt
– sie hält sich gerade am Rand ihres Bewußtseins auf, nie
direkt in Sichtweite, doch auch nie ganz außer Sicht – die
nach etwas sucht. Plötzlich tritt ihr die Dame in Blau
gegenüber. „So standen wir also da, sahen einander an und
zitterten in der erwartungsvollen Stille, selbst der Gesang
der Waldvögel verstummte plötzlich. Dann schob sie eine
Hand unter ihren Schleier und zog ihn vom Kopf auf die
Schulter, wobei ihr Gesicht auftauchte wie der Mond
hinter dem Rand einer Wolke ... Es war mein Gesicht ...
Und ich wußte, daß ich es immer gewußt hatte ... Das
gleiche Gesicht, die gleichen Kleider, die andere Seite von
mir – und ich hatte sie zurückgewiesen, weil ich in meiner
Unwissenheit geglaubt hatte, daß ich allein und ohne
Schatten auf meine Pilgerfahrt gehen könnte."
Travers erinnert uns daran, daß wir unsere Schatten
ebensosehr brauchen wie sie uns. „Wie kann man die
Straße zum Himmel betreten, ohne Notiz von der Erde,
auf die man tritt, zu nehmen ... Wie kann das Selbst seine
heldenhafte Aufgabe vollenden, ohne mit dem Ego zu
ringen?"
Die letzte Szene dieses archetypischen Treffens im Wald

fängt die Essenz psychospiritueller Heilung in dem von Gnade erfüllten Akt göttlicher Selbstvergebung ein: „Wir sanken uns in die Arme. Und ein Engel, der vorüberging, hielt einen Augenblick inne, um uns zu beobachten. ‚Wo immer zwei sind, sind es drei.‘ Er lächelte uns gütig zu. ‚Möge dieser Dritte, derjenige, der versöhnt, ungenannt, ungekannt, euch beiden in Gnade vergeben.‘“ (*The Meeting* von P. L. Travers, in: *Parabola Magazine*, August 1987)

Mitgefühl

Die poetischen Bilder dieser bezaubernden Geschichte spüren dem Prozeß psychospiritueller Vervollständigung nach, den die Heldenreise darstellt. Wenn die Trennung zwischen Maske und Schatten aufgehoben ist und die Einheit des Selbst sich offenbart, ist die Reise beendet, und wir nehmen den Gral, den Campbell als die Blume spirituellen Lebens, die Errungenschaft des Mitgefühls definiert hat, in Besitz. Im Mitgefühl, dem Zustand der Gleichgestimmheit mit jemandem, auch Einfühlung genannt, nehmen wir freiwillig teil an der Erfahrung – dem Leiden, der Passion – einer anderen Person. Auf gewisse Weise verstehen wir dabei, daß wir nicht zwei, sondern eins sind.

Menschen haben immer nach Wegen gesucht, Leiden zu verstehen, und gehofft, sie zu vermeiden. Aber das können wir nicht. Krankheit, Altern und Tod gehören zur Natur des Lebens. Vor zweieinhalb Jahrtausenden wollte der Vater des jungen Prinzen Gautama sein Kind vor dem Leiden bewahren. Jeden Wunsch erfüllte er dem Prinzen, der aber den Bereich des Palastes nicht verlassen durfte. Eines Tages jedoch wurde Gautama von seiner Neugier überwältigt, und er befahl seinem Wagenlenker, ihn in die Stadt zu bringen. Zum ersten Mal sah er Krankheit, Armut, Alter und Tod. In diesem Augenblick wurde er von Mitgefühl überwältigt. Die Leiden der anderen waren seine eigenen Leiden. Der junge Prinz verließ den Palast und widmete sein Leben der Kontemplation, wobei er die Gründe für das Leiden und einen Weg suchte, sich davon zu erlösen. Er wurde der Buddha.

Der Buddha sprach von „vier edlen Wahrheiten", von denen die erste lautet, daß Leiden das menschliche Leben bestimmt. Die restlichen drei edlen Wahrheiten betreffen den Ursprung des Leidens, die Beendigung des Leidens und den achtteiligen spirituellen Pfad des vorsätzlichen, bewußten Lebens, der über das Leiden hinausführt. Für die buddhistische Lehre ist – ähnlich wie im Christentum – das Mitgefühl ein zentraler Punkt. Als Jesus gebeten wurde, eine Zusammenfassung spirituellen Lebens zu geben, war seine Antwort ganz die eines Buddhisten: Zuerst sollen wir Gott lieben – den Boden unseres Seins verstehen –, und dann werden wir unseren Nächsten lieben wie uns selbst. Das ist das christliche Ideal der *agape*, der mitfühlenden Liebe. Indem wir am Leiden eines anderen teilnehmen, haben wir teil an einem Mysterium, in dem Leiden in Liebe verwandelt wird.

Die Buddhisten glauben daran, daß in jedem Zeitalter eine erleuchtete Seele auf Erden erscheint, um Kenntnis von Gott zu geben und um das Leiden zu lindern. Diese mitfühlenden Wesen, die aus freiem Willen wieder in Raum und Zeit zurückkehren, um ihr Leben für andere zu geben, werden Bodhisattva genannt. Auch Jesus läßt sich als ein Bodhisattva betrachten. Joseph Campbell stellt in *Die Kraft der Mythen* fest: „Der Bodhisattva verkörpert das Prinzip des Mitgefühls, welches das heilende Prinzip ist, das Leben möglich macht. Leben ist Schmerz, aber Mitgefühl macht möglich, daß es weitergeht. Der Bodhisattva zeichnet sich dadurch aus, daß er die Erkenntnis der Unsterblichkeit erlangt hat und doch freiwillig an den Leiden der Welt teilnimmt. Freiwillige Teilnahme an der Welt ist etwas ganz anderes, als nur in sie hineingeboren zu werden. Das ist genau das, was Paulus in seinem Brief an die Philipper über Christus sagt: ‚Jesus hielt aber nicht daran fest, wie Gott zu sein, sondern er entäußerte sich und wurde wie ein Sklave und war gehorsam bis zum Tod am Kreuz.' Das ist eine freiwillige Teilnahme an der Stückhaftigkeit des Lebens." (S. 122)

Vergebung

Vergebung bedeutet das Praktizieren von Mitgefühl und ist sowohl ein Vorgang als auch eine Haltung. Im Prozeß der Vergebung verwandeln wir das Leid, das durch unsere eigenen Fehler entstand oder dadurch, daß wir von anderen verletzt worden sind, in psychische und spirituelle Reife. Durch die Geisteshaltung der Vergebung erlangen wir Glück und Gelassenheit, indem wir uns von dem ständigen Verlangen des Ego, uns selbst und andere zu beurteilen, befreien. Wir werden Vergebung zunächst als einen Vorgang betrachten, um später dann über sie als eine Haltung zu reden.

Vergebung ist kein selbstgerechtes Hinhalten der rechten Wange, durch das wir ein abscheuliches Verhalten anderer Menschen vergeben. Aber wenn wir den Schmerz verstehen können, aus dem heraus uns verletzende Handlungen entstehen, dann haben wir mit der anderen Person mitgelitten; wir haben mitgefühlt. Im Akt des Mitfühlens legen wir die Rolle des Opfers ab und blicken über die Handlungen hinaus auf die Person, die handelt. Vergebung erfordert nicht, daß wir etwas Besonderes tun. Vergebung ist eine Geisteshaltung, die vielleicht zu bestimmten Handlungen führt, aber nicht durch diese Handlungen definiert wird.

Auch die Vergebung uns selbst gegenüber erfordert eine Sichtweise über unsere eigenen Handlungen hinaus auf die Person, die handelt. Es bedeutet, unseren Schatten zu akzeptieren, so daß wir zu einem Ganzen werden können. Voraussetzung dazu ist, daß wir an unserer psychospirituellen Vervollständigung gearbeitet haben. Vergebung erfordert Bewußtsein, verpflichtet zur Selbsterkenntnis. Alte Wunden können nicht ungeschehen gemacht werden, aber diese Emotionen können der Boden sein, auf dem die Saat der Erkenntnis aufgeht, durch die wir zur Genesung gelangen – ob wir nun Opfer oder Aggressor sind.

Im Neuen Testament gibt es im siebten Kapitel des Lukasevangeliums eine wunderschöne Geschichte über Maria Magdalena. Simon, einer der Pharisäer, lädt Jesus zum Essen ein. Maria Magdalena kommt auch, und Simon denkt bei sich, daß Jesus unmöglich ein Prophet sein könne, sonst wüßte er, was für eine sündige Frau sie sei. Da Jesus Simons Gedanken errät, antwortet er ihm mit einem Gleichnis, in dem er ihm eine Frage stellt: „Ein Geldverleiher hatte zwei Schuldner. Der eine war ihm fünfhundert Denare schuldig, der andere fünfzig. Da sie nicht bezahlen konnten, erließ er beiden ihre Schuld. Wer von ihnen wird ihn nun am meisten lieben?" Simon antwortete natürlich, daß der Mann mit der größten Schuld sicher am dankbarsten sei. Darauf erwiderte Jesus, daß Maria Magdalenas viele Sünden ihr vergeben seien, denn „sie hat viel geliebt; wem aber wenig vergeben wird, der liebt wenig".

Die zwei Seiten der Vergebung

Im Gesamtkomplex des Irrtums sind wir entweder Schuldiger oder Schuldner, Falschverstehender oder Falschverstandener, Aggressor oder Opfer. Wie bei jedem Gegensatzpaar hat die Medaille zwei Seiten, die einander brauchen, damit sie existieren können. Im Buddhismus gibt es den Gedanken, daß Leid allein deshalb existiert, um uns Mitleid zu lehren. Dieser Gedanke hat mir sehr dabei geholfen, meinen Handlungen ins Gesicht zu sehen und mir selbst zu vergeben für das, was ich anderen Menschen zugefügt habe, und ihnen für das, was sie mir zugefügt haben. Wir sind jeder der Lehrer des anderen. Ohne den Irrtum eines einzelnen würde keiner von uns die Lektion des Mitgefühls, die zur Vergebung führt, lernen. Solange wir uns ausschließlich mit einer Seite der Medaille identifizieren – uns entweder als Schuldner oder als Schuldiger fühlen –, stellen wir uns über oder unter die betreffende andere Person. Vergebung verlangt von uns, unsere Vorstellungen von „besser" und „schlechter" aufzugeben und uns als gleichrangige Mitschüler zu betrachten. Das ist eine harte Lektion, wenn wir verletzt wurden und der Schuldige keine Reue zu zeigen scheint. Aber ganz gleich, wie der andere reagiert – Vergebung geht von *uns* aus, sie hängt nicht vom Verhalten eines anderen ab. Wenn wir darauf bestehen, daß der Verursacher unserer Verletzung auf uns zukommt, lösen wir uns nie aus der Position des Opfers. Wenn wir aber daran festhalten, das Opfer zu sein, dann werden wir mit Sicherheit in unseren Bemühungen steckenbleiben und unsere Heilung blockieren.

Der Prozeß, in dem wir lernen, uns selbst und anderen zu vergeben, wird mit Sicherheit einige Zeit in Anspruch nehmen. Wenn wir ihn tatsächlich bis zum Ende durchlaufen und den Zustand der Erleuchtung erlangen, dann sind wir reich gesegnet. Wir sollten aber nichts übereilen, sondern die Dinge sich entfalten lassen, wie sie wollen, aus ihrem eigenen Antrieb zur Vergebung heraus. Es ist sinnvoll, diesen Prozeß in sechs Schritte aufzuteilen, wie sie im folgenden Kapitel näher erläutert werden.

Die Schritte zur Selbstvergebung

1. Übernehmen Sie die Verantwortung für das, was Sie tun.
2. Beichten Sie Ihre Fehler Gott, sich selbst und einem anderen Menschen.
3. Achten Sie auf Ihre guten Seiten.
4. Seien Sie willens, Wiedergutmachung zu leisten, wo es möglich ist und solange Sie das tun können, ohne sich oder anderen Menschen zu schaden.
5. Suchen Sie Hilfe bei Gott.
6. Fragen Sie sich, was Sie gelernt haben.

Der erste Schritt: Verantwortung übernehmen
Der erste Schritt im Vergebungsprozeß – das Übernehmen von Verantwortung – soll durch eine Geschichte illustriert werden, die sich ereignete, als ich sechzehn Jahre alt war und erst zum dritten Mal mit dem Wagen meiner Eltern fuhr. Der Benzintank war leer, und so fuhr ich zur Tankstelle. Die Zapfsäulen waren von einem niedrigen Zaun aus Stahlrohr umgeben, und ich fuhr prompt mit dem linken hinteren Kotflügel dagegen. Mein Mund wurde trocken, meine Handflächen wurden feucht, und ich war sicher, daß man das Klopfen meines Herzens über mehrere Straßen hinweg hören konnte. Was sollte ich bloß tun?

Ich hatte Angst davor, daß ich nie wieder das Auto bekommen würde, wenn ich das Mißgeschick meinen Eltern erzählte; aber andererseits wollte ich auch nicht lügen. Ich entschloß mich für den Mittelweg: Ich würde mich dumm stellen. Vielleicht würde es niemand merken, zumindest eine Zeitlang nicht.

Zu Hause ging ich sofort auf mein Zimmer und brütete endlos darüber, was alles an Schrecklichem passieren würde, wenn meine Eltern den Kratzer am Auto sähen. In dieser Nacht schlief ich kaum. Meine Mutter entdeckte am nächsten Morgen in aller Herrgottsfrühe die Beule und fragte natürlich, was ich darüber wüßte. Ich brachte es nicht über mich, die Wahrheit zuzugeben, also log ich: „Vielleicht ist jemand auf dem Parkplatz in das Auto gefahren." Das schien mich nach außen hin von jedem Verdacht zu befreien, aber innerlich fühlte ich mich schlechter denn je. Jetzt durchlebte ich zwei Schuldgefühle, die Schuld an dem Unfall und die Schuld, ihn verheimlicht zu haben.

Erst Jahre später, als es nicht länger wichtig zu sein schien, gestand ich das Mißgeschick endlich meinem Vater. Ironischerweise hatte er die ganze Zeit davon gewußt, schließlich tankte er an derselben Tankstelle! Weil er mir längst vergeben hatte, wobei er sowohl die Probleme eines Führerscheinneulings als auch meine Angst verstand, den kleinen Unfall zu gestehen, ließ er mir die Episode durchgehen.

Ich war diejenige, die immer an der Lüge festgehalten hatte, voller Furcht, meinen Fehler zuzugeben. Sehr oft läßt uns die Angst vor Strafe oder davor, einen schlechten Eindruck zu machen, an Schuldgefühlen festhalten. Wir wissen, was wir getan haben, aber wir bringen es nicht übers Herz, es zuzugeben.

Es gibt unzählige Möglichkeiten, die Verantwortung für unsere Handlungen oder Gefühle abzulehnen, etwas zu leugnen oder abzustreiten. Aber wenn wir uns vor uns selbst verstecken, den Schatten verbannen und ihn im Unterbewußtsein unterdrücken, bleiben wir zersplittert und fürchten uns vor dem Teil von uns, den wir nicht kennen. Wie sollen wir unsere verborgenen Seiten wieder in Besitz nehmen und wieder zu einem Ganzen werden, wenn wir sie nicht erkannt haben?

Alles über einen Kamm zu scheren ist ein weiteres probates Mittel, sich gegen Verantwortung zu wehren: Warum soll ich Einkommensteuer bezahlen – es werden ja doch nur Bomben damit gebaut. Warum sollte ich mich bei der Arbeit abrackern, wenn andere Leute herumtrödeln ...

Die Verantwortung für unser Handeln zu übernehmen ist ein notwendiger Schritt auf dem Weg zur Selbsterkenntnis, und er führt unausweichlich zur Frage: „Warum?" Warum tat ich das, was ich tat?

Wenn wir tief genug nach dem Warum unserer bewußten Handlungen forschen, werden wir fast immer auf die Angst treffen – den „Teufel", der uns dazu gebracht hat, etwas Bestimmtes zu tun! Das Bewußtsein unserer Angst wird es uns erleichtern, in Zukunft mehr liebevolle Entscheidungen zu treffen.

Der zweite Schritt: Beichten

Beichte und Vergebung bilden ein gemeinsames Feld, auf dem sich Verstand, Körper und Seele begegnen. An dunklen, schuldbewußten Geheimnissen festzuhalten ähnelt dem Unterdrücken eines Traumas – es erfordert harte physiologische Arbeit, die zu Streß und Krankheiten führt.

Ich besuchte einmal einen Kongreß, auf dem Dr. James Pennebaker die positiven gesundheitlichen Aspekte der Beichte darlegte. Unter anderem erzählte er die Geschichte eines Mannes, der an seinem Arbeitsplatz, einer Bank, Geld unterschlagen hatte. Er fühlte sich elend und wurde monatelang von seinen Schuldgefühlen gequält. In dieser Zeit litt er an einer nicht abreißenden Folge von Erkältungen, Grippe und anderen Krankheiten. Als er schließlich durch einen Test am Lügendetektor zum Geständnis gebracht worden war, entspannte sich sein Körper vollkommen – so als hätte er den Test als freier Mann beendet und nicht als Betrüger, der ins Gefängnis wandern würde.

C. G. Jung glaubte, daß die Beichte Bestandteil des tiefen religiösen Verlangens eines jeden ist, sich wieder mit dem Ursprung zu vereinen, und daß sie für eine effektive Psychotherapie ausgesprochen wichtig ist. Wenn wir nicht einer Kirche angehören, wo das Sakrament der Beichte praktiziert wird, oder Mitglied einer Selbsthilfegruppe sind, wo wir auf die Liebe und Unterstützung der anderen zählen können, ist der Therapeut oft der erste, der die dunklen Geheimnisse unserer Herzen zu hören bekommt. Jung schrieb: „Geheimnisse für sich zu behalten und Gefühle zurückzuhalten ist ein psychisches Vergehen, für das uns die Natur schließlich mit Krankheit straft – das geschieht, wenn wir diese Dinge allein tun. Aber wenn sie in Gemeinschaft mit anderen geschehen, befriedigt das die Natur und kann sogar als nützliche Tugend zählen… Es sollte sich ein Bewußtsein in der menschlichen Rasse herausbilden, das jeden schwer bestraft, der nicht irgendwo und irgendwann, was immer es auch für seinen rechtschaffenen Stolz bedeuten mag, aufhört, sich zu verteidigen und sich durchzusetzen, und sich statt dessen zur Fehlbarkeit und Menschlichkeit bekennt. Ehe er das nicht tut, trennt ihn eine undurchdringliche Mauer von dem lebenswichtigen Gefühl, daß er ein Mensch unter Menschen ist. Das erklärt die außergewöhnliche Bedeutung von ehrlicher, offener Beichte – eine Erkenntnis, die wahrscheinlich in allen Initiationsriten und Mysterienkulten der alten Welt bekannt war. Es gibt in den griechischen Mysterien ein Sprichwort: ‚Gib auf, was du hast, dann wirst du bekommen.'" *(Probleme der modernen Psychotherapie,* Band 16, S. 58)

Der dritte Schritt: Depressionen überwinden, indem man nach dem Guten Ausschau hält
Uns selbst, einem anderen Menschen und Gott in einem innigen Gebet zu beichten ist ein großer Schritt hin zur Vergebung. Aber es gibt bei der Beichte eine Gefahr. Aus der Erkenntnis, wie tief unsere Probleme sind, die durch unser Leugnen, unsere Habgier, unseren Haß, unsere Selbstgerechtigkeit oder unseren Zorn verursacht wurden, kann tiefe Niedergeschlagenheit resultieren. Es besteht die Gefahr, daß wir einen Blick auf unseren Schatten werfen und uns vor ihm fürchten, wie gelähmt durch

die Vielzahl unserer Sünden – wobei wir zeitweise all unsere guten Seiten vergessen. Rabbi Nachman, ein jüdischer Zadik – ein erleuchteter Weiser –, der Ende des 18./ Anfang des 19. Jahrhunderts lebte, schrieb darüber in einer wunderschönen Abhandlung über Vergebung, die erst kürzlich unter dem Titel *Restore My Soul* veröffentlicht wurde:

„Das Wesentliche ist, aus sich selbst jede Spur der bitteren Finsternis der Depression zu entfernen. Der Hauptgrund, warum Menschen fern von Gott sind, liegt in der Depression. Sie verlieren ihre Moral, sie kommen dahin, sich zu verachten, weil sie die Fehler in sich und den Schaden, den sie anrichten, erkennen. Insgeheim kennt jeder die Wunden in seinem Herzen und seinen eigenen Schmerz." (S. 25)

Aber wie können wir die Niedergeschlagenheit wegen eines Fehlers, dessen wir uns schuldig fühlen, loswerden, besonders wenn wir schon durch eine an sich pessimistische Haltung depressiv eingestellt sind?

In der Depression sehen wir nur unsere schlechten Seiten. Das Heilmittel – sowohl nach Meinung moderner kognitiver Therapeuten als auch nach Rabbi Nachman – besteht darin, ständig nach seinen guten Seiten Ausschau zu halten, selbst dann, wenn die innere Stimme darauf besteht, daß man schlecht sei.

„Es ist jedermanns Pflicht", fährt Rabbi Nachman fort, „zu suchen und zu suchen, bis man in sich selbst eine gute Seite entdeckt. Wie ist es denn möglich, daß jemand während seines Lebens nicht ein Vorhaben vollendet und nicht eine gute Tat vollbracht hat? Aber sobald er anfängt, dieses Gute zu untersuchen, fängt er an zu merken, daß selbst dieses Gute ‚voller Wunden (ist), es gibt keine Gesundheit darin' (Jes 1,6). Das Gute wurde befleckt und mit falschen Motiven versehen. Doch irgendwo in diesem kleinen Stückchen des befleckten Guten muß zumindest eine ‚gute Seite' existieren. Jetzt muß die Suche neu beginnen... Dies ist der Weg, wie eine Person das Gute und den Wert in sich finden kann. Sie verläßt die Waage der Schuld und betritt die Waage des Verdienstes." (S. 25 f.)

Der vierte Schritt: Wiedergutmachung leisten
Manche Fehler sind relativ leicht zu korrigieren. Ein Ladendieb, der von Reue gequält wird, kann dem Geschäftsinhaber das Geld für die gestohlenen Waren per Post zuschicken. Aber wenn wir eine Person durch unsere Handlungen verletzt haben, müssen wir als Teil der Wiedergutmachung oft mit ihr sprechen.

Das bedeutet, sich zu entschuldigen. Ein Mensch, der von Angst überwältigt wurde, als sein Freund Krebs bekam, und nicht in der Lage war, mit ihm zu sprechen und ihm Hilfe anzubieten, kann einen kurzen Brief schreiben, ihn anrufen oder besuchen, sich entschuldigen und erklären, wie die Angst das Kundtun seiner Liebe verhinderte. Indem wir der anderen Person ins Gesicht sehen und sie wissen lassen, daß wir unser Tun bedauern, entschuldigen wir uns dafür und hoffen, daß man uns vergibt. Wir bereuen.

Es gibt natürlich Beispiele dafür, wo Wiedergutmachung neuen Schaden anrichtet. Wenn ein Freund bzw. eine Freundin, der oder die Sie verlassen hat, plötzlich während Ihrer ersten Ehejahre an Ihrer Tür erscheint, könnte dieser Versuch, einen alten Schmerz vergessen zu lassen, neue Probleme für Sie schaffen. Überdenken Sie deshalb die möglichen Folgen, ehe Sie Ihre Wiedergutmachung leisten.

Wenn es nicht möglich ist, direkt mit der Person, die Sie verletzt haben, zu kommunizieren, tun Sie es im Rahmen einer Meditation. Nachdem Sie zur Ruhe gekommen sind, stellen Sie sich vor, daß Sie sich an einem sicheren und vertrauten Ort befinden. Dann stellen Sie sich vor, wie Sie die Person, die Sie verletzt haben, an diesen Ort einladen und eine Unterhaltung mit ihr führen. Sagen Sie ihr, daß es Ihnen leid tut, und erklären Sie, was geschehen ist. Hören Sie ihre Antwort an. Und dann bitten Sie sie, Ihnen zu vergeben. Enden Sie damit, daß Sie sich selbst vergeben.

Der fünfte Schritt: Wenden Sie sich an Gott um Hilfe
Schmerz verlangt nach Trost. Wenn wir erkennen, wie weit wir von Gott entfernt sind, sehnen wir uns wie der verlorene Sohn danach heimzukehren. Wenn wir vollkommen elend sind, empfinden wir das Gebet nicht als trockene, routinemäßige Wiederholung, sondern dann wird es zu einem lebendigen und drängenden Schrei nach Hilfe. Es wird authentisch. Im Schmerz erreichen wir einen neuen Zustand der Vertrautheit mit Gott. Einige der großartigsten Gebete, die je geschrieben wurden, entstanden aus dem Schmerz, seine Schuld zu bekennen, und der daraus entstehenden Vertrautheit mit dem Göttlichen: Das motivierte König David dazu, die Psalmen zu schreiben.

Die Geschichte von Davids schwerer Sünde und der darauffolgenden Reue ist das Thema des elften Kapitels des zweiten Samuelbuches im Alten Testament. Am späten Abend stand David aus seinem Bett auf und ging auf das Dach, um Luft zu schöpfen. Dort oben sah er die wunderschöne Bathseba, die sich badete, und er wurde von Verlangen überwältigt. Er schickte einen Diener hin, um sie zu holen, und sie liebten sich. Bathseba wurde von ihm schwanger, und als sie es ihm sagte, verlor David völlig seine Urteilsfähigkeit. Er schickte ihren Mann, einen ihm treu ergebenen Soldaten namens Uria, mitten ins dickste Schlachtgetümmel und hoffte, daß er an der Front getötet würde – was auch geschah. Als die Trauerzeit vorüber war, heirateten David und Bathseba. Da schickte Gott den Propheten Nathan zu David, der ihm dabei half, sich der Ungeheuerlichkeit dessen, was er getan hatte, bewußt zu werden. Kurz danach starb der Sohn aus dem verbotenen Verhältnis.

Davids Schuld, sein Kummer und das daraus folgende

Verlangen nach einer Versöhnung mit Gott waren der Anstoß für ihn, die Psalmen zu schreiben, ein bewegendes Kompendium verschiedenster Arten des Gebets. Die Psalmen umfassen all die Emotionen, die während des langen Prozesses der Vergebung auftreten – Schmerz, Beichte und Reue. Gebete um Kraft und Mut wie der dreiundzwanzigste Psalm „Der Herr ist mein Hirte…" sind Gebete, die die Liebe Gottes, sein Mitleid und die Güte des Lebens feiern. Wer den Psalter liest, liest eine Anleitung zur Vergebung, und es ist ein ungeheurer Trost, wenn wir uns klarmachen, daß Jesus, die reine Verkörperung der Lehre von der Vergebung, letztlich dem Hause Davids entstammt.

Später bekamen David und Bathseba einen anderen Sohn, und er wurde bekannt als der weise König Salomo. Es wird berichtet, daß Salomo einen Ring besaß, auf dem der wichtigste Satz eingraviert war, an den sich der Mensch erinnern sollte: „Auch dies wird vorübergehen." Das sind gute Worte, die man sich in Zeiten, da der innere Schmerz besonders groß ist, ins Gedächtnis rufen sollte.

Der sechste Schritt: Was habe ich gelernt?

Wann immer wir jemanden verletzen, es zugeben und die Etappen zur Selbstvergebung durchlaufen, lernen wir etwas über uns selbst, das uns in Zukunft klarere und bessere Entscheidungen treffen läßt. Schließlich können wir keinen freien Willen praktizieren, wenn die Geister der Vergangenheit uns daran hindern, die Gegenwart zu sehen. Die Erkenntnis, daß unsere Fehler in unserer Furcht begründet sind, daß sie auf irgendeine Weise die Taten eines verängstigten Kindes darstellen, lehrt uns Mitgefühl mit uns selbst und spornt uns dazu an, das verletzte Innere Kind zu heilen. Und wenn wir erkannt haben, daß unsere eigenen verletzenden Handlungen der Furcht entspringen, können wir auch besser verstehen, daß auch den Handlungen der Menschen, die uns verletzen, Furcht zugrunde liegt. Dieser mitfühlende Blickwinkel macht es uns leichter, uns von den Ketten des Zorns und des Grolls zu befreien, an denen wir oft so schwer zu tragen haben, wenn wir anderen nicht vergeben können.

Die Schritte, um anderen zu vergeben

Die Psychotherapeutin Robin Casarjian pflegt den folgenden Ausschnitt aus einem Artikel des *Time Magazine* bei ihren Kursen zum Thema Vergebung vorzulesen:
„Der psychologische Grund für Vergebung ist von überwältigender Überzeugungskraft. Nicht zu vergeben heißt, in der Vergangenheit, in alten Mißständen gefangen und unfähig zu sein, neue Perspektiven zu entwickeln. Nicht zu vergeben heißt, einem anderen die Kontrolle über sich zuzugestehen. Wenn man nicht vergibt, dann ist man auf die Initiative eines anderen angewiesen, und man ist einem bestimmten Handlungsablauf ausgeliefert, einer Reaktion der Rache und Empörung. Die Gegenwart wird von der Vergangenheit überwältigt und vernichtet. Wer nicht vergeben kann, ist auch nicht im mindesten fähig, seine Lebensumstände zu ändern. In diesem Sinne stellt Vergebung für eine Person oder eine Nation eine wahrhaft kluge Strategie dar, weil Vergebung den Vergebenden befreit."
Diese Passage macht sehr gut deutlich, daß einer der wesentlichen Gründe für physisches und emotionales Leid im Beharren auf dem Schmerz liegt, den man uns zugefügt hat. Das traf auch auf George zu. Er suchte bei mir wegen seiner offenen Magengeschwüre, die trotz Medikamenten immer wieder aufbrachen, Hilfe. Als ich George zum erstenmal sah – er schlurfte langsam an mir vorbei zu seinem Stuhl –, wirkte er viel älter als fünfundfünfzig Jahre. Man hatte den Eindruck, als trüge er die Last der ganzen Welt auf seinen Schultern.
George lehnte sich in seinem Stuhl zurück, und er sah

hilflos und erschöpft aus, als er mir die Geschichte seiner Magengeschwüre, seines Gewichtsverlustes und seiner Schlaflosigkeit erzählte. Ich fragte ihn, welches Ereignis in seinem Leben er mit den Magengeschwüren in Verbindung brachte, und plötzlich blitzten seine müden Augen auf, und er beugte sich mit geballten Fäusten vor. Seine Tochter Rachel, „das Licht seines Lebens", hatte nicht, wie er wollte, einen Juden, sondern einen Goj geheiratet. Und das konnte er ihr nicht vergeben. Zwei Jahre waren seither vergangen, und er hatte nicht mehr mit seinem Kind gesprochen, hatte sie aus seinem Leben „gestrichen". Obwohl George zugab, daß seine Wut und seine Verletztheit ihn buchstäblich innerlich auffraßen, beharrte er darauf, daß er nicht nachgeben wolle und könne. Aber was erreichte George, wenn er stur blieb? Auf diese Frage fiel ihm nur die Antwort ein, daß seine Tochter ihr Leben in dem Bewußtsein leben müsse, daß ihr Verrat ihm solchen Schmerz gebracht habe. Ich fragte ihn: „Was ist mit dem Schmerz, den *Ihr* Benehmen verursacht, George?" „Ich habe das Recht dazu", lautete die selbstgerechte Anwort, „aber sie hatte kein Recht dazu. Sie hat ihr Volk und ihre Eltern verraten."

Der Buddha verglich diese Art von selbstgerechtem Zorn mit einem heißen Stück Kohle, das wir aufheben, um es auf andere zu werfen, und uns dabei selbst verbrennen. In Georges Fall verbrannte sein Zorn auch den Rest der Familie, die Rachel nicht ausstoßen wollte, auch wenn sie der Wahl ihres Ehemannes nicht zustimmte.

Sieben Wochen lang meditierte George. Sieben Wochen lang beobachtete er den ständigen Fluß der Gedanken, die ihn beschäftigten: Rachel, Rachel, Rachel. Die Sache, die er am liebsten aus seinem Leben streichen wollte, war am festesten darin verankert. Als wir in die achte Woche gingen und beim Thema der Vergebung angelangt waren, sah George endlich ein: „Ich bin bereit zu vergeben, weil ich es müde bin, der Gefangene meines eigenen Zorns zu sein."

Wie bei der Selbstvergebung beginnt der Prozeß, anderen zu vergeben, mit der Erkenntnis, daß wir uns an etwas klammern und daß wir selbst dafür verantwortlich sind, was wir mit unserer Verletztheit anfangen. Wenn wir unseren Seelenfrieden davon abhängig machen, was andere Menschen tun oder nicht tun, werden wir nie Frieden finden. Wenn wir aber selbst die Verantwortung für die Vergebung übernehmen, dann gibt uns das eine gewisse Macht, denn damit legen wir die Rolle des hilflosen Opfers ab, die unseren Zorn schürt.

Die Schritte dazu, anderen zu vergeben, laufen parallel zu denen der Selbstvergebung ab:

1. Erkennen, daß wir selbst dafür verantwortlich sind, an was wir festhalten.
2. Uns selbst, einer anderen Person und Gott unsere Geschichte beichten.
3. Auf die guten Seiten in uns und der anderen Person achten.
4. In Betracht ziehen, ob eine bestimmte Aktion in Angriff genommen werden muß.
5. Sich an Gott um Hilfe wenden.
6. Darüber nachdenken, was wir gelernt haben.

Der erste Schritt: Selbst die Verantwortung für das übernehmen, an was wir uns klammern

Solange George darauf bestand, Rachel für das, was sie getan hatte, verantwortlich zu machen, konnte er keine Verantwortung für seine eigene Rolle in dem Drama übernehmen.

Wenn wir alles nur als Fehler der anderen Personen betrachten, bleiben wir in unserem selbstgerechten Stolz stecken und können uns nicht auf die Vergebung zubewegen. Wenn wir uns besser als der andere dünken, dann werten wir diesen gleichzeitig ab – vergeben aber kann man nur Gleichwertigen. Indem wir die andere Person verdammen, geben wir ihr weiterhin die Schuld und blockieren die Straße zur Vergebung. George übernimmt mit der Feststellung: „Ich bin bereit zu vergeben, weil ich es müde bin, der Gefangene meines eigenen Zorns zu sein" die Verantwortung für sein eigenes Tun in der Sache – ganz unabhängig von dem, was Rachel tat oder nicht tat. Seine Entscheidung zu vergeben war ganz allein seine Sache.

Der zweite Schritt: Unsere Geschichte beichten
Um Vergebung zu lernen, brauchen wir eine neutrale Partei, die uns aufmerksam zuhört, aber nicht urteilt. In der Hitze unserer Wut, unserer Entrüstung und unserer Verletztheit halten wir gewöhnlich nicht nach Neutralität Ausschau. Wir lassen uns lieber beim Wütendsein unterstützen.

Aber wer unsere Wut teilt, leistet uns eigentlich einen schlechten Dienst. Wir brauchen jemanden, der uns zuhört, ohne Wertungen abzugeben; das läßt uns die Dinge sehen, wie sie wirklich sind. Manche von uns sind in der glücklichen Lage, Freunde zu haben, die neutrale Zuhörer sein können. Andere kennen vielleicht einen klugen Pfarrer. Oft ist der neutrale Zuhörer ein Psychotherapeut, den wir konsultieren, weil unser Schmerz so stark geworden ist, daß wir ihn nicht mehr ertragen können. In solchen Situationen eine Therapie zu besuchen ist überhaupt kein Zeichen der Schwäche. Es ist ein Zeichen der Stärke.

Der dritte Schritt: Ausschau halten nach guten Seiten
Manchmal, wenn wir einem neutralen Beobachter unsere Geschichte erzählen, erkennen wir Dinge über uns, die vorher im verborgenen lagen. In Georges Fall erkannte er seine Sturheit, seine Wut und seine Selbstgerechtigkeit. Manchmal erfahren wir an uns auch einen Meinungsumschwung. Anstatt der anderen Person die Schuld zu geben, machen wir nun uns selbst dafür verantwortlich, was auch nicht besser ist.

Um beide Arten der Schuldzuweisung zu überwinden, sollten wir bei beiden Parteien auf ihre guten Seiten achten. Mit ein wenig Hilfe von meiner Seite konnte George die guten Aspekte seiner Beziehung zu Rachel erkennen und sich seine Liebe zu ihr bewußtmachen. Und als er sich an Rachels gute Seiten erinnerte, wurde ihm klar, wie sehr sie ihm fehlte.

Der vierte Schritt: Überlegen, welche Aktionen man in Angriff nehmen muß
Manchmal ist Vergebung vorwiegend ein mentales und spirituelles Ereignis, aber manchmal sind bestimmte Handlungen erforderlich, um sie in Gang zu setzen. In Georges Fall mußte er mit seiner Tochter reden und Frieden schließen. Natürlich bestand die Möglichkeit, daß Rachel sein Friedensangebot aufgrund ihrer eigenen Verletztheit zurückweisen würde; George war sich klar darüber, daß er nur für seine eigenen Aktionen verantwortlich war: Wenn Rachel ihm eine Abfuhr erteilte, dann mußte er den Prozeß der Vergebung auf andere Weise in Angriff nehmen.

Wann immer Vergebung es erforderlich macht, daß wir mit der anderen Person über unsere Gefühle reden, wird das Gefühl von Wut und Verletzlichkeit bei diesem Gespräch nicht immer zu vermeiden sein. Natürlich sollten wir diese Gefühle nicht unterdrücken, aber bevor wir sie artikulieren, ist es ratsam, „zuerst einmal bis zehn zu zählen" und sich ein bißchen zu beruhigen. Wenn Sie Schritt eins bis drei mitgemacht haben, wette ich, daß Sie in der Lage sind, mit der anderen Person zu kommunizieren, anstatt in ihrer Verletztheit zu versuchen, sie „auseinanderzunehmen".

Dinge, die man im Zorn gesagt hat, kann man später meist nicht mehr zurücknehmen, und sie sind oft sehr verletzend. So können sie den Kreislauf der Schuldzuweisungen noch weiter treiben, anstatt ihn zu beenden. Machen Sie sich also bewußt, daß Wut eine tödliche Waffe sein kann, die die Selbstachtung und den Seelenfrieden einer anderen Person zerstört. Wir haben aus gutem Grund Angst davor.

Der fünfte Schritt: Sich an Gott wenden
Die Kraft zur Vergebung ist letztlich eine Gnade. Wir können weder anderen Menschen noch uns selbst völlig aus eigenem Entschluß heraus vergeben. Während wir alle obengenannten Schritte durchlaufen, kann unser Haß und unsere Verletztheit immer noch weiterschwelen. Was jedoch zählt, ist unser Verlangen, unsere Absicht, diese uns belastenden Gefühle loszuwerden. Wenn wir dieses Verlangen in einem tiefempfundenen Gebet ausdrücken, ziehen wir Gnade an. Bitten Sie Gott um Hilfe beim Vergeben. Bitten Sie darum, von Ihrem Zorn und Ihrer Verletztheit befreit zu werden.
Es gibt eine buddhistische Meditationsübung, die *metta* oder „liebende Zuneigung" genannt wird. Nachdem Sie für sich selbst liebende Zuneigung entwickelt haben, stellen Sie sich die Menschen, die sie lieben, bildlich vor, und empfinden Sie liebende Zuneigung für sie. Dann dehnen Sie die Übung auf all jene aus, die Sie als Ihre Feinde ansehen. Für mich ist es hilfreich, mir diese Menschen von einem liebevollen Licht umgeben vorzustellen und daran festzuhalten, bis meine Wut verschwunden ist.

Der sechste Schritt: Was habe ich gelernt?
Der Anthropologe und Schriftsteller Carlos Castaneda erzählt eine Geschichte darüber, wie unsere Peiniger zu unseren Lehrern werden können. Es ist die Geschichte von Don Juan, einem weisen Mann, Castanedas Lehrer. Als er jung war, brachte Don Juans eigener spiritueller Lehrer ihn dazu, bei einem gewalttätigen, gefährlichen Mann, der Vorarbeiter auf einer Ranch war, zu arbeiten. Don Juan floh schließlich und kehrte zu seinem Lehrer zurück. Er konnte nicht glauben, daß dieser ihn bewußt in eine solch fürchterliche Situation gebracht hatte. Aber

der Lehrer blieb fest entschlossen: Er wußte, was Don Juan noch lernen mußte, und er hatte ihm dafür genau die richtige Aufgabe zugeteilt. Er schickte Don Juan zu dem Tyrannen zurück, befahl ihm, ruhig zu bleiben, ganz gleich, was der Vorarbeiter tat, um ihn zu provozieren. Nach ein paar Jahren hatte Don Juan wirklich die Kunst der Geduld gelernt und die Fähigkeit erworben, in sich zu ruhen, ganz gleich, wie sehr er provoziert wurde.

Nicht für alle von uns wäre Don Juans Lektion der Geduld sinnvoll. Einige würden an der Beziehung zu dem Tyrannen ihr Selbstbewußtsein entwickeln und lernen, wie man eine Beziehung beendet, in der man mißhandelt wird. Andere würden vielleicht ein verborgenes Talent zum Heilen in sich entdecken, das den elenden Unterdrücker in einen netten Gehilfen verwandeln würde. Vergebung bedeutet nicht, daß wir Tyrannen mögen müssen. Vergebung geschieht dann, wenn wir unseren Groll fahrenlassen, indem wir etwas einsehen und Mitgefühl entwickeln.

Selbstakzeptanz, Stolz und Demut

Wenn wir lernen, uns selbst und anderen zu vergeben, kann dies unsere Persönlichkeitsstruktur und unsere Denkmuster erheblich verändern. Eine der wichtigsten derzeitigen Veränderungen ist die Entwicklung von Selbstachtung. Viele Menschen verwechseln die Selbstachtung mit Stolz und Selbstgefälligkeit und die Demut mit der ängstlichen „Bloß-nicht-daran-rühren"-Mentalität der ungesunden Schuld, bei der wir uns und anderen vormachen, daß wir vergeben hätten, während wir insgeheim immer noch an der Schuldzuweisung festhalten. Myrin und ich hatten einmal einen christlichen spirituellen Lehrer, der uns über eine Unterhaltung mit einem leicht geistig behinderten Mitglied unserer Gemeinde namens Mike half, Demut zu begreifen. Eines Tages klagte Mike auf einer Versammlung darüber, daß er nicht so aufgeweckt und nicht so klug sei wie der Rest von uns. Der Priester wandte sich mit überraschendem Nachdruck an ihn und sagte: „Sie sind bestimmt erfüllt von sich selbst!" Wir waren alle ein bißchen erstaunt, weil wir eigentlich alle das Gegenteil dachten.

Dann erklärte er, während er Mike liebevoll ansah, daß der Körper des Universums wie der menschliche Körper sei und daß wir alle verschiedene Zellen und Organe darin verkörperten. „Wenn alle Ihre Organe Augen sein wollten, Mike, käme Ihr Körper in Schwierigkeiten. Schließlich wären Ihre Augen nicht in der Lage, ohne Ihr Herz zu sehen. Und wo wären Sie ohne Arme und Beine, Ohren und Nase? Wer könnte behaupten, daß es besser wäre, ein Auge zu sein als eine Leber? Wenn Sie also darüber klagen, daß Sie nicht so klug sind, dann werten Sie Ihre Einzigartigkeit, Ihren gottgewollten Platz in der Ordnung der Dinge ab, und das ist ausgesprochen egoistisch!"

Wenn wir dem Philosophen Martin Buber folgen, ist „Einzigkeit das wesentliche Gut des Menschen, das ihm gegeben ist, es zu entfalten". Wenn wir das verstehen, sind wir demütig. Buber schrieb einmal: „Hochmut bedeutet, sich selbst von anderen abzuheben. Der hochmütige Mensch ist nicht der, der sich selbst kennt, sondern der, der sich mit anderen vergleicht." Vergebung – das einzigartige Gute in uns und anderen zu finden und von Beurteilung und Vergleich abzulassen – ist eine Komponente der Demut. Buber sagt über den demütigen Menschen: „Weil keiner ihm ‚der andere' ist, weiß er aus dem inneren Grunde, daß keiner des verhüllten Wertes ermangelt; weiß, daß da ‚kein Mensch ist, der nicht seine Stunde hätte'. Nicht fließen ihm die Farben der Welt ineinander, sondern jede Seele steht in der Herrlichkeit ihres Eigendaseins vor ihm. ‚In jedem Menschen ist Köstliches, das in keinem anderen ist. Daher soll man jeden ehren nach seinem Verborgenen, das nur er hat und keiner der Gefährten.'" (*Die Legende des Baalschem*, S. 64)

Vergebung als neutrale Handlung

Buber spricht über Demut auf die gleiche Weise, wie Campbell über den Gral spricht – als über einen Bewußtseinszustand, in dem Beurteilung ausgeschaltet ist und das Leben wieder als Einheit betrachtet anstatt durch Gegensatzpaare definiert wird.

In diesem Bewußtseinszustand, in dem man sich an die Verbindung mit einer größeren Quelle des Seins erinnert, weiß man, daß kein Mensch „der andere" ist. Wie kann man denn dem anderen durch Mitgefühl, durch Mitleiden helfen? Auf spiritueller Ebene *ist* man der andere. Das brachte Jesus zum Ausdruck mit den Worten, daß man das, was man dem geringsten unserer Brüder tut, auch ihm antut. Er sprach von der Einheit, die über die Erscheinungswelt von Raum und Zeit hinaus existiert, in der die Dinge getrennt, definiert durch Gegensatzpaare auftreten.

Menschen, die die Erfahrung der Todesnähe gemacht haben, waren verblüfft über den Zustand des Einsseins, den sie oft als ein Gefühl der Verbundenheit mit allen Dingen beschrieben. In *The Light Beyond* (dt. *Das Licht von drüben*) zitiert Raymond Moody einen Erfahrungsbericht, der zeigt, wie diese Erfahrung auf einen nüchternen Geschäftsmann nach einem Herzstillstand wirkte: „Das erste, was ich sah, als ich im Krankenhaus aufwachte, war eine Blume, und die brachte mich zum Weinen. Ob Sie es glauben oder nicht, aber bevor ich aus dem Tod zurückkehrte, hatte ich noch nie wirklich eine Blume gesehen. Eine wichtige Sache, die mir klar wurde, als ich ‚starb', war, daß wir alle Teil eines allumfassenden, lebendigen Universums sind. Wenn wir glauben, wir könnten jemand anderem oder einem anderen Lebewesen weh tun, ohne uns selbst weh zu tun, dann täuschen wir uns gewaltig. Wenn ich heute einen Wald, eine Blume oder einen Vogel sehe, sage ich mir: ‚Das bin ich, das ist ein Teil von mir.' Wir sind mit allem, was lebt, verbunden, und wenn wir uns gegenseitig Liebe geben können, dann sind wir glücklich." (S. 55)

Das Glück, nach dem wir suchen, die Fähigkeit, diese Verbindung mit Liebe zu versehen – das ist Mitgefühl. Man kann das Mitgefühl aber auch betrachten als das Weglassen der Beurteilung. Wenn wir eine andere Person einschätzen und mit uns vergleichen, dann beurteilen wir uns beide. Das eine Mal mögen wir über unsere Überlegenheit glücklich sein, das andere Mal fühlen wir uns dagegen unterlegen und minderwertig.

Vergleichende Beurteilung wird nie zu dauerndem Glück führen. Jesus bezog sich darauf, als er (im siebten Kapitel des Matthäusevangeliums) sagte: „Richtet nicht, damit ihr nicht gerichtet werdet! Denn mit welchem Gericht ihr richtet, mit dem werdet ihr gerichtet werden, und mit welchem Maß ihr meßt, mit dem werdet ihr gemessen werden." Er mahnt uns, die Balken aus den eigenen Augen zu entfernen und nicht die Splitter im Auge eines anderen zu kritisieren. Wenn wir diesem Rat folgen, werden wir mitfühlend und glücklich. Wir überwinden das, was die östliche Philosophie die Bindung an Lob und Tadel nennt.

Auf eine Beurteilung zu verzichten impliziert keineswegs, daß wir unsere Unterscheidungsfähigkeit verlieren. Das sind völlig verschiedene Aspekte. Wenn wir zum Beispiel einem Mörder vergeben, indem wir mitleidig sind und verstehen, daß die Wurzeln seiner Tat in seinem eigenen Schmerz begründet sind, lassen wir ihn doch nicht aus dem Gefängnis frei, ehe er Anlaß gibt zu der Hoffnung, daß er sich bewähren wird. Wenn eine Frau ihrem geschiedenen Mann, der sie mißhandelt hat, vergibt, dann ist es nicht erforderlich, daß sie ihn wieder heiratet. Wenn wir einem Freund oder einer Freundin, die unsere Gefühle verletzt hat, vergeben, dann verlangt das nicht von uns, ihre Tat stillschweigend zu übersehen, sondern vielmehr, darüber zu reden.

In *Die Kraft der Mythen* bezieht sich Joseph Campbell auf Wolfram von Eschenbachs Gralserzählung. Während Gott und die guten Engel den Teufel und die bösen Engel bekämpften, brachten die neutralen Engel den Gral hinunter auf die Erde, an den Streitenden vorbei. Ob wir nun über Buddhas Mittelweg und seine Ideale vollkommener liebender Zuneigung oder über das christliche Ideal der *agape*, der Liebe, die man sogar seinem Feind schenken kann, sprechen – wir reden über Vergebung: Mitgefühl in Aktion.

Der heilige Franz von Assisi, dessen legendäre Sanftheit selbst wilde Tiere beruhigte, hinterließ eine großartige Aussage über das Mitgefühl in einem Gebet:

Herr, mach mich zu einem Werkzeug deines Friedens.
Wo Haß ist, laß mich Liebe säen.
Wo Kränkung ist, laß mich Vergebung säen.
Wo Zweifel ist, laß mich Glauben verbreiten.
Wo Verzweiflung herrscht, laß mich Hoffnung bringen.
Wo Dunkelheit ist, laß mich Licht bringen.
Wo Traurigkeit herrscht, laß mich Freude verbreiten.
Unterstütze mich dabei, daß ich nicht so sehr danach
    strebe,
gestützt zu werden, anstatt zu stützen,
verstanden zu werden, anstatt zu verstehen,
geliebt zu werden, anstatt zu lieben.
Denn im Geben empfangen wir,
und im Vergeben wird uns vergeben.

Vorschläge für den Leser

1. *Bedrückt Sie noch etwas, das Sie sich selbst nicht vergeben haben?*

2. *Sind Sie immer noch der Gefangene von jemandem, dem Sie nicht vergeben haben? Vielleicht gibt es jemanden, dem Sie bis zu diesem Augenblick noch nicht einmal in Gedanken vergeben konnten. Glauben Sie, daß Sie sich dazu bringen könnten, damit anzufangen? Wenn Sie das verneinen, werden Sie in der Position des Opfers verharren, einer Position, von der die Genesung von ungesunder Schuld nicht ausgehen kann. Es lohnt sich nicht, ein Opfer zu sein.*

3. *Auf Seite 306 finden Sie eine Anleitung für eine Meditation zur Vergebung, die Sie vielleicht gerne ausprobieren möchten.*

Beziehungen

Meine erste Begegnung mit Myrin, meinem zukünftigen
Mann, ist mir immer noch lebendig vor Augen. Die Verbindung zwischen uns war sofort hergestellt – es war
buchstäblich Liebe auf den ersten Blick. An dem Abend,
als wir uns trafen, redeten wir bis zwei Uhr morgens und
verließen schließlich das Hotel, um Hand in Hand im
Zauber einer Frühlingsnacht spazierenzugehen. Dann saßen wir schweigend auf der Granitumrandung eines ro-
mantischen Brunnens und schauten einander endlos in
die Augen. Obwohl wir müde und völlig durchnäßt waren, machte sich keiner von uns Gedanken darüber, wie
wir aussahen oder ob unser Mundwasser noch wirkte.
Wir waren verloren in der überwältigenden Süße blinder
Liebe, wo wir unsere Geliebten als genauso vollkommen
ansehen wie uns selbst. Plötzlich ist es so, als ob man in
einem Zustand der Gnade ist und Gott im anderen zu
erkennen vermag.
Psychologen haben diesen plötzlich veränderten Bewußtseinszustand mit einer Psychose verglichen. Unser
Maß für die Realität verschwindet. Hindernisse scheinen
sich in Luft aufzulösen, und alles scheint möglich. Wir
werden auf völlig irrationale Weise optimistisch, fühlen
uns eins mit dem anderen und haben einen plötzlich
weitreichenderen Sinn für das Ganze. Zwei Liebende
leben in einer eigenen Welt, sind von der Realität des
Alltags weit entfernt. Mein Vater warnte mich oft vor

diesem „verrückten" Zustand, als ich in die Pubertät kam. „Triff keine übereilten Entschlüsse, wenn du dich verlieben solltest", sagte er etwa. „Das ist, als würde man beschließen, Aktien zu kaufen, nachdem man eine Flasche Champagner getrunken hat. Du wirst es bedauern."

Als ich mich in Myrin verliebte, stießen all diese vernünftigen Warnungen auf taube Ohren, aber glücklicherweise ging alles gut aus! In dem Augenblick, als ich mich verliebte, war es so, als ob sich der Grund für mein Leben plötzlich offenbart hätte und zwei Hälften zu einem Ganzen geworden seien. Diese Nacht an dem Brunnen war eine Erfahrung, die außerhalb der Zeit stand, wie wir sie gewöhnlich erleben, eine langerwartete Wiedervereinigung über unermeßliche Äonen der Ewigkeit hinweg. Spirituell gesehen ist Verliebtheit einer Wiedervereinigung mit der Lebenskraft vergleichbar, der Vollendung der Heldenreise.

Das Versprechen der Liebe – ein Versprechen kommender Freuden

Ich denke gern an diesen wundervollen, aber notwendigerweise flüchtigen Zustand des Verliebtseins als eine Vorschau auf kommende Freuden zurück, als das Versprechen der Liebe auf die Dinge, die da kommen werden. Wie ein Aufblitzen der Gnade wird uns eine Vision geschenkt, die eventuell Ausgangspunkt für eine Partnerschaft werden kann, wenn die Partner den langen Weg der Selbsterforschung gemeinsam gehen. Aber wenn wir das unausbleibliche Verblassen der Erwartung als „Entlieben" ansehen, dann werden wir nie die Erfahrung machen, den ganzen Beziehungsfilm an uns vorbeilaufen zu sehen, mit der Freude und der Trauer, der Treue und dem Verrat, der Wut und dem Jubel, die eine Beziehung zu einem spirituellen Weg machen.

Schwärmerei ist es, wenn man glaubt, „er" sei so männlich wie Sean Connery, so moralisch wie Solschenizyn, so komisch wie Woody Allen, so sportlich wie Boris Becker und so intelligent wie Albert Einstein. Liebe ist, wenn man sich bewußt ist, daß „er" so männlich ist wie Woody Allen, so intelligent wie Boris Becker, so komisch wie Solschenizyn, so sportlich wie Albert Einstein und überhaupt nichts von Sean Connery hat – aber man nimmt ihn trotzdem ... So humorvoll das sein mag, so viel Wahres ist an dieser Definition dran. Man sollte dem Partner gestatten zu sein, wer er ist, und ihn lieben, wie er ist. Und diese Freizügigkeit ist einem anderen gegenüber nur dann möglich, wenn wir uns selbst auch so akzeptieren, wie wir sind. Beziehungen sind ein fortlaufender Kurs in Liebe und Vergebung und fordern ein ständiges Arbeiten an uns selbst. Viele Mystiker rieten ihren Schülern von einem Leben als Mönch ab, indem sie ihnen erzählten, daß Heirat und ein Leben als sorgender Familienvater zwar ein schwierigerer, aber schnellerer Weg zur Selbstverwirklichung seien als das mönchische Zölibat!

Myrin und ich verstanden glücklicherweise beide, daß es an uns lag, das ursprüngliche Versprechen der Liebe zu erfüllen, aber das verhinderte nicht die Jahre, die wir gegeneinander kämpften, uns Schmerzen zufügten und Verwirrung anrichteten – unser Wissen gab uns nur den Mut, das alles zu ertragen! Die Ehe – ein Wort, das ich generell zur Bezeichnung jeder festen Partnerschaft oder Gemeinschaft verwende – ist harte, anstrengende Arbeit. Wenn man anders denkt, ist es ein tollkühnes Unterfangen, sie einzugehen. Unsere Lieben sind für uns wie Spiegel, und wir sehen uns widergespiegelt in dem, wie sie auf uns und unsere Handlungen reagieren. Das Ideal einer Beziehung besteht darin, daß wir einander unterstützen bei der Vollendung des Reifeprozesses und daß wir einander die Einzigartigkeit bestätigen, die nur wir allein in diese Welt bringen.

Pierre Teilhard de Chardin war Paläontologe, Dichter,

Philosoph und Priester. Seine Schriften verkörpern spirituelle Schöpfung und die Via positiva, den Weg der Freude. Er wußte viel zu sagen über die Beziehung zu unserem Selbst, zu anderen und zu der göttlichen Quelle der Liebe, die er als einen Gnadenerweis ansah. Für Teilhard de Chardin war Liebe ein geheiligter Energievorrat, den er als das „Blut der spirituellen Revolution" bezeichnete. Er stellte fest, daß wir nur zueinander gelangen können, indem wir eine Vereinigung mit dem Universum vollziehen, und deutete damit das Mysterium der menschlichen Beziehung als unabdingbar für die göttliche Alchimie.

Wenn wir bereit sind, von unseren Beziehungen zu lernen, anstatt sie bei der ersten Enttäuschung zu verwerfen und aufzugeben, bringt das Versprechen der Liebe uns dazu, selbstbewußt und im Bewußtsein der Vergebung Entscheidungen zu treffen, die Glück und Seelenfrieden hervorbringen. Je mehr wir auf das Beurteilen verzichten lernen, desto eher können wir eine Verbindung zwischen unserem Selbst und dem Selbst der anderen schaffen anstatt zwischen den verschiedenen Egos und ihren Ängsten. Das Hinduwort *namasté* bedeutet die Erfüllung des Versprechens der Liebe. Es ist eine Begrüßungsformel und heißt: „Ich ehre das Universum, das in dir als Friede, Liebe und Weisheit wohnt." Wenn wir der Einzigartigkeit des anderen mit diesem Verständnis begegnen, nehmen wir teil an der göttlichen Alchimie, die aus zweien eins macht.

Ich bin, wer ich bin. Du bist, wer du bist

Ich erinnere mich an eine Unterhaltung mit meiner College-Freundin Jeannie an einem frühen Samstag morgen, als wir beide gerade von unseren Verabredungen nach Hause gekommen waren. Jeannie war mit Bill ausgewesen, mit dem sie seit ein paar Monaten befreundet war. Er besaß die Eigenschaften, hinter denen sie her war: Er war intelligent, einfühlsam, nett und sah gut aus. Doch fehlte ihm in Jeannies Augen noch einiges zur Vollkommenheit, wobei sie sicher war, daß sie das schon noch hinkriegen würde. Sie phantasierte gerne von der „großen Renovierung", zu der sie Bill in puncto Kleidung überreden würde, und beschrieb in glühenden Farben, wie sexy er in den Blue jeans ausgesehen hatte, die er auf ihr Drängen hin gekauft hatte. Es kam nicht überraschend, daß Bill bald genug hatte von Jeannies Anstrengungen, ihn nach ihren Vorstellungen umzumodeln, und die Beziehung löste.

Vergebung ist nicht nur der Wille, die Verletzungen, die wir anderen wissentlich oder unwissentlich zufügen, zu verarbeiten. Es heißt auch zu lernen, den anderen er selbst sein zu lassen. Das erfordert, über das narzißtische Denken, allein unser Weg der Erkenntnis sei der „richtige", hinauszugehen. Weil jeder von uns das Produkt einer spezifischen Lebenserfahrung ist, sieht jeder die Welt ein wenig anders, und eine Beziehung bietet die Gelegenheit, diese Unterschiede anzuerkennen und voneinander zu lernen. Obwohl in der Ehe aus „zweien eins gemacht" wird, können wir diese Einheit nicht erlangen, wenn nicht beide Parteien zuvor erwachsen geworden sind, die Aufgabe, sich von ihren Eltern zu lösen, beendet und ihre Unabhängigkeit erklärt haben, damit jeder er selbst sein kann. Das Ideal ist nicht, sich in dem anderen zu verlieren, sondern sich selbst wechselseitig dabei zu helfen, diese Trennung von der Kindheit zu vollenden und zu sich selbst zu finden.

Am Anfang unserer Ehe stellten Myrin und ich uns vor, daß wir, um es miteinander auszuhalten, uns den Eigenheiten des anderen anpassen müßten. Wir fürchteten, daß ein Konflikt meist auf einer Ebene zu entschärfen sei, wo keiner von uns sich elend fühlte, aber auch keiner von uns glücklich war. Doch die ursprüngliche Bedeutung des

Wortes „Kompromiß" ist weit entfernt von solch lauwarmer Angemessenheit. Der Begriff enthält die lateinischen Wurzeln *cum*, das „mit" oder „zusammen" bedeutet, *pro* („zugunsten von") und *mis* (von *mittere* – „geben"). Einen Kompromiß schließen heißt also, einander etwas zugunsten beider Seiten zu geben. Es ist ein Weg, Brücken zwischen verschiedenen Weltsichten zu bauen, die Kommunikation und Bereicherung ermöglichen, während die Integrität beider Partner gewahrt bleibt. Doch bevor wir lernen, Brücken zu bauen, müssen wir zunächst verstehen, wie verschieden wir sind.

Wer ist schuld?

In dem Lernprozeß, der uns befähigen soll, unsere Unterschiede anzuerkennen und einander freizusetzen, um die zu werden, die wir sind, werden wir all die Kindheitsschmerzen, die uns dagegen immun machten, Liebe zu geben und zu empfangen, noch einmal wiederholen. Je weniger die Partner sich des verängstigten Kindes, das immer noch in uns lebt, bewußt sind, desto mehr werden sie den Kindheitsschmerz der bedingten Liebe wieder hervorholen und in ein Schuldzuweisungsspiel verfallen, wo das Herausfinden, „wessen Fehler" dies oder das war, zur häufigsten gemeinsamen Freizeitbeschäftigung wird. Die daraus resultierende Wut und Abwehr bindet eine Menge Energie, die besser für andere Ziele einzusetzen wäre. Je mehr die Partner anfangen, das verängstigte Kind in dem anderen zu sehen – indem sie selbst eine Wandlung vollziehen und den Reifeprozeß unterstützen, anstatt den Partner dafür verantwortlich zu machen, daß er noch nicht völlig erwachsen ist –, desto freier fließt die Liebe, desto kreativer können die Partner in ihrem täglichen Leben sein, und desto erfreulicher und lebendiger wird die Familiensituation.

Eine wichtige Voraussetzung dafür, einander beim Reifeprozeß zu helfen und sich von den Eltern, die wir immer noch in uns tragen, abzunabeln, besteht darin, sich voneinander lösen zu lernen. Wir lernen das, wenn wir oft genug in einem Streit aneinandergeraten und herausfinden, daß unsere alten Probleme auch unsere neue Beziehung belasten. Indem wir uns durch diese sich wiederholenden Konflikte hindurcharbeiten, sehen wir unseren Schatten immer klarer.

Es gibt eine alte Zen-Geschichte, die ich gerne immer wieder erzähle, weil sie diesen Punkt sehr gut verdeutlicht. Sie handelt von zwei Mönchen, die schweigend bei Sonnenaufgang an einem Fluß entlanggehen. Es ist Frühlingsbeginn, und der Fluß ist durch die Schneeschmelze gestiegen, über die Ufer getreten und hat den schmalen Steg weggeschwemmt, der über Meilen hinweg die einzige Verbindung zum anderen Ufer darstellt. Eine junge Frau steht in großer Aufregung und ganz allein an dem reißenden Fluß und bittet die Mönche inständig um Hilfe. Der ältere Mönch hebt sie hoch, trägt sie durch den schäumenden Fluß und setzt sie wohlbehalten auf der anderen Seite ab. Die beiden Mönche gehen schweigend weiter bis zum Sonnenuntergang, nach dem das Gelübde ihres Ordens ihnen endlich erlaubt zu sprechen. Der jüngere Mönch wendet sich mit ungezügelter Wut seinem Bruder zu. „Wie konntest du nur diese Frau in die Arme nehmen!" wirft er ihm vor. Sein Gesicht wird rot, während er dem älteren Mönch mit den Fäusten droht. „Du solltest doch die Gelübde unseres Ordens vor allen anderen kennen. Es ist verboten, auch nur an eine Frau zu denken, ganz zu schweigen davon, sie zu berühren! Du hast dich befleckt. Du hast Schande über den ganzen Orden gebracht!"

Der ältere Mönch dreht sich mitfühlend zu ihm um. „Mein Bruder", sagte er. Seine Augen blickten sanft in der Weisheit der Vergebung. „Ich habe diese Frau heute morgen am anderen Ufer des Flusses abgesetzt. Doch du hast sie den ganzen Tag mit dir herumgetragen."

Man kann getrost darauf wetten, daß die Wut und die Unfähigkeit des jungen Mönches, seinen Zorn herauszulassen, mehr mit seinen unbewältigten Gefühlen Frauen gegenüber zu tun hatte als mit der Tat des älteren Mönches. Er projizierte seinen Schatten auf die Motive seines Mitbruders. Aber der weise alte Mönch war zu klug, um die Schattenprojektionen des Jüngeren zu schlucken – mit anderen Worten, sich dessen Schuldgefühle aufhalsen zu lassen und Verantwortung für etwas zu übernehmen, was nicht in seiner Verantwortlichkeit lag.

Die Geschichte von David und Sandy

Die Suche nach der Schuld ist meist weder leicht noch klar umrissen, besonders nicht in dem verworrenen Geflecht einer Langzeitbeziehung. Schauen wir uns den Fall von David und Sandy an, deren Unterschlagung von Schuld, Kindheitsängsten und Unsicherheit sie beinahe ihre Ehe kostete. David war, obwohl ein erfolgreicher Chirurg, unter der Tünche seiner Bildung in Wirklichkeit unsicher. Er tarnte diese Unsicherheit mit einer selbstgerechten, allwissenden Haltung. Er warf Sandy, die eigentlich eine gesundheitsbewußte und gewissenhafte Hausfrau war, vor, sie kümmere sich nicht um die Gesundheit ihrer Familie. Er kritisierte ihren Teilzeitjob als Krankenschwester und die Art, wie sie mit den Kindern umging. Bei David verwandelte sich jede harmlose Unterhaltung in eine langatmige tadelnde Predigt.

Nahezu ohne Kontakt zu dem verängstigten und unsicheren Kind in ihm, projizierte David, wie der junge Mönch in der Zen-Erzählung, seine Emotionen auf seine Frau. David glaubte wirklich, er täte seiner Frau einen Gefallen, indem er diese unerfreulichen Tendenzen bei ihr herausfand! Aber anders als der ältere Mönch in der Geschichte war Sandy wie ein Schwamm und saugte Davids Schatten, ohne ihn zu hinterfragen, in sich auf. Sie nahm die Verantwortung, die überhaupt nicht die ihre war, auf ihre Schultern, weil sie das in ihrer Kindheit auch getan hatte. Da sie nicht in der Lage war, Davids Arroganz zu begegnen, erfüllte Sandy nach außen hin all seine Wünsche, wobei sie innerlich immer zorniger wurde. Sie fühlte sich ungeliebt und nicht genügend gewürdigt. Sobald ihre Gefühle als Ärger oder Ängstlichkeit herauskamen, tat David das verächtlich als „überzogene Reaktion" ab, womit er wieder einmal eine Kommunikation unmöglich machte.

Trotz der wachsenden Entfremdung zwischen ihnen hielt David seine Ehe für gut. Er glaubte an das Image des „perfekten Paares" und der „perfekten Eltern", und er gebrauchte seinen vollen Terminkalender als Schutz gegen alle Botschaften, die ihm etwas anderes hätten sagen können. Aber Sandy, die sich allein und ungeliebt fühlte, wurde zusehends verzweifelter. Nach zehn Jahren der Entfremdung lernte sie einen attraktiven Mann kennen, der sie zu schätzen schien und sich um sie kümmerte. Er respektierte ihre Meinungen und achtete ihre Gefühle. Das führte zu einer mehrmonatigen Freundschaft und einer kurzen Affäre. Aber Sandy wurde rasch von Reue überwältigt. Nachts hatte sie Angstanfälle und wachte keuchend auf, sie bekam Kopfschmerzen, und das Asthma, das sie als Kind gehabt hatte, trat wieder auf.

Da sie nicht in der Lage war, ihre Schuld länger für sich zu behalten, beichtete Sandy ihrem Mann die Affäre. David war am Boden zerstört, und seine wohlmaskierte Unsicherheit brach in dem wütenden Verlangen hervor, sie zu bestrafen und damit die Kontrolle wiederzuerlangen. Verletzt und wütend zweifelte er an ihrer Integrität, warf ihr vor, daß ihr Verhalten unverzeihlich sei, und negierte ihre Fähigkeit, ihren Kindern eine gute Mutter zu sein. Glücklicherweise veranlaßte ihr beiderseitiger Schmerz sie zu einer Therapie, wo sie ihre Schuldgefühle und

Vorwürfe nach deren Urheber sortierten. In der Therapie verglich Sandy ihre Ehe mit einem glänzenden roten Apfel – außen vollkommen, aber das Innere ist verfault.

Die Heilung begann, als sie aufhörten, einander die Schuld für Sandys Affäre zu geben, und gegenseitig die Verantwortung für die Vorfälle, die dazu führten, trugen. Bevor wir die Schritte der Vergebung nachvollziehen, durch die Sandy und David ihre Beziehung wieder kitteten, reifer wurden und ihrem Selbst näher kamen, müssen wir einen Blick darauf werfen, wie sich Männer und Frauen in bezug auf ihre grundlegenden Weltanschauungen unterscheiden. Es ist wichtig, diese Unterschiede zu erkennen und anzuerkennen, denn wenn wir uns gegenseitig unsere Unterschiede vorwerfen, werden wir niemals Kraft aus unserer Gemeinsamkeit schöpfen.

Die männlichen und weiblichen Wesenszüge

Während Männer und Frauen sich anatomisch eindeutig unterscheiden, sind ihre psychologischen Unterschiede schwerer zu erkennen. Ob Mann oder Frau – wir besitzen jeweils *beide* geschlechtsspezifischen Charakterzüge – mehr oder weniger ausgeprägt. Der weibliche Charakter wird nach C. G. Jung durch das Eros repräsentiert, das beziehungsstiftende, verbindende, „empfindsame" Sich-einfühlen-Können, das den Menschen empfänglich, verwundbar, intuitiv, mitteilsam und bewahrend macht. Der männliche Charakter wird durch den Logos repräsentiert, die rationale, unterscheidende, denkende Fähigkeit des Verstandes, die den Menschen dominant, beschützend und aggressiv macht.

Es war leicht, den weiblichen Teil in Sandy zu erkennen. Sie konnte gut mit Menschen umgehen, besaß einen ausgeprägten Sinn für die Bedürfnisse der anderen und eine Großzügigkeit, die die ganze Welt umfaßte. Sandy war tatsächlich übertrieben großzügig, wie viele ihrer Kolleginnen im Schwesternberuf. Da sie nicht in der Lage war, ihre Bedürfnisse von denen anderer zu trennen, verausgabte sie sich oft bis zur Erschöpfung, konnte nicht nein sagen und keinen Freiraum für sich abtrennen.

David dagegen besaß ausgeprägte männliche Eigenschaften, denen seine weibliche Seite nichts Adäquates entgegenzusetzen hatte. Er war extrem logisch und rational – Eigenschaften, die ihn beruflich voranbrachten –, aber er konnte selbst in seinen besten Zeiten nur begrenzt mit Menschen umgehen. Er belächelte Sandy und ihre Kinder oft, weil sie so emotional waren. Er glaubte, daß sie genau wie er logisch sein sollten. Davids arrogante, allwissende Haltung machte es anderen schwer, mit ihm warm zu werden, denn er war ein schlechter Zuhörer. David wartete nicht, bis seine Patienten ihm sagten, wie sie sich fühlten, sondern erklärte ihnen, wie sie sich fühlen *sollten!* Während also Sandy sich zu sehr in die Gefühle anderer verstrickte, konnte David sich da kaum engagieren. Die beiden waren extreme Gegensätze.

Die Gegensätze – reiner Eros oder reiner Logos – reagieren auf die Unsicherheit, die den Schuldgefühlen auf vielen verschiedenen Ebenen zugrunde liegt. Der weibliche Part ist von Natur aus unterwürfig, nachdenklich und nicht an einer Stellung in der Hackordnung interessiert. Wenn er herausgefordert wird, weicht der Eros vor dem Aggressor zurück und wird unterwürfig. Biologisch gesehen ist das eine gute Überlebensstrategie, weil Angreifer gewöhnlich von unbeweglichen Zielen ablassen. Es fällt einer Person wie Sandy, die nur einen schwach entwickelten männlichen Aspekt besitzt, schwer, sich zu behaupten, wenn sie herausgefordert wird, daher unterwarf sie sich, sobald David sie angriff.

Andererseits ist der männliche Part von Natur aus aggressiv und aktiv. Er versteht instinktiv, daß Furcht und Unsicherheit nach außen hin dasselbe bedeuten wie der Geruch von Blut – er verleitet zum Angriff. In der Konsequenz umgibt er sich mit einem starken Schutzwall, um keine Verwundbarkeit zu zeigen. Unsicherheit führt unter dieser Voraussetzung nicht zu Hilflosigkeit wie bei Sandy, sondern zu einer arroganten, anmaßenden Haltung wie bei David.

Ich wählte die Geschichte von David und Sandy nicht deshalb aus, weil sie typisch ist, sondern weil sie im Extrem besonders deutlich zeigt, wie unterschiedlich Männer und Frauen mit ihrer Unsicherheit umgehen. Jeder von uns besitzt männliche und weibliche Eigenschaften, die, zusammen mit unserer persönlichen Geschichte und der Prägung durch die Gesellschaft, in der wir uns entwikkeln, unsere Verhaltensweisen beeinflussen. Männer, deren weiblicher Anteil besonderes gut entwickelt ist, werden eher so handeln wie die verwundbare Sandy anstatt wie der arrogante David. Im Gegensatz dazu werden unsichere Frauen, deren männlicher Anteil besonderes gut entwickelt ist, wahrscheinlich eher arrogant und selbstgerecht wie David sein, anstatt schuldbewußt zurückhaltend wie Sandy.

Halten Sie einen Augenblick inne, und denken Sie über sich nach. Was ist bei Ihnen dominant – der weibliche oder der männliche Aspekt? Denken Sie über Ihre engste Beziehung nach, ganz gleich, ob es sich um eine Freundschaft oder eine Ehe handelt. Welcher Wesenszug dominiert in der anderen Person?

Wenn Sie sich Ihrer Einschätzung nicht sicher sind, überlegen Sie, wie jeder von Ihnen mit Wut umgeht. Bei Menschen, die auf die Wut anderer Personen wie gelähmt reagieren und sich, wenn man sie angreift, wertlos und gefährdet fühlen, dominiert wahrscheinlich eher der weibliche Anteil.

Diejenigen, die durch Wut energisch werden oder sich zumindest nicht davor fürchten, besitzen öfter einen dominanten männlichen Wesenszug. Doch denken Sie daran, daß jeder von uns beide Aspekte besitzt. Wir sprechen hier über eine graduelle Abstufung, nicht über die alleinige Gegenwart von männlichen oder weiblichen Eigenschaften.

Gemeinsam reifer werden

Obwohl Sandy und David extreme Persönlichkeitstypen waren, deren Ehe sich schmerzhaft festgefahren hatte, war ihre Bindung noch so stark, daß sie versuchen wollten zusammenzubleiben, anstatt sich für eine Scheidung auszusprechen. Wie viele Paare, die in Schwierigkeiten stecken, fühlten sie unterschwellig noch Liebe füreinander, obwohl sie wütend und enttäuscht waren. Das Versprechen der Liebe war in ihnen noch lebendig, das sie eine Zeitlang in dem jeweils anderen gesehen hatten und dem sie sich verbunden fühlten. Die Flamme der Liebe war, obwohl unter zehn Jahren des Schmerzes versteckt, noch nicht erloschen. Das gab ihnen die Kraft, gemeinsam mit der Arbeit am Reiferwerden zu beginnen. Hier der Prozeß, den sie durchlebten.

Der erste Schritt: Das Eingeständnis des Problems
Niemand kann ein Problem beseitigen, von dem man glaubt, daß man es nicht hat. Seit Jahren lebten Sandy und David einen Mythos. Sie gaben vor, daß sie eine wunderbare Ehe führten. Sandy erduldete Davids sarkastische Bemerkungen und seine Kritik, während sie die Fassade wie eine Märtyrerin aufrechterhielt. David stellte ihre Ehe als den Gipfel der Vollkommenheit dar und flüchtete vor seinen Gefühlen in Arbeitssucht. Sandy förderte diese Sucht noch, denn diese bewahrte sie teilweise vor der Konfrontation mit ihrem eigenen Schmerz. Auf diese Art hielten sie es über ein Jahrzehnt aus, bis Sandys unterdrückte Wut plötzlich in ihrer Affäre an die Oberfläche kam. Das zwang sie schließlich, ihr Problem zuzugeben. Als Davids

Wut auf Sandy erwidert wurde durch ihren Zorn darüber, jahrelang „begönnert, ignoriert und abgewertet" worden zu sein, begriffen beide sehr schnell, daß die Affäre nur die Spitze des Eisberges darstellte.

Der zweite Schritt: Schuldzuweisungen aufarbeiten
Die erste und schmerzlichste Phase in Davids und Sandys Therapie bestand im Aufarbeiten aller Schuldzuweisungen, die sich während ihrer Ehe aufgestaut hatten. Davids Wut über Sandys Affäre ließ Dutzende Vorfälle aus der Vergangenheit und alltäglichen Groll über Nichtigkeiten zutage treten – etwa darüber, daß sie die Wäsche dort aufgestapelt hatte, wo es ihn störte, oder daß sie sich weigerte, keine Butter mehr an das Gemüse zu tun –, kurz gesagt, all die „kleinen", indirekten Stiche, mit denen Sandy versucht hatte, sich zu behaupten, anstatt sich David offen zu stellen. Andererseits explodierten Sandys Gefühle, „übersehen, unerkannt und ungeliebt" zu sein, mit einer Wucht und einer Wut, die sie beide überraschte. Sie nährte noch immer Groll gegen ihn aus dem ersten Jahr ihrer Ehe, und das meiste davon lief letzten Endes darauf hinaus, daß „David mich nie ich selbst sein ließ". David verglich später die Woche, in denen sie sich alte Verletzungen auftischten, mit dem Aufschneiden eines Geschwürs. Es war höchst unangenehm, aber es ließ das gesammelte Gift abfließen. Wie sollen wir etwas loswerden, wenn wir nicht darüber geredet haben, wie sollen wir vergeben, wenn unser Groll zuvor nicht gehört und erkannt wurde? Sandy nahm Davids Entschuldigung „Es tut mir leid. Ich habe nie gemerkt, wie du dich fühlst" eine große Last vom Herzen. Daraufhin war sie in der Lage, sich ehrlich für ihre Affäre zu entschuldigen, weil sie wußte, daß er ihre Gründe dafür verstand.

Der dritte Schritt: Das verletzte Kind in dem anderen finden und trösten
Wenn wir die Verantwortung für unser Verhalten über-

nehmen, müssen wir uns auch einer Reihe von Fragen stellen. Warum hatte Sandy eine Affäre? Die Stimme der Schuldzuweisung sagt: Weil sie eine Betrügerin ist, eine schlechte Person, unreif, dumm, tückisch oder arglistig. Das sind Werturteile, keine Begründungen. Können Sie den Unterschied erkennen? Werturteile schneiden jede Kommunikation ab, verhindern das Erkennen des Problems und den daraus folgenden Lernprozeß und stehen der Vergebung im Weg. Die Frage „Warum?" berührt über die Schuldzuweisung hinaus den persönlichen Schmerzbereich einer Person – denn resultiert nicht das Gefühl, verletzt zu sein, aus unserem eigenen Schmerz?

Sandy hatte eine Affäre, weil sie sich vernachlässigt fühlte. Um zu verstehen, warum sie diese Gefühle nicht frühzeitig geltend gemacht hatte, mußte Sandy in sich gehen und das verängstigte Kind in sich entdecken. Sie überprüfte ihre Vergangenheit, indem sie mit ihrem Inneren Kind arbeitete. Ihre Mutter war gestorben, als sie gerade zwölf Jahre alt war, und sie wuchs als übermäßig verantwortungsvolles Kind auf, da sie ihren Vater vor seiner Trauer und Einsamkeit bewahren wollte, auch um den Preis, ihre eigenen Gefühle zu verleugnen. Kein Wunder, daß sie dasselbe bei David wiederholte!

Auch David stellte sich die wichtige Frage, warum er sich oft so selbstgerecht verhielt. Als auch er sich durch seine Kindheit wühlte, war er schockiert, als er merkte, wie wütend er auf seinen Vater war, den er immer idealisiert hatte und dem er sein Leben lang alles recht machen wollte.

Langsam lernten David und Sandy im Rahmen der Therapie, in der sie ihre Konflikte aufarbeiteten, Dinge über sich und über den anderen, die sie vorher nicht gewußt hatten. Den Wendepunkt erreichten sie, als sie erkannten, daß ihre Kämpfe und Meinungsverschiedenheiten in dem Schmerz ihrer Kindheit begründet waren. Das war die Einundfünfzigprozentmarke, als plötzlich Gnade in die Waagschale geworfen wurde und die Schuldzuweisung dem Mitgefühl den Weg freimachte. Sandy und David wollten sich wirklich helfen und trösten, sie wollten nicht einander die Schuld geben und die alten Verletzungen wieder aufreißen. Nur darum geht es bei Liebesbeziehungen. Wenn wir helfen können, daß beim anderen das Beste zum Vorschein kommt, anstatt das Schlechteste hervorzuheben, wird Liebe zu einer lebendigen Kraft, die beide Menschen verwandelt und zur Genesung des verletzten Inneren Kindes führt.

Der vierte Schritt: Brücken bauen

Es war David und Sandy klar, daß sie außer der Bewältigung ihrer Kindheit noch eine weitere Aufgabe vor sich hatten: Sie mußten eine Brücke bauen zwischen den Extremen des männlichen und des weiblichen Aspektes, die sie repräsentierten. Wenn Sandy Angst, Depression oder irgendeine Emotion spürte und sich auf David stützen wollte, bestand sein altes Verhalten darin, sie abzuwehren oder zu kritisieren, worauf Sandy sich wiederum in ihren Schmollwinkel zurückzog. Was die mitfühlende und beziehungsstiftende Welt der Gefühle anging – den weiblichen Aspekt –, fühlte sich David wie ein Fisch auf dem Trockenen. Für ihn, der von seinem rationalen, logischen, männlichen Aspekt beherrscht wurde, waren Gefühle ein unbekanntes Gebiet. Er hatte nie die Absicht, Sandy zu verletzen oder sie allein zu lassen – er verstand einfach nicht, wie er ihr helfen konnte. Sie waren zu guter Letzt beide frustriert, wenn er versuchte, Sandys Stimmung auf die einzige Art, die er kannte, zu heben, nämlich indem er die Sache durchdiskutierte oder sie darauf hinwies, daß sie gar keinen Grund hatte, sich schlecht zu fühlen.

Sandy, deren weiblicher Aspekt gut entwickelt war, erwartete, daß David so mitfühlend wie sie war. Wenn er nicht auf ihre Signale reagierte – weil sie buchstäblich unsichtbar für ihn waren –, zog sie daraus den Schluß, daß sie ihm egal war. Beiden war nie der Gedanke gekommen, daß sie die Welt auf ganz verschiedene Arten empfanden, als ob der eine sie in Blau sah und der andere in Rot. Weil sie ihre Unterschiedlichkeit nie erkannt und nicht verstanden hatten, wo das Problem lag, konnten Sandy und David nicht miteinander über Gefühle reden. Als ihnen das endlich bewußt wurde, verschaffte es ihrer Beziehung eine völlig neue und von Schuldzuweisungen befreite Perspektive, eine, die eine interessante Herausforderung implizierte: Brücken der Kommunikation zu bauen, anstatt an bösem Groll festzuhalten.

Sandy lernte zu sagen: „Wenn du dich von mir zurückziehst und schweigst, dann fühle ich mich noch ängstlicher." David war jetzt in der Lage, ihre Gefühle zur Kenntnis zu nehmen, obwohl er sie nicht verstand, und ihr Antwort zu geben, wie: „Es tut mir leid. Ich weiß, daß meine Reaktion dich verschreckt, aber deine Angst verursacht bei mir Unbehagen. Ich weiß dann nicht, was ich sagen soll oder wie ich dir helfen kann." Als Sandy ihm klarmachte, daß er ihr nicht die Angst nehmen sollte, sondern daß sie nur für ein paar Minuten in den Arm genommen werden wollte, war David verblüfft und erleichtert. Weil sein männlicher Anteil die Welt als eine Serie von Gleichungen ansah, die alle lösbar waren, hatte er sich machtlos gefühlt, weil er selbst nicht mit einer Lösung aufwarten konnte.

Sandy lehrte David, daß Gefühle nicht unbedingt zu Lösungen führen müssen – sie müssen nur gewürdigt werden. Im Gegenzug teilte David seinen männlichen Aspekt mit Sandy und lehrte sie, andere Grenzen zu setzen. So sollte sie zum Beispiel bewußt entscheiden, wer in ihren emotionalen Bereich eindringen und an ihrer Energie teilhaben sollte und wer nicht. Eines Abends klingelte das Telefon, als Sandy gerade kochte. Es war eine Kollegin, die um einen Rat bat. Sandy telefonierte fünfzehn Minuten, ärgerte sich aber über die Unterbrechung; hilflos wie gewöhnlich, konnte sie nicht die Grenzen zwischen sich und der Welt ziehen. David gab ihr sehr klare Anweisungen: „Finde heraus, was die Person von dir will, und dann denke nach. Du hast die Wahl. Nur weil jemand anruft, heißt das nicht, daß du alles andere fallenlassen mußt. Möchtest du mit ihr reden? Wenn ja, wann möchtest du mit ihr reden? Sage ihr, ob und wann sie noch einmal anrufen kann."

So einfach das klingen mag – Sandy mußte hart an sich arbeiten, um männliche Fähigkeiten zu erlernen. Aber nach ein paar Monaten wurde es ihr zur zweiten Natur. Ebenso waren Davids Versuche, sich dem Gefühlsbereich zu nähern, zuerst verhalten, aber mit der Zeit wurden Gefühle für ihn zunehmend natürlicher. Sandy und David lernten, gerade ihre Unterschiedlichkeit als Möglichkeit der Entwicklung zu betrachten und das für sich zu nutzen. Sie halfen einander, reifer zu werden und das einzigartige Potential, das jeder von ihnen mitzuteilen hatte, auszudrücken.

Geben und Empfangen

Von Dir empfange ich
Dir gebe ich
Zusammen teilen wir
Damit wir beide leben können.

Schöner und schlichter als in diesem Lied kann man Geben und Empfangen als Handlungen, aus denen sich eine Liebesbeziehung aufbaut, nicht beschreiben. Viele Male am Tag geben und empfangen wir. Wenn der Austausch liebevoll vonstatten geht, fühlen wir uns geborgen, liebend und geliebt. Wenn dem nicht so ist, spüren wir Wut, Frustration und Schuld. Haben Sie je versucht, jemandem etwas zu geben, um dann erfahren zu müssen, daß er Ihr Angebot zurückwies? Oder haben Sie Angst gehabt, um etwas zu bitten, aus Furcht, daß Ihre Bitte zurückgewiesen würde? Geben und Empfangen sind die beiden Pole, zwischen denen der Strom der Liebe fließt. Es ist lebensnotwendig für eine Beziehung, klarzumachen, was wir empfangen wollen und was wir geben können.

Ich erinnere mich an ein bezeichnendes Erlebnis aus meiner Kindheit in den fünfziger Jahren, als kleine Mädchen stundenlang mit ihren Tambourstäben zu üben pflegten. Eines Tages hatte ich meinen fallen gelassen, und er verbog sich. Ich brachte ihn zu meinem Bruder Alan, der zehn Jahre älter war als ich. Er versuchte, das hohle Metallrohr über seinem Knie wieder geradezubiegen. Ich stand erwartungsvoll und mit großen Augen neben ihm. Plötzlich erwies sich der Druck auf das dünne Metall zu groß, und der Stab brach entzwei. Alan war todunglücklich. Er nahm mich in die Arme, entschuldigte sich, daß er meinen Stab zerbrochen hatte, und versprach mir, sofort einen neuen zu kaufen. Als ich seinen Kummer sah, wurde ich von Mitgefühl überwältigt und fing an zu weinen. Alan, der nicht verstand, daß ich aus Mitgefühl weinte, nannte mich ein verzogenes Gör und stampfte wütend davon. Trotz der großen Liebe, die wir füreinander empfanden, war bei der einfachen Handlung von Nehmen und Empfangen ein Kommunikationsfehler aufgetreten, die Botschaft war nicht richtig angekommen. Wenn sogar die reine und unkomplizierte Liebe zwischen einer Schwester und einem Bruder zum Entgleisen gebracht werden kann, dann denken Sie einmal darüber nach, um wie vieles schwerer der Akt des Gebens und Empfangens in komplizierteren Beziehungen werden kann.

Als Grundproblem beim Geben und Empfangen erweist sich, daß man nicht das bekommt, was man will, und daß man das bekommt, was man nicht will!

Wenn man nicht das bekommt, was man will
Viele Frauen, die dazu erzogen wurden, in unserer Gesellschaft die „Gebenden" zu sein, haben ernste Probleme

damit, das zu bekommen, was sie wollen. Diese Probleme rühren aus einem grundlegenden Irrtum her: Sie glauben nicht, daß sie darum bitten müssen. Sollte schließlich nicht jeder so mitfühlend und intuitiv sein wie sie selbst? Sollte man etwa nicht wissen, wie ihre Gedanken zu lesen und ihre Herzenswünsche zu erfüllen sind, ohne daß man sie erklären und darum bitten muß? Tun sie nicht genau das für andere?

Eine Frau namens Cindy kam einen Tag nach ihrem Geburtstag in eine Selbsterfahrungsgruppe. Sie war wütend. Warum? Weil ihr Mann ihr keine Blumen geschenkt hatte. Er sollte doch wissen, wie sehr sie Blumen liebte – obwohl er ihr in den drei Jahren ihrer Ehe noch nie welche geschenkt hatte. „Wie wäre es, wenn Sie ihn einmal darum bäten?" schlug ich vor. „Bitten?" Cindy war entrüstet. „Das nimmt den Dingen doch jede Romantik!" Eine andere Frau aus der Gruppe bedeutete ihr schnell, daß Wut die Romantik noch schneller tötet.

Die Wut darüber, nicht das zu kriegen, was man will, läßt sich leicht behandeln. Machen Sie Ihren Wunsch klar, bitten Sie darum. Erklären Sie Ihrem Partner ausführlich, was Sie möchten. Dann fragen Sie ihn, ob er Ihrer Bitte entsprechen will. Wenn dem nicht so ist, reden Sie darüber. Schließlich ist keiner dazu verpflichtet, alle Bitten, die andere an ihn herantragen, zu erfüllen. Das wäre lächerlich! Es ist einfach wichtig, klarzustellen, was wir wollen, ob der Bitte entsprochen wird oder nicht.

Wenn man das bekommt, was man nicht will

Vor ein paar Jahren machte ich zusammen mit anderen Frauen einen Gymnastikkurs. Manchmal unterhielten wir uns noch ein Weilchen, wenn die Stunde vorbei war. Eines Tages rückte Sharon mit einer ungewöhnlichen Klage heraus. Ihr Mann hatte ihr zu ihrem Geburtstag in der Woche zuvor ein rotes Negligé gekauft. Wir wurden alle grün vor Neid. „Wo liegt Ihr Problem?" riefen wir im Chor. „Wenn bloß unsere Männer mal auf die Idee kämen, uns ein rotes Negligé zu schenken." Aber Sharon war da anderer Ansicht. Sie glaubte, daß das Geschenk eigentlich gar kein Geschenk sei, sondern eine Aufforderung zu mehr Sex. Wir fragten sie, ob ihr Mann ihr das so gesagt hätte. „Eigentlich nicht", sagte sie. „Wir reden über solche Dinge nicht."

Da haben wir das alte Problem in anderer Form. Wenn Sie etwas bekommen, was Sie nicht wollen, dann nutzen Sie die Gelegenheit, herauszubekommen, was damit gemeint ist. Das Reifen in einer Beziehung ist auf Kommunikation aufgebaut, und die alltäglichen Akte des Nehmens und Gebens können diese Kommunikation anregen. Wir sollten aufhören, unsere unerfüllten Bedürfnisse, Wünsche und Ängste auf unsere Partner zu projizieren, und damit beginnen, unsere Belange auszudiskutieren.

Der Kreis zu unseren Eltern schließt sich

Der Prozeß, in unseren Beziehungen etwas über uns selbst zu lernen, läßt uns unausweichlich den Kreis zu unserer allerersten Beziehung schließen – der zu unseren Eltern. Die häufige Neigung, unsere erste Beziehung zu erneuern, ist mit einem seltsamen Paradoxon verbunden: Wir wählen uns oft Partner, die uns an den Elternteil erinnern, der am problematischsten für uns war. Die erwachsenen Kinder von Alkoholikern zum Beispiel binden sich oft an alkoholkranke Partner, deren Suchtverhalten sich aber während der Zeit der Werbung noch nicht entwickelt hatte. Kinder, die körperlich mißhandelt wurden, neigen dazu, gewalttätige Partner zu heiraten. Wenn Vater oder Mutter häufig kritisierten, dann werden wir uns häufig einen Partner mit derselben Eigenschaft wählen.

Freud nannte die unbewußte Suche nach der Wiedererstehung unserer Kindheitstraumata den Wiederholungszwang – wir reißen alte Wunden wieder und wieder auf. Eine aufschlußreichere These ist die, daß wir in uns eine Vorstellung von der vollkommenen Beziehung tragen, die unsere Verletzungen aus der Kindheit beleuchtet. Wir können diese Verletzungen nur überwinden, indem wir ihren Schmerz in die Vergebung umwandeln, die uns auf der Heldenreise vorwärtstreibt. Irgendwann müssen wir alle mit unseren Eltern Frieden schließen, ganz gleich, wie wütend wir auf sie sind oder wie sehr sie uns verletzt haben. Sie haben nur ihren eigenen Schmerz an uns weitergereicht: ein verängstigtes kleines Kind einem anderen verängstigten kleinen Kind. Sie haben ihr Bestes getan, und ihnen vorzuwerfen, daß sie es besser hätten machen können, hilft niemandem.

Wenn ich mit Menschen zusammen Vergebungsarbeit leiste, dann stehen meistens die Eltern als „Tyrannen" auf den Listen. Wir mögen ja in erwachsenen Körpern stekken, aber so lange, wie der Klang von Mutters Stimme am anderen Ende der Telefonleitung uns schuldbewußt zusammenfahren läßt, sind wir nicht frei, nicht erwachsen und haben uns nicht von den Eltern losgelöst, obwohl wir seit Jahren selbständig leben. Die Motive, uns mit unseren Eltern auseinanderzusetzen, können vielfältig sein. Sowohl David als auch Sandy zum Beispiel fingen an, als Erwachsene neue Beziehungen zu ihren Eltern zu entwickeln, als sie aufgrund ihrer Probleme erkannten, wie eng sie noch an ihre Kindheitsrollen gebunden waren. Für manche von uns geschieht das, wenn wir eigene Kinder haben und zu unserem Schrecken und Entsetzen herausfinden, daß wir sie auf genau die gleiche Weise behandeln, wie unsere Eltern uns behandelt haben. Und für einige von uns ist es nur die Nähe des Todes und Gottes Gnade, die uns ein Zeichen geben, unsere Kindheit zu beenden und eine neue Beziehung zu unseren Eltern zu entwickkeln.

In dem Sommer, als Julias plötzlicher Gewichtsverlust und ihre Magenschmerzen sich als schnell fortschreitender und unheilbarer Magenkrebs herausstellten, der schon auf die Leber übergegriffen hatte, war sie fünfunddreißig. Der Arzt meinte, sie solle ihre Dinge ordnen; sie könne sich glücklich schätzen, wenn sie noch bis Weihnachten leben würde.

Julia, die geschieden war, zwei kleine Söhne und viele gute Freunde hatte, hatte noch Kontakt zu ihrer Mutter, aber sie standen sich nicht nahe. Sie war als Einzelkind aufgewachsen. Zu ihrem Vater hatte sie eine sehr enge Beziehung gehabt, durch die die Mutter sich bedroht gefühlt hatte. Die beiden waren jahrelang Rivalinnen gewesen, obwohl keine es zugegeben hätte, und als ihr Vater während ihres letzten Collegejahres starb, gingen Julia und ihre Mutter auf Distanz. Keine von beiden war daran interessiert, weiterhin eine Nähe aufrechtzuerhalten, die sie nur wegen des Vaters vorgetäuscht hatten. Doch sie blieben in Verbindung und besuchten sich ein- oder zweimal im Jahr.

Julias Mutter war auf die Nachricht hin, daß ihre Tochter Krebs hatte, natürlich herbeigeeilt, um ihr nach der Operation zu helfen, aber der Besuch, zwar höflich und pflichtbewußt, war oberflächlich geblieben. Ihre Mutter hatte ihr angeboten zu bleiben, aber Julia schickte sie resolut wieder heim. Sie war entschlossen, die Dinge mit Hilfe ihres geschiedenen Mannes zu regeln, eine Sammlung von Briefen für ihre Söhne anzulegen, die sie an jedem Geburtstag öffnen sollten, bis sie einundzwanzig waren, eine Menge Geschichten für sie auf Band zu sprechen und dann diese Erde so bald wie möglich zu verlassen.

Weihnachten und damit Julias voraussichtlicher Todestag kam und ging vorbei. Sehr zur Überraschung ihrer Ärzte blieb ihr Zustand ernst, aber unverändert. Mit jedem Monat wurde es schwerer für Julia weiterzumachen. Die Tatsache, daß sie ihre Söhne verlassen mußte, bedrückte sie immer mehr, und in der Auseinandersetzung mit ihrer Trauer begann sie auch, sich mit der Beziehung zu ihrer Mutter auseinanderzusetzen und um sie zu trauern. Julia hatte mit Meditation begonnen, nachdem sie ihre Diagnose erfahren hatte – sowohl um mit der Angst fertig zu werden als auch als spirituelle Übung, um Gott näherzukommen. Aber plötzlich konnte sie sich kaum mehr konzentrieren. Sobald sie ihre Augen schloß, überkamen sie Rastlosigkeit und Angst, und sie mußte aufgeben.

Wir redeten über ihr Problem, und Julia willigte ein, nur an ihre Gefühle zu denken und zu sehen, wohin sie sie führten. Sehr bald zogen Kindheitserinnerungen an ihre Mutter und ihren Vater an ihr vorbei. Sie erinnerte sich an einen Tag, als sie aufgeregt nach Hause gekommen war, weil sie zum zweiten Mal im Diktat eine Eins bekommen hatte. Ihr Vater war sehr erfreut gewesen, aber ihre Mutter hatte sie tatsächlich beschuldigt, abgeschrieben zu haben!

Sie brach in Tränen aus bei der Erinnerung an die Verletztheit und die Wut, die sie damals gefühlt hatte. Ganz egal, wie gut sie etwas machte, wie hübsch sie aussah oder wie engagiert sie etwas zu erreichen versuchte, ihre Mutter fand immer einen Weg, sie herunterzumachen. Julia war zutiefst erstaunt über die immer noch brennende Wut in sich, über die tiefe Verletztheit der kleinen Julia, deren Gefühle im Alter von sechsunddreißig so lebendig waren, wie sie es im Alter von sieben, acht oder neun Jahren gewesen waren.

Sobald diese Erinnerungen in ihr aufstiegen, hatte Julia das Gefühl, daß sie sich nicht loslassen und sterben konnte, ehe sie nicht die Beziehung zu ihrer Mutter wiederhergestellt hatte. Sie begann mit dem Vergebungsprozeß, über den wir im letzten Kapitel gesprochen haben, und als sie zum vierten Schritt kam und überlegte, welche Aktionen sie in Angriff nehmen sollte, merkte sie, daß sie ihrer Mutter mitteilen mußte, wie sie sich fühlte, ob das nun ihre Beziehung veränderte oder nicht.

Aber sie fürchtete sich zu sehr davor, daß ihre Mutter sie

zurückstoßen und wieder abweisen würde, wenn sie die Tiefe ihrer Verletztheit und ihres Zorns enthüllte. Also begann sie die Heilung mental, stellte sich vor, sie wäre im Haus ihrer Kindheit. Zuerst saß sie nur schweigend bei ihrer Mutter, und dann begann sie mit ihr zu reden, erzählte ihr, wieviel Angst sie hatte, wie sehr sie sich wünschte, geliebt und akzeptiert zu werden. Doch die Unterhaltungen blieben einseitig. Sie hatte gehofft, daß ihre Mutter etwas sagen würde, aber sie antwortete nicht auf ihre Versuche der Kontaktaufnahme.

Es war später Herbst, mehr als ein Jahr war vergangen seit der Diagnose. Es war der fünfzehnte Todestag ihres Vaters, und Julia fuhr mit ihrem geschiedenen Mann und ihren Söhnen zu dem Friedhof, wo ihr Vater begraben war. Nachdem sie das Grab bepflanzt hatten, setzten sie sich alle vier schweigend hin, und in der Stille ihres Herzens bat Julia ihren Vater um Hilfe dabei, ihre Mutter zu verstehen.

An diesem Herbsttag, fünfzehn Jahre nach seinem Tod, erlebte Julia wieder die Sicherheit und den Frieden der Liebe, die ihr Vater sowohl für sie als auch für ihre Mutter gehegt hatte. Und dann spürte sie plötzlich den Schmerz, den Schrecken und die Angst, die ihre Mutter gefühlt haben mochte, als sie fürchtete, die Liebe ihres Mannes an Julia zu verlieren. Tränen begannen zu fließen, Tränen des Mitleids für das verängstigte Kind in ihrer Mutter, das so große Angst davor gehabt hatte, die Liebe ihres Mannes zu verlieren, daß sie ihr Herz nicht völlig ihrem eigenen Kind öffnen konnte. Julia wurde von Liebe für ihre Mutter und Mitgefühl für ihren Schmerz überwältigt, und sie wünschte sich, daß ihre beiden Jungen ihre Großmutter so kennenlernten, wie sie selbst es nie gekonnt hatte.

An diesem Abend rief Julia ihre Mutter an: Sie bat sie, zu ihr zu kommen und für sie zu sorgen, bis sie starb. Am anderen Ende der Leitung fing die Mutter an zu weinen, gerührt, daß ihr Kind, von dem sie so lange auf Distanz gehalten worden war, sie wieder in seinem Leben willkommen hieß.

Julias Mutter kam, um sich um ihre Tochter und ihre Enkel während der bittersüßen Zeit, die den letzten Zyklus von Julias Erwachsenwerden markierte, zu kümmern. Julia lebte noch einen Monat, bis Weihnachten, dankbar für dieses Jahr der Gnade, in dem sie und ihre Mutter gereift waren, das Jahr, in dem die stille und mächtige Gegenwart des Dritten – desjenigen, der in Erbarmen zusammenführt – ihnen beiden vergab.

Wie wir durch die Fähigkeit, füreinander zu sorgen, einander zu akzeptieren und letztlich einander zu lieben, unsere Ebenbildlichkeit zu Gott entdecken – das ist es, was unseren menschlichen Reifeprozeß ausmacht.

Wenn du das Licht in dir findest,
Wirst du wissen, daß du immer
Im Zentrum der Weisheit gewesen bist.
Wenn du tiefer gräbst, in dem, der du wirklich bist,
Mit deiner Erleuchtung und deiner Verwirrung,
Mit deinem Zorn, Verlangen und deiner Entstellung,
Wirst du den wahren lebendigen Gott finden.
Dann wirst du sagen,
Ich habe dich mein ganzes Leben lang gekannt,
Und ich habe dich mit vielen verschiedenen Namen
*   gerufen.*
Ich habe dich Mutter und Vater und Kind genannt.
Ich habe dich Liebster genannt.
Ich habe dich Sohn und Blumen genannt.
Ich habe dich mein Herz genannt.
Aber niemals, bis zu diesem Augenblick,
habe ich dich ICH genannt.*

---

* *Emmanuel's Book: A Manual für Living Comfortably in the Cosmos,* zusammengestellt von Pat Rodegast und Judith Stanton

Vorschläge für den Leser

1. *Können Sie spezifisch männliche und weibliche Eigenschaften in sich wiedererkennen? Wie beeinflussen diese Sie und Ihre Beziehungen?*

2. *Wo stehen Sie in dem Prozeß der Kommunikation, der Reife und der Vergebung in Ihrer wichtigsten Beziehung? Wenn Sie Hilfe brauchen, können Sie darum bitten?*

3. *Wo stehen Sie in dem Prozeß der Vergebung Ihren Eltern gegenüber?*

Spirituelle Übungen und Quellen

Die psychische und spirituelle Reise der Seelenheilung ist ohne Anfang und ohne Ende. Obwohl wir uns dessen nicht bewußt sein mögen, war unsere Seele immer auf der Suche nach ihrer Quelle des Seins und wird es immer sein.

Unsere Probleme, Fehler, Leiden und unser Bedauern sind nicht weniger ein Bestandteil unserer angeborenen Bewegung auf das Ganze zu als unsere bewußten Anstrengungen, ein Leben voll Mitgefühl und Liebe zu führen. Die Reise geht nie zu Ende, weil unsere Seele weiter an Weisheit und Erfahrung gewinnt, sowohl im irdischen Leben als auch in unbekannten Welten. Wir sind auf einer Reise ohne Ende und zu keinem anderen Ziel, als den Augenblick in seiner Fülle zu leben und ja zum Leben zu sagen.

Unsere Fähigkeit, ja zu sagen, sich in den Augenblick zu ergeben – ganz gleich, wie freudig, traurig, liebevoll oder beängstigend er ist – schwankt. Manchmal befinden wir uns mitten im Strom. Wir können die Ganzheit fühlen. Ein anderes Mal fühlen wir uns, als wären wir von Sorgen und Furcht abgetrieben worden. Das macht nichts. Wie Joseph Campbell sagt: Das Beste, was wir tun können, ist das Gute wollen, den Augenblick wollen.

Ein Mönch wurde einmal gefragt, was er und seine Mitbrüder den ganzen Tag in der Abtei täten. Seine Antwort lautete: „Wir fallen und stehen wieder auf. Fallen und stehen wieder auf. Fallen und stehen wieder auf." So ist das Leben.

Wenn Sie oben sind, teilen Sie Ihre Freude. Wenn Sie unten sind, teilen Sie Ihren Kummer. Das ist alles, was ein authentisches Leben ausmacht. Wenn Sie miteinander teilen, werden Sie in das Mysterium des Mitgefühls eindringen. Darauf spielte Jesus an, als er sagte: „Wenn zwei oder drei von euch in meinem Namen versammelt sind, werde ich mitten unter euch sein." Indem wir teilen, schließt das Göttliche sich uns als das Dritte an und verbindet uns.

Techniken, um sich zu erinnern

Es gibt Techniken, die uns während unserer Reise helfen können. Sie haben alle nur ein Ziel – sie helfen uns dabei, uns zu erinnern, daß die Quelle unseres Seins die Liebe ist.

Musik ist die Freude der Seele. Sie lebt von Erinnerungen und Gefühlen. Jede Note, die Johann Sebastian Bach schrieb, war Christus gewidmet. Sie können Bachs Beziehung zum Geist in seiner Musik spüren, und Sie können seine Begeisterung teilen. Es gibt alle Arten von spiritueller Musik. Rock 'n' Roll ist spirituell, wenn er unseren Lebensimpuls anfacht und unsere Energien weckt. Melodische, andächtige Musik und die natürlichen Laute der Vögel und des Windes, des Meeres und des Lachens – auch das ist spirituelle Musik.

Meditation, in der wir die Welt für eine kleine Weile verlassen, um in die Stille des Atems oder Mantras einzutreten, bereitet uns darauf vor, in das Leben wie in eine Meditation vorzudringen. Wenn es uns gelingt, erkennen wir, daß es keinen Unterschied zwischen dem Irdischen und dem Himmlischen gibt. Wenn wir ein Stück Schokoladenkuchen dankbar und im Bewußtsein des Genusses essen, ist das nicht weniger spirituell, als wenn wir ein Gebet sprechen. Meditationsanleitungen schaffen einen besonderen Rahmen für eine Selbstbefragung, in der wir vertraute Dinge durch das weise Auge des Selbst erfahren. Sie werden drei dieser Meditationsanleitungen – auch Übungen der inneren Weisheit genannt – am Ende dieses Kapitels finden.

Dankbarkeit ist ein Maß für unser Glück, und sie zeigt, daß wir auf dem richtigen Weg sind. Ich ging einmal zu einem Gebetsgottesdienst, den der Priester begann mit einer Besinnung auf die Dankbarkeit für das, was keinerlei Heilung bedarf. Wenn wir Gefahr laufen, uns in dem zu verlieren, was zerstört ist, können wir uns wieder zentrieren, indem wir uns daran erinnern, was heil geblieben ist – oder, wie Rabbi Nachman sagt, nach dem Guten Ausschau halten. Wenn Sie spazierengehen, danken Sie still für die Bäume. Wenn Sie in das Gesicht eines geliebten Menschen sehen, danken Sie dafür. Während Sie gehen, seien Sie dankbar für Ihre Beine. Das ist die Grundlage des jüdischen Brauchs, häufig während des Tages zu beten: Man dankt Gott für die kleinen Dinge – ein Gebet beim Händewaschen, eines beim Betreten des Hauses und ein Gebet, wenn man abends den ersten Stern sieht. Dankbarkeit ist Erinnerung.

Gebet ist unsere Erkenntnis, daß Gott nicht ein ganz anderer, sondern ein Teil von uns selbst ist. Joseph Campbell weist darauf hin, daß das fernöstliche Symbol für Yin und Yang die Gegensätze Hell und Dunkel zu einer Einheit verflicht. Jeder besitzt ein kleines Auge, einen kleinen Fleck in der anderen Farbe. Sonst wären die beiden Teile völlig verschieden und könnten sich nicht verbinden. Beim Gebet erinnert sich der unendliche Teil von uns daran, daß er nicht ganz anders, sondern Teil des unendlichen Bewußtseins von Gott ist.

Es ist gut, auf eine Art zu beten, die Ihnen hilft, sich Gott verbunden zu fühlen. Rabbi Nachman schlägt vor, daß wir zu Gott beten sollen, als ob wir mit unserem besten

Freund sprächen, und daß wir ihm alles erzählen sollen – Ängste, Klagen, Hoffnungen und Träume. Gott ist ein guter Zuhörer.

Selbstloser Dienst am Nächsten (seva) ist eine spirituelle Praktik, die in jeder Religion vorkommt. Wir müssen hier allerdings von dem Bedürfnis, jemanden retten zu wollen, unterscheiden. Selbstloser Dienst entspringt nicht einem Bedürfnis, sondern dem Mitgefühl. Im *seva* empfinden wir wirklich, wie wahr das Sprichwort „Geben heißt auch Empfangen" ist. Wir müssen deshalb nicht nach Kalkutta gehen, um Mutter Theresa in ihrem Dienst am Nächsten zu unterstützen. Wir müssen noch nicht einmal unser Haus verlassen. Wir können *seva* üben, indem wir aus liebender Freundlichkeit unserem Nächsten ein Bedürfnis erfüllen.

Wissenschaftliche Studien sind eine Quelle der Weisheit. Menschen, die die Erfahrung der Todesnähe gemacht haben, kehren nicht nur mit dem Bewußtsein zurück, daß Liebe das Wichtigste ist, sondern auch mit dem Gefühl, daß Liebe das Verlangen nach Weisheit weckt. Sie sagen, daß Liebe und Weisheit die einzigen Dinge sind, die wir aus diesem Leben mitnehmen, weil sie der Grundbestandteil unserer Seele sind. Ein gutes Buch ist wie ein lebendiger Lehrer. Es spricht zu Ihnen.

Sich Zeit nehmen ist eine spirituelle Praktik, die all die anderen unterstützt. Sie werden keinen Schritt weiterkommen auf der Reise zu ihrem Selbst, wenn Sie sich keine Zeit nehmen. Vielleicht finden Sie abends eine Stunde, in der Sie sich entspannen, Musik hören, spazierengehen, meditieren oder beten können. Selbst an Tagen, wo Ihnen die Zeit durch die Finger zu rinnen scheint, gibt es die Augenblicke im Bett kurz vor dem Einschlafen. Nach Ansicht der jüdischen Mystiker dichtete König David all seine Psalmen, während er vor dem Einschlafen meditierte.

Marksteine zur Erinnerung

Marksteine sind Dinge, die uns an heilige Augenblicke erinnern. Während ich dieses Buch schrieb, befand sich meine Mutter im letzten Stadium ihres Lebens. Obwohl es eine traurige Zeit war, war es auch eine wundervolle Zeit, denn wir kamen uns näher als je zuvor. Sie starb, während ich an der Korrektur des Manuskriptes arbeitete. Der Tag und die Nacht und der Morgen, in denen sie sich mühte, diese Welt zu verlassen und ihrer Seele das Leben zu schenken, gehörten zu den am tiefsten empfundenen Stunden meines Lebens. Die ganze Familie verbrachte den Tag und den Abend bis spät in die Nacht mit ihr. Dann saßen mein Bruder, mein Sohn und ich bei ihr, bis sie am nächsten Morgen ihren Körper verließ. Wir hielten sie im Arm und beteten für sie.

Gegen zehn Uhr abends hatte sie sich von jedem von uns verabschiedet, danach erzählte sie uns Witze, bis sie schließlich einschlief und auf den Augenblick wartete, in dem sie sich von ihrem Körper lösen konnte. Als wir uns voneinander verabschiedeten, tauschten Mom und ich Geschenke aus. Ich fragte sie, welchen Wesenszug von mir sie sich wünschte, und sie sagte mir, daß sie meine Fähigkeit des Mitgefühls bewundere. Ich dagegen schätzte ihre Courage. Zum Abschied schenkten wir gegenseitig unseren Seelen diese Wesenszüge.

Ich habe zwei Rosen als Marksteine, als Erinnerung an meine Mutter aufgehoben. Die eine, die auf ihrem Kopfkissen gelegen hatte, als sie diese Welt verließ, und eine von ihrer Beerdigung. Sie erinnern mich an meine Mutter und an die Unbezähmbarkeit des menschlichen Geistes. Sie erinnern mich an Gottes Gnade. Aber besonders erinnern sie mich daran, daß ich keine Angst haben muß, weil ich weiß, daß ich nicht allein bin.

In meinem Meditationsraum gibt es viele andere Marksteine, die mich an besonders intensive und „heilige" Momente meines Lebens erinnern: Steine, Fotos, besonders geformte Holzstücke... Ein jedes ist mit Erinnerungen verbunden und mir gleichzeitig Mahnung auf meinem Weg. Als ich einmal in einem meiner Kurse fragte, ob jemand einen Markstein besäße, holten fast alle Teilnehmer etwas hervor: Kristalle, Medaillen, Ringe, wundervolle Steine und Scherben von antiken Tongefäßen. Eine Frau hatte sogar einen *lingam* aus Indien mitgebracht, ein geheiligtes Objekt, das aussieht wie ein Ei aus Stein. Während wir unsere einzelnen Marksteine weiterreichten, erzählten einige ihre Geschichten dazu. In diesem Miteinander-Teilen halfen wir einander, uns an den Geist zu erinnern und an die wundervollen, oft verschlungenen Wege, in denen er uns berührt und uns zeigt, wer wir wirklich sind.

Auch die Ureinwohner Amerikas haben Marksteine, um sich zu erinnern. Sie bewahren diese Objekte in einem Lederbeutel auf, der Medizinbeutel genannt wird. Sich erinnern ist eine starke Medizin zur Heilung der Seele.

Was sind Ihre Marksteine? Versuchen Sie sie an einem Platz zusammenzutragen, den Sie zum Meditieren, Tagebuchschreiben, Lesen, Zuhören benutzen können. Schaffen Sie sich einen heiligen Ort. Wenn Sie dorthin gehen, können Sie die Verpflichtungen der Welt für eine Weile hinter sich lassen und sich an die Verbindung mit einer größeren Sphäre des Seins erinnern.

Übungen der inneren Weisheit (Meditationsanleitungen)

Die folgenden Meditationsübungen können Ihnen auf dem Weg vom Schuldbewußtsein zur Vergebung helfen. Sie sind dazu da, Ihre Seele bei der Genesung zu unterstützen. Sie können die Übungen langsam und liebevoll auf Band sprechen, am besten mit einer musikalischen

Untermalung, die ich Ihnen vorschlage. (Sie können aber genausogut ein anderes Musikstück wählen.)

Ehe Sie sich hinsetzen, um diese Übungen aufzunehmen, entspannen Sie sich. Machen Sie einen Spaziergang, oder nehmen Sie ein Bad. Recken Sie sich kräftig. Dann schließen Sie die Augen, und zentrieren Sie sich in Ihrem Atem. Beobachten Sie sich ein paar Minuten lang, erfreuen Sie sich an Ihrem Inneren Kind, oder zentrieren Sie sich mit einer Meditation. Dann werden Sie bereit sein, aus tiefstem Herzen zu sprechen. Während Sie das tun, werden Sie spontane Veränderungen in den Texten vornehmen. Tatsächlich ist es so, daß sie jedes Mal, wenn ich sie bei einem Kurs vorlese, eine neue Ausprägung erhalten. Schwimmen Sie mit der inneren Strömung. Und freuen Sie sich an sich selbst. Wenn Sie diese Übungen aus irgendeinem Grund zu diesem Zeitpunkt ablehnen, dann machen Sie sie nicht.

Das Innere Kind heilen

Musikvorschlag:
Variations of the Kanon by Johann Pachelbel, Piano Solo, gespielt von George Winston auf der LP *December*

Atme tief ein und schließe sanft die Augen. Seufze ein paarmal tief... Seufzer der Erleichterung... Und schaue, ob dein Körper sich ein wenig strecken will... oder ob du gähnen möchtest...
Achte jetzt auf den natürlichen Rhythmus deines Atems. Spüre, wie sich dein Körper leicht hebt, während du einatmest, und entspanne dich, während du ausatmest (ein paar Atemzüge Pause)... *Jedes Ausatmen ist eine Gelegenheit, sich loszulassen... sich ein klein wenig mehr zu entspannen... die behagliche Schwere und Wärme deines Körpers zu fühlen...*

Und während du dich entspannst, kannst du deinen Gedanken zurück in den Speicher besonderer Erinnerungen folgen... zurück an einen sehr friedlichen, magischen Ort aus deiner Kindheit... Dein geheimes Versteck – so, wie es war, oder nur so, wie es gewesen wäre... (Pause) *Hier, in deinem Nest, kannst du hinaus in die Welt schauen und dich an den Farben freuen... den Klängen... den Gerüchen und dem besonderen Gefühl der Geborgenheit in deiner eigenen kleinen Ecke der Welt.*

Und während du dich entspannst, kannst du dein Kind-Selbst hier finden... (Name dessen, für den die Aufnahme bestimmt ist) *ist hier, immer hier... wartet auf dich... denn du kennst sie (ihn) besser und liebst sie (ihn) mehr als jede andere Person auf der Welt* (Pause). *Schau sie (ihn) gut an. Wie alt ist sie (er)? Was hat sie (er) an? Wie wirkt sie (er) auf dich?*

Sie (er) freut sich, dich, ihre (seine) beste(n) Freund(in) zu sehen... Schau in ihre (seine) Augen... und spüre das Lächeln, das in euren beiden Herzen wächst. Während die Nähe wächst, geh zu ihr (ihm). Umarme und halte sie (ihn) fest... Spüre ihre (seine) Freude und Liebe für dich... Sie (er) hat schon so lange darauf gewartet.

Es ist so lange her, seit sie (er) dich gesehen hat... Und es gibt so vieles zu erzählen. Sie (er) möchte es dir in Worten... in Bildern... in Gefühlen erzählen. Das ist ihre (seine) Zeit. Du mußt nur zuhören. Du brauchst jetzt nicht direkt zu antworten. Nur zuhören... und für sie (ihn) dasein... ganz egal, was sie (er) durchgemacht hat, was sie (er) getan haben mag, welche Erfahrungen sie (er) gemacht haben mag... (lange Pause).

Wenn sie (er) fertig ist, laß sie (ihn) dein Mitleid durch deine Blicke und in deinem Herzen spüren... Tröste sie (ihn)... Laß sie (ihn) wissen, daß du sie (ihn) nie wieder verlassen wirst... daß du immer für sie (ihn) dasein wirst... daß du, ganz gleich, was geschieht, ihr (ihm)

immer helfen und sie (ihn) lieben wirst... Denn sie (er)
hat ihr (sein) ganzes Leben lang darauf gewartet, das zu
erfahren...
Jetzt laß dich von ihr (ihm) an die Hand nehmen, und
folge ihr (ihm) über eine sonnige Wiese. (Pause). Sie (er)
möchte dir zeigen, wie wunderschön die Blumen
sind... und die Gräser. Sie (er) möchte dich den Vögeln
und dem Wind vorstellen... Sie (er) möchte dich zu
einem geheimen Versteck bringen, wo sie (er) ein beson-
deres Geschenk für dich versteckt hat... ein Geschenk,
das dir auf deinem Weg helfen wird... Wenn du zu dem
geheimen Versteck kommst, steht dort eine Schatz-
truhe, und wenn sie (er) die öffnet, ist dein Geschenk
darin... Nimm es und danke ihr (ihm). Laß sie (ihn)
wissen, daß du bald wiederkommen wirst... daß du nie
wirklich weggewesen bist... Umarme sie (ihn) und sage
ihr (ihm) für heute auf Wiedersehen... nur für heute,
denn sie (er) ist immer in dir.

Lassen Sie die Musik in der nächsten Minute, während
Sie die folgenden Anweisungen zur Reorientierung vorlesen, langsam ausklingen.

Komm wieder zurück ins Zimmer, wann immer du be-
reit dazu bist... Laß dir Zeit... Genieße die Gefühle der
Liebe und der Geborgenheit und das sichere Wissen,
daß du es immer wert warst, geliebt zu werden.

Vergebung

Ich habe diese Meditation im Laufe der Jahre entwickelt
und halte sie für eine hervorragende Ergänzung des Lern-
prozesses zur Selbstvergebung und zur Vergebung anderer. Bevor Sie mit der Meditation anfangen, stellen Sie
sich denjenigen vor, dem Sie vergeben wollen, aber seien

Sie nicht überrascht, wenn irgend jemand anders erscheint. Es ist besser, zunächst mit der Vergebung kleinerer Verletzungen anzufangen, anstatt diese Arbeit mit Ihrem größten Feind zu beginnen.

Musikvorschlag:
Some Children See Him und *Peace,* Piano Soli,
gespielt von George Winston auf der LP *December*

Achte jetzt auf ein, und schließe sanft die Augen. Seufze ein paarmal tief... Seufzer der Erleichterung... Und schaue, ob dein Körper sich ein wenig strecken will... oder ob du gähnen möchtest... (Pause). *Achte jetzt auf den natürlichen Rhythmus deines Atems. Spüre, wie sich dein Körper leicht hebt, während du einatmest, und entspanne dich, während du ausatmest...* (ein paar Atemzüge lang Pause) *jedes Ausatmen ist eine Gelegenheit, sich loszulassen... sich ein klein wenig mehr zu entspannen, deinen Körper sinken zu lassen... und die behagliche Schwere und Wärme zu spüren...* (Pause). *Und du kannst durch deinen Geist zu den Wiesen deines innersten Seins reisen... zu einer sonnigen Lichtung, duftend im milden, sanften Wind des Frühlings... Während du atmest, kannst du dich in der warmen Sonne entspannen und spüren, wie der Wind deinen Körper streichelt und an deiner Kleidung zupft... Du kannst dich mehr und mehr in die fröhlichen Anblicke und Geräusche und Gerüche einfühlen... die Gräser, die Bäume, die Blumen...* (Pause) *die Vögel und Schmetterlinge...* (Pause) *die Fülle des Lebens auf der Wiese... und das Zirpen der Grillen und der Wind in den Bäumen... Und du kannst den Frieden hier an diesem besonderen Ort spüren... und die Lebenskraft des erwachenden Frühlings...* (Pause). *Und du kannst die Lebenskraft in deinem eigenen Körper spüren... fühlst, wie er mit der Wiese mitschwingt... Empfinde das als Freude...* (Pause) *Und die*

Wiese ist ein Ort der Sicherheit, der Wahrheit und des Friedens... ein Ort der Weisheit in dir, zu dem du immer kommen kannst... Und auf der Wiese gibt es viele besondere Orte, die du entdecken kannst... Orte, an denen du deine Macht spürst... (Pause) *und Orte, an denen du dich besonderes geborgen und sicher fühlst...* (Pause).

Am Rande der Wiese sind Tore zu verschiedenen Wegen – den Lebenserfahrungen, die du gemacht hast... Wege über weite, sonnige Hügel und durch dunkle, enge Täler... Wege durch hölzerne Labyrinthe und durch weite, offene Räume... Und jeder dieser Wege, ob er nun hoch oder tief ist, sieht aus wie ein Regenbogen... Und am Ende steht ein Topf voll Gold... ein Geschenk für das Lernen...

Eingekuschelt in die Sicherheit deines eigenen besonderen Ortes, kannst du auf die Wege deiner Lebenserfahrung hinuntersehen... auf die Beziehungen, die du zu anderen Menschen hattest... (Sprechen Sie mit etwas lauterer Stimme) *Wähle eine aus, in der Zorn, Verletztheit oder Schuld oder irgendein anderes Gefühl immer noch den Weg zur Vergebung blockiert...* (Pause) *Und gleich wirst du ein symbolisches Bild dieses Gefühls vor dir sehen, das den Weg hinuntergeht, um sich mit dir am Rand der Wiese zu treffen... um dir die Geschenke seiner Lehren zu geben...* (Pause).

Bringe deinen inneren emotionalen Boten zu einem Ort, der für dich der behaglichste auf der ganzen Wiese ist. Es könnte ein Ort der Macht oder ein Ort der Sicherheit sein. Weil du dich verändert hast, seit du das letzte Mal mit diesem Gefühl Kontakt hattest, möchtest du vielleicht deinen Boten kleiner oder größer machen...

Laß dich nieder, und rufe dir die Situation, die Vergebung erfordert, ins Gedächtnis... (lange Pause) *Frage dein Gefühl, wie es dich in dieser Situation beschützt hat...* (lange Pause) *Und danke ihm für seine Hilfe... Frage es, ob es für dich jetzt andere Wege gibt, damit du dich sicher fühlst – Wege, die dein Herz öffnen* (lange Pause)... *Und frage, was es dir über die andere Person beibringen kann...* (lange Pause) *und über dich selbst...* (lange Pause).

Danke ihm für seine Lehren, und erwidere den Gefallen, indem du es freisetzt – seine Energie wieder zurück in die Lebensquelle fließen läßt – als Vogel oder Blume oder als Blitz. Wisse, daß es spontan kommen wird, wann immer es gebraucht wird – frei, sich zu formen und sich aufzulösen... frei, um spontan es selbst zu sein.

Fühle die Lebenskraft im unbändigen Emporschießen neuen Lebens um dich herum... Verbeuge dich in deinem Herzen vor dem Urheber des Lebens... vor dir selbst... vor denen, die mit dir die Lehren der Liebe in Form von Schmerz ausgetauscht haben... Und wisse, daß euch beiden vergeben ist... jetzt und für immer...

Lassen Sie die Musik etwa eine Minute lang ausklingen, und lesen Sie dann die Reorientierung vor.

Wann immer du bereit dazu bist... Nimm dir Zeit... Kehre zurück in das Zimmer, ein wenig leichter, als du warst, bevor du es verlassen hast.

Dankbarkeit und Heilung

Der Körper ist ein großes Mysterium. Als Wissenschaftlerin habe ich stundenlang mit hingerissener Bewunderung vor seiner großartigen Struktur, vor dem Mikrokosmos in uns gesessen. Wenn wir uns die Zeit nehmen, dankbar für unser Leben und den Körper zu sein, der uns durch dieses Leben trägt, erwerben wir größeren Respekt für die herrliche Schöpfung, die wir darstellen, und helfen unserem Körper, sich zu entspannen und geheilt zu werden.

Musikvorschlag
Thanksgiving und *Night,* Piano Soli, gespielt von George
Winston auf der LP *December*

*Atme tief ein, und schließe sanft die Augen. Seufze ein
paarmal tief... Seufzer der Erleichterung... Und
schaue, ob dein Körper sich ein wenig strecken will...
oder ob du gähnen möchtest...* (Pause).
*Achte jetzt auf den Rhythmus deines Atems... Spüre,
wie sich dein Körper leicht hebt, während du einatmest,
und entspanne dich, während du ausatmest...* (ein paar
Atemzüge lang Pause)... *Jedes Ausatmen ist eine Gelegenheit, sich loszulassen... die wohltuende Wärme und
Schwere deines Körpers zu spüren... ein bißchen mehr
bei jedem Ausatmen* (Pause).
*Wenn du jetzt einatmest, stelle dir deinen Atem wie
einen warmen, liebevollen Lichtstrom vor, der in deinen Kopf eindringt. Laß ihn deine Stirn und Augen
ausfüllen... dein Gehirn... deine Ohren... und die
Nase... Spüre, wie das Licht deine Zunge, deine Kiefer
und deinen Hals wärmt und entspannt. Laß deinen
Kopf in einem Meer von warmem Licht treiben... Es
wird bei jedem Atemzug heller und heller...* (Pause)
*Danke deinen Augen für das Wunder des Sehens...
deiner Nase für den Duft der Rosen und den Duft von
heißem Kaffee am kalten Morgen* (oder etwas anderes,
was Sie mögen)... *deinen Ohren für die vollen
Klänge... deiner Zunge für das Vergnügen des Schmek-
kens... Und laß das Licht jede Zelle deiner Sinne erfüllen und heilen...*
*Atme das Licht in deinen Hals... Laß es sich in deinen
Schultern ausbreiten... Und atme es deine Arme hinunter... und in deine Hände... bis in die Fingerspit-
zen... Danke deinen Armen und Händen für alles, was
du in deinem Leben geschaffen und berührt hast... all
die Menschen, die du umarmt und an dein Herz gedrückt hast... Ruhe dich in der Wärme und Liebe des*

Lichts aus... dem Licht, das mit jedem Atemzug heller wird...

Und atme das warme Licht in deine Lungen und in dein Herz... Spüre, wie es in den ganzen Brustkorb eindringt, jedes Organ, jede Zelle mit Liebe erfüllt. Während du atmest, sage deinen Lungen für das Hereinbringen der Lebensenergie Dank – und deinem Herzen dafür, daß es Leben in alle Zellen deines Körpers schickt und daß es dir all diese Jahre so gut gedient hat... Ruhe dich in der Dankbarkeit und der Liebe aus... in dem Licht, das fortfährt, mit jedem Atemzug heller zu werden...(Pause).

Und atme das Licht in deinen Bauch, spüre, wie es tief in dein Zentrum eindringt, in die Verdauungs- und Zeugungsorgane... Und spüre das Wunder deines Körpers... das Mysterium der Fortpflanzung und der Fähigkeit, Leben zu zeugen... Laß das Licht sich in deinem Torso ausbreiten, bis hinein in dein Hinterteil... Es wird wärmer und heller... es bringt alle Zellen deines Körpers ins Gleichgewicht und heilt sie...

Atme das Licht in deine Oberschenkel... in Knochen und Muskeln, Nerven und Haut – sie sind lebendig durch die Energie des Lichts... geborgen in deiner Fürsorge und deiner Liebe... Und laß das Licht sich in deinen Waden ausbreiten... und deinen Füßen... bis in die Fußsohlen... Fühle Dankbarkeit für das Geschenk des Gehens... Laß das Liebeslicht heller und heller werden...

Ruhe dich in der Fülle des Lichtes aus... Genieße die Lebenskraft... Und wenn es in deinem Körper irgendeine Stelle gibt, die sich entspannen oder die geheilt werden muß, lenke das Licht dorthin, und halte diesen Teil deiner selbst mit der gleichen Liebe fest, die du einem verletzten Kind geben würdest... (Pause).

Während du jetzt atmest, spüre, wie das Licht von deinem Körper ausstrahlt... Genau wie ein Licht in der Dunkelheit scheint, umhüllt es dich mit einem Kokon *der Liebe... Und du kannst spüren, wie der Kokon sich um deinen ganzen Körper ausbreitet, über und unter dir und an allen Seiten, fast einen Meter dick... wie ein riesiger Kokon... ein Ort vollkommener Sicherheit, wo du deinen Körper und deinen Geist wieder aufladen kannst... (Pause).*

Und du kannst dir vorstellen, wie das Licht andere Menschen umgibt... sie mit der gleichen Ausstrahlung der Liebe, Dankbarkeit und Heilung umhüllt... Sieh die Menschen, die du liebst, in dem Licht... Sieh die, die du für deine Feinde hältst, im Licht... Dann laß das Licht sich ausbreiten, bis du dir die ganze Welt als Lichtball vorstellen kannst... (Pause)... mitten in einem Universum aus Licht (Pause)... alles miteinander verbunden... alles friedlich... Und fühle das Wunder und die Majestät der Schöpfung... (Pause) Jetzt ruhe dich ein oder zwei Minuten lang aus... Atme nur... Kehre zu den warmen, behaglichen Gefühlen in dir zurück... (lange Pause).

Lassen Sie die Musik langsam ausklingen, und lesen Sie dann die Anweisungen zur Reorientierung.

Fange jetzt an, dich wieder im Zimmer zurechtzufinden... langsam und in deinem Tempo... Bringe den Frieden und die Dankbarkeit mit zurück.

Anhang

Bibliographie

Bly, Robert: *A little Book on the Human Shadow*, San Francisco 1988

Bradshaw, John: *Healing the Shame That Binds You*, Deerfield Beach, FL., 1988

Borysenko, Joan: *Minding the Body, Mending the Mind*, New York 1988; dt. *Gesundheit ist lernbar*, Bern und München 1989

Branden, Nathaniel: *Honoring the Self*, Los Angeles 1983; dt. *Ich liebe mich auch*, Reinbek 1989

Buber, Martin: *Die Legende des Baalschem*, umgearb. Neuausgabe Zürich 1955

Campbell, Joseph: *Der Heros in tausend Gestalten*, Frankfurt/Main 1978

Campbell, Joseph: *Creative Mythology, The Masks of God*, New York 1976; dt. *Die Kraft der Mythen*, Zürich 1988

Dossey, Larry: *Recovering the Soul, New York 1989*

Fox, Matthew: *Original Blessing. A Primer in Creation Spirituality*, Santa Fé, N. M. 1983

Gaarlandt, J. G. (Hrsg.): *Das denkende Herz. Die Tagebücher der Etty Hillesum 1941–1943*, Reinbek 1989

Goleman, Daniel: *Noetic Science Review*, Frühjahr 1987

Heilige Schrift, Zürcher Bibel, Deutsche Bibelstiftung, Stuttgart 1980

314

Huxley, Aldous: *The Doors of Perception,* New York 1954; dt. *Die Pforten der Wahrnehmung – Himmel und Hölle,* München [13]1989

Jacobs, Louis (Hrsg.): *Jewish Mystical Testimonies,* New York 1977

Joyce, James: *Porträt des Künstlers als junger Mann,* Frankfurt 1973

Jung, C. G.: *Probleme der modernen Psychotherapie,* Bd. 16, Olten–Freiburg i. Br.[4] 1984

Kaufman, Gershen: *Shame: The Power of Caring,* Rochester, VT, 1985

Miller, Alice: *The Drama of the Gifted Child. The Search for the True Self,* New York 1981; dt. *Das Drama des begabten Kindes,* Frankfurt/Main 1979

Moody, Raymond: *The Light Beyond,* New York 1988; dt. *Das Licht von drüben,* Reinbek 1989

Nachman, Rabbi: *Restore My Soul,* Jerusalem 1980

New Age Journal, Editorial Comment, September/Oktober 1988

Pagels, Elaine: *Adam, Eve and the Serpent,* New York 1988

Pagels, Elaine: *The Gnostic Gospels,* New York 1981; dt. *Versuchung durch Erkenntnis,* Frankfurt/Main 1987

Ring, Kenneth: *Heading Toward Omega. In Search of the Meaning of the Near-Death Experience,* New York 1985; dt. *Den Tod erfahren – das Leben gewinnen,* Bergisch Gladbach 1988

The Thunder. Perfect Mind; aus: *Nag Hammadi Library,* hrsg. von James M. Robinson, New York 1977; dt. *Nebront oder vollkommener Verstand,* eingeleitet und übersetzt vom Berliner Arbeitskreis für koptisch-gnostische Schriften, Theologische Literaturzeitung (ThLZ) 98, 1973, Sp. 100

Rodegast, Pat und Judith Stanton (Hrsg.): *Emmanuel's Book. A Manual für Living Comfortably in the Cosmos,* New York 1985

Seifert, Theodor: *Snow White. Life Almost Lost,* Wilmette, Il., 1983

Taylor, Jeremy: *Dreamwork. Techniques for Discovering the Creative Power in Dreams,* New York 1983; dt. *Das innere Universum,* Reinbek 1988

The Song of God: Bhagavad Gita, Einleitung von Aldous Huxley, übersetzt von Swami Prabhavananda und Christopher Isherwood, New York 1944

Thich Nhat Hanh: *Being Peace,* Berkeley, CA., 1987; dt. *Innerer Friede – äußerer Friede,* Küsnacht 1988

Travers, P. L.: *The Meeting,* in: *Parabola Magazine,* August 1987

Wang, Robert: *Qabalistic Tarot,* o. O., o. J.; dt. *Das Tarot des Golden Dawn,* Sauerlach 1988

Weiss, Brian L.: *Many Lives, Many Masters,* New York 1988

Whitfield, Charles L.: *Healing the Child Within,* Deerfield Beach, FL., 1987

Dank

Dieses Buch bedeutet mir sehr viel, denn es enthält unsere Lebensgeschichte, die Art und Weise, wie wir uns gegenseitig Lehrer und Helfer sind. Ich bin allen Menschen dankbar, die mich auf meinem Weg geleitet haben – denen, die Freude und Sorgen mit mir geteilt haben, und denen, die mir gestattet haben, sie bei ihrer körperlichen, emotionellen und seelischen Heilung zu begleiten. Durch diese gegenseitigen Beziehungen bin auch ich geheilt worden. Mögen unsere Lebensläufe, unsere Kämpfe und unsere Siege zugleich Ansporn und Unterstützung dafür sein, unsere Liebe und unsere Begeisterung dazu zu benutzen, eine Welt voller Mitgefühl ins Leben zu rufen.

Besonderer Dank gilt meinen früheren Kollegen und Freunden am New England Deaconess Hospital, deren wacher Verstand und deren Herzenswärme sowohl diesem Buch als auch mir persönlich so viel gegeben haben. Ein Dankeschön dem Body/Mind-Team – Steve Maurer, Olivia Hoblitzelle und Jane Alter. Das Team war über viele Jahre meine Familie, wenn ich weg von zu Hause war. Dank an Eileen Stuart, Malini Ennis, Jane Leserman, Leo Stolbach, Ursula Brandt und Herbert Benson, die ein einzigartiges Umfeld zum Wachsen und Lernen geschaffen haben. Ich danke auch Rachel Naomi Remen, Robin Casarjian, Catherine Morrison, Steven Locke, Tom Stewart, Ilan Kutz, Harriett Mann, David Eisenberg, Jon Kabat-Zinn, David McClelland und Gail Price – Kollegen, deren Einsichten, Ideen und Unterstützung ich glücklich anerkenne. Besonders möchte ich Maureen Whalen für ihre sorgfältige Suche nach psychologischer Literatur über Schuld danken.

Diesem Buch liegen teilweise Gedanken zugrunde, die bereits wiederholt formuliert wurden. Aufgrund der Vielzahl von Quellen war ich nicht immer in der Lage, mich daran zu erinnern, wo ich zuerst von ihnen gehört habe.

Meine Entschuldigungen und mein Dank gelten jedem, dessen Werk nicht besonders gewürdigt wurde.

Dank auch an „Indras Netz", diese leuchtenden Elfen, die immer da waren, um mich in dunkler Seelennacht aufzufangen: Steve Maurer, Olivia Hoblitzelle, Rachel Naomi Remen, Robin Casarjian, Harriett Mann, Beverley Feinberg-Moss, mein Bruder Alan und mein Mann Myrin. Danke, daß ihr mich in meinem Schmerz gehalten und mir ein sicheres Geleit durch den Kanal der Wiedergeburt gegeben habt! Rick Ingrasci und Peggy Taylor: Vielen Dank für *Hollyhock* und *Wellspring,* für das Durchsehen des Manuskriptes und besonders für eure Freundschaft und Liebe, die Myrin und mir viel bedeutet haben. Ein Dankeschön auch an Celia Hubbard – auch bekannt als „Mother Goose" – für den reichen Vorrat an Liebe, Inspiration, Fotos, Büchern und Ideen.

Liebe Kinder – Natalia, Justin und Andrei –, wieviel haben wir schon gemeinsam gelernt! Eure Unterstützung bei meiner Arbeit, indem ihr mich daran erinnert habt zu spielen und – am meisten von allem – eure Liebe bedeuten mir alles. Danke, Kumpels! Und Myrin – geliebter Partner, Seelengefährte, Kamerad, Kollege und bester Freund –, ich danke dir für deine tiefe Liebe und die unermüdliche Unterstützung, die dazu beigetragen hat, unsere Vision Wirklichkeit werden zu lassen.

Zu Mom und Dad hätte ich so viel zu sagen – doch ich muß mich darauf verlassen, daß eure Herzen zwischen den Zeilen hier lesen. Eure Fürsorge und Liebe haben mir so viel bedeutet, desgleichen die Entwicklung, die wir zusammen durchgemacht haben: Erwachsenwerden, Altwerden, Kämpfen und Lernen, Verletzungen und Heilungen, Geburten und Tod. Ich wünschte, du hättest so lange gelebt, Dad, um deine Enkelkinder aufwachsen zu sehen, und mich, wie ich erwachsen werde. Aber wir wissen, daß du bei uns bist. Und, Mom, obwohl du vergeblich gehofft hast, bis zur Veröffentlichung dieses Buches zu leben, ist doch der Mut, den du gezeigt hast, als du sowohl dem

Leben als auch dem Tod ins Gesicht blicktest, hier in diesen Seiten zu finden. Ich danke dir für deine Geduld und deine Liebe. Gott segne euch beide.

Und auch an Helen Rees, Freundin und außergewöhnliche Literaturagentin, geht mein Dank – für dein Vertrauen und dafür, all dies zu ermöglichen. Ich danke Bob Aylmer bei *Lifecycle Learning,* der eine Workshop-Tour sponsorte, die mir half, einige dieser Einsichten und praktischen Prozesse zur Heilung von Schuld auszufeilen. Und schließlich bin ich meiner geduldigen und kenntnisreichen Lektorin bei Warner Books, Joann Davis, sehr dankbar. Ihre Ermutigung und ihre Anregungen während vieler Entwürfe haben dieses Buch ungemein bereichert.